JN296136

日朝中3言語の仕組み

―― 空間表現の対照研究 ――

振学出版

『日朝中3言語の仕組み』の刊行に寄せて

　朴貞姫(パク　チョンヒ)さんは、私が2000年に明海大学へ移ってから論文の研究指導をした院生のうちで、博士論文を書いて学位を得た第1号である。博士前期・後期課程の計5年の最短距離で論文を書き上げたのだからたいしたものである。朴さんは、才能の人であることはもちろん、情熱の人であり、ガッツ石松も驚くガッツある人でもある。博士後期課程に入ってすぐ行われた歓迎会の席で、「私は、絶対に3年で論文を書き上げます」と高らかに宣言した。公約通り、3年後には分厚い博士論文を完成させたのだから見事と言うより他はない。

　朴さんは、才色兼備・自由闊達な魅力あふれる人である。日本語も自由自在で、洒落であろうと言葉遊びであろうと、何の苦もなく理解し、言葉鋭く、また、おもしろおかしく切り返してくる。朴さんは運の強い人でもある。博士後期課程2年生の時に渥美国際交流奨学財団の博士論文を書くための奨学金に2003年に応募し、見事採用された。この奨学金は博士論文に専心するためには最適なものであった。

　朴さんの博士論文『日朝中空間概念の研究』は、東洋の3言語である日本語、朝鮮語(韓国語)、中国語の比較対照研究である。これまで、比較対照研究といえば、2言語の比較研究、対照研究はかなり見られるが、日朝中3言語の組織的な比較対照研究は私の知る限りないし、仮にあったとしてもごくまれである。この3つの言語の比較対照研究が可能になったのは、朝鮮族の中国人として、子供の頃から朝鮮語と中国語を身につけ、外国語としての日本語をマスターした朴さんという才能あふれる人材がいてはじめて可能になったのである。

　朴貞姫(パク　チョンヒ)さんのこの著書は、明海大学大学院応用言語学研究科の課程博士学位請求論文として書かれた博士論文を一部手直しをして、長さも少し縮めて書き直したものである。本書は、朴さんの人柄を反映して、自由闊達で達意の日本語で書かれ、魅力あふれる論が展開されており、思わず空間概念の世界に引き込まれる。読み進むうちに、3言語における共通点はどこで、相違点はどこかが明確になる。

　本書で扱う空間概念とは、次の6つの動的場所概念のことである。

	日本語	朝鮮語	中国語
(1) 背景場所：	NL+で	NL+eseo	在+NL
(2) 結果位置：	NL+に	NL+e	在+NL
(3) 経　路：	NL+を	NL+ro	从+NL
(4) 方　向：	NL+へ、に	NL+ro	往+NL
(5) 起　点：	NL+から	Nl+eseo(buteo)	从+NL
(6) 着　点：	NL+まで	NL+kkaji	(从+NL)到+NL
	NL+に	NL+e	V+到+NL

　これらの空間概念に関して、日本語と朝鮮語と中国語では、どこがどのように同じであり、どこがどのように違っているかということが論じられている。細部にわたって紹介する余裕はないので、1つ2つ例を挙げるにとどめるが、詳しくは本文を読んでいただきたい。

　例えば日本語では、「で」は背景場所を示すが「電話で話す」という時の「で」は手段（Instrument）の意味にしかならない。場所の意味にするときには、「電話のところで話す」のように、「のところ」を補ってやらなければならない。しかし、中国語では、「電話で話す」に相当する表現は、場所の解釈にしかならず、手段の解釈にはならない。日中に対して朝鮮語では、「電話で話す」を場合によっては、場所と手段の両方に解釈することが可能であるというようなことが論ぜられている。このように、比較すると言語によっていろいろおもしろいことが見えてくる。

　もう1つだけ例を挙げると、方位詞使用上の3言語の違いである。日本語では、「壁にポスターを貼る」というのは、「壁の上にポスターを貼る」とも言える。ただし、「壁の上にポスターを貼る」というと、他にも「壁の上の方にポスターを貼る」という解釈も可能であるし、「壁の上の梁とか屋根などにポスターを貼る」という解釈も可能である。これに対して、中国語では、日本語の「壁にポスターを貼る」に相当する言い方は、必ず形式上「壁の上にポスターを貼る」に相当する"在墙上貼标语"のような言い方をしなければならないという。同様に、日本語では、「いすに座る」（坐在椅子上）と「いすの上に座る」は意味合いが違うし、「ハエが、天井にとまっている」（有一只苍蝇在天棚上）と「ハエが、天井の上にとまっている」は、全く意味が違う。この違いは英語では、There is a fly on the ceiling.と There is a fly above the ceiling.のようになる。言語によってこのような違いが見られるのは、きわめて興味深いことである。

　このような違いに目が向いて、なぜそうなっているのだろうと考えるのは、言葉の仕組みを理解する上で、有益なことである。そのうちに、言葉の持つ精巧なシステムが見えてくるが、そのときは言葉の世界の魅力の虜になっているであろう。それもまた素晴らしい人生である。

　この著書は、日朝中3言語の空間表現に関する、初めての本格的かつ多角的な比較対照であり、以前の2言語比較対照研究に関する文献に広く目を通し、独自の知見を付け加えて、3言語の空間表現の比較対照研究および理論的研究の発展に、大きく貢献する点で高く評価できる。また、3言語の類似点と相違点を明らかにした点で、記述的研究の面でも有意義な貢献をしている。

明海大学　外国語学部・応用言語学研究科　教授
原口　庄輔
2005年5月　明海大学の研究室にて

はしがき

　本書は、2003年10月に審査に提出し、2004年3月に明海大学大学院応用言語学研究科から博士学位を授与された博士学位請求論文を元に加筆修正した書物である。

　博士論文の企画から完成まで5年という歳月が流れた。企画当初は、認知言語学によるカテゴリー表現の研究はまだ始まったばかりで、しかも研究のほとんどは単一言語における研究であった。論文を完成するまでの5年間、言語学研究では新しい傾向を見せ、中国の若手研究者を始め、中国、日本、韓国で認知言語学の研究が盛んになり、単一言語から2言語の対照研究へと発展して、著しい成果が上げられた。最近は3言語対照の研究成果も見られているが、ごく一部分で、断片的である。本書では、今までの格助詞の研究を、認知意味論の言語論に立脚して、空間という概念から問題を説き起こし、日朝中3言語の構造の対照を通じて3言語の異同を探り、ひいては言語の個別性および言語の普遍性研究に理論的かつ実質的根拠を与えることを目的としている。

　日朝中の表層格「で、から、に₁、を、へ、に₂」、「에서 eseo、부터 puteo、에 1e、를 reul、로 ro、에 2e」、"在₁、从₁、在₂、从₂、往、到"をそれぞれ「場所、起点、位置、経路、方向、着点」という概念カテゴリーから説き起こし、これらの概念語と名詞および動詞との結びつきを細かく分析することによって、空間概念の表現における3言語の異同を明らかにした。

　本書は、序論を除いて全8章からなっている。2章から7章までは上記の6つの空間概念の表現について論じ、7章では日朝中3言語の大量の事例分析を通じて6つの空間概念の［類似性］表現である「場所成分の目的語化」について詳しく論じた。「格上げ」の言語理論に基づいた「場所成分の目的語化」とは、諸言語に普遍的に見られる言語現象である。

　空間概念とは、人間が世界を認識する上で最も基本的な概念であり、全ての概念の元となる概念である。よって、空間概念の研究は単なる言語の研究だけではなく、「人間中心説」に基づく人間の認知過程の研究とも言える。本書は、動態空間における6つの概念を対象とした大規模な概念表現の研究であり、日

朝中3言語を同レベルで対照した大規模な多言語研究である。

　本書の出版には、多くの方々のご指導とご支援を賜り、多くの方々にお世話になった。この出版の機会を借りて、お世話になった方々に感謝の気持ちをお伝えしたい。まず、本研究を完成するまでは、指導教授の原口庄輔先生のお世話になった。言語学の諸理論に造詣が深く、鋭い言語感覚をお持ちの先生の真摯なご指導の下で、私の博士論文は1ページまた1ページと正されながら形ができあがり、ついに完成となったのだ。また、副査の史有為先生にも修士の時からずっとお世話になった。先生からは中国語表現における間違いを容赦なくご指摘いただいた。そして、副査の田部滋先生にも細部にわたるご指導をいただき、論文の最後の修正時に理論的に不明確なところや誤っているところなどを細かくご指摘いただいた。

　本書を出版するに当たっては、早稲田大学大学院日本語教育研究科の川口義一先生に全体を再チェックいただき、日本語の表現まで直していただいて、感謝の念は言葉に余るほどだ。

　また、博士論文の完成には、家族の理解と支持が大きな力となった。まだまだ女性の社会進出が制限されている東洋社会で、6年間も子育てと家事を男一人の身で請け負い、妻の研究を支えてくれた夫に心より感謝する。それから、母の研究を応援し、母に心配を掛けまいと勉強に励み、元気で明るく育ってくれた娘にもありがとうと言いたい。

　本研究は2003年度渥美国際交流奨学財団の助成を得て完成したものである。出版に際し、改めて感謝の意を表すものである。

　最後に、本書の出版にご尽力くださった振学出版社の荒木幹光社長に心より感謝したい。

　　　　　　　　　　　　　　　　　　　　　　　著者　朴貞姫

　　　　　　　　　　　　　　　　　　　　　2005年5月　東京にて

目次

刊行に寄せて　*i*
はしがき　*iv*

第1章　序　章

 1.1　問題の提起　*1*
 1.2　空間概念の先行研究　*1*
 1.3　本書の理論的枠組み　*5*
 1.4　対照研究の方法　*9*

第2章　背景場所の表現

 2.1　問題の提起　*11*
 2.2　機能語「で」「에서 eseo」"在"の通時的考察　*12*
 2.3　空間背景場所表現における否定文と否定の焦点　*14*
 2.4　他動詞構文における背景場所　*18*
 2.5　自動詞構文における空間背景場所表現　*30*
 2.6　むすび　*41*

第3章　結果位置の表現

 3.1　問題の提起　*43*
 3.2　結果位置の概念と構造　*44*
 3.3　他動詞構文における結果位置　*45*
 3.4　自動詞構文における結果位置　*54*
  3.4.1　非対格構文における結果位置　*63*
  3.4.2　非能格構文における結果位置　*67*
 3.5　むすび　*79*

第4章　移動経路の表現

4.1　問題の提起　*81*

4.2　経路の基本概念　*81*

4.3　経路表現の基本構造とＶＰとの共起関係　*89*

4.4　日本語の経路表現の特徴　*97*

4.5　朝鮮語の経路表現の特徴　*101*

4.6　中国語の経路表現の特徴　*107*

4.7　むすび　*109*

第5章　移動方向の表現

5.1　問題の提起　*111*

5.2　構造の意味と機能　*112*

　5.2.1　日本語の場合　*113*

　5.2.2　朝鮮語の場合　*120*

　5.2.3　中国語の場合　*125*

5.3　日朝中方向表現の比較対照　*133*

5.4　むすび　*152*

第6章　移動起点の表現

6.1　問題の提起　*155*

6.2　起点の概念と基本構造　*155*

6.3　日本語における起点の表現　*157*

6.4　朝鮮語における起点表現　*168*

6.5　中国語における起点表現　*182*

6.6　むすび　*188*

第7章　移動着点の表現

7.1　問題の提起　*190*

7.2　着点の基本概念構造　*190*

7.3　日朝中着点表現の特徴　*196*

7.4　動詞との共起関係　*203*

　　7.5　日朝中着点表現の対応関係　*212*

　　7.6　むすび　*217*

第8章　場所成分の目的語化

　　8.1　問題の提起　*219*

　　8.2　目的語化の構造　*220*

　　8.3　背景場所の目的語化　*222*

　　8.4　着点・方向・結果位置の目的語化　*233*

　　8.5　起点の目的語化　*245*

　　8.6　経路の目的語化　*253*

　　8.7　むすび　*261*

第9章　終　章

　　9.1　動態空間と表現の再考　*270*

　　9.2　理論上の貢献　*275*

　　9.3　新たな言語事実に対する知見　*278*

付　録

付録1：参考文献　*281*

　　　Ⅰ．日本語で書かれた文献　*281*

　　　Ⅱ．朝鮮語で書かれた文献　*284*

　　　Ⅲ．中国語で書かれた文献　*286*

付録2：用例出典一覧　*288*

付録3：ハングルのローマ字綴り表　*289*

付録4：言語学用語索引　*290*

第1章 序 論

1．1 問題の提起

　本書のテーマである空間場所概念とは、物体と物体との間の位置関係（静態空間場所）、あるいは位置変化（動態空間場所）によって表される空間の特徴を指している。本書では動態場所概念（背景場所、結果位置、起点、経路、方向、着点）から説き起こし、日朝中3言語の空間概念構造の意味と機能を新たに特徴づけることを目指している。

　動態場所概念は、文法格(grammatical case)と意味格(semantic case)によって表されるが、次の表1に示すように、日本語や朝鮮語では<u>形態</u>によって、中国語では<u>語順と形態の両方</u>によって表されるのが普通である。

表1　　　動態空間場所概念を表す構造

意味＼文法	日本語		朝鮮語		中国語	
	補語	目的語	補語	目的語	補語	的語
場所	NL＋で	NL＋を	NL＋eseo	NL＋reul	在$_1$＋NL	V＋NL
位置	NL＋に	－	NL＋e	NL＋reul	在$_2$＋NL	V＋NL
経路	NL＋を	－	NL＋ro$_1$/reul	NL＋reul	从$_2$＋NL	V＋NL
方向	NL＋へ	－	NL＋ro$_2$	NL＋reul	往/向/朝＋NL	V＋NL
起点	NL＋から	NL＋を	NL＋eseobuteo	NL＋reul	从$_1$＋NL	V＋NL
着点	NL＋に/まで	－	NL＋e/kkaji	NL＋reul	到＋NL	V＋NL

1．2 空間概念の先行研究

　空間概念における先行研究は、20世紀の70年代から大きな研究成果が上げられている。空間概念表現における認知―機能主義研究は、英語学界から始まり、徐々に他の言語へと広がった。

1.2.1 単一言語の研究

英語圏では、主として Miller & Johnson (1976)[1]の空間関係（spatial relations）の研究、Clark&Clark(1977)[2]の空間詞（spatial terms）の研究、Lyons(1977)[3]の空間表現（spatial expressions）の研究、Lakoff & Johnson (1980)[4]の空間隠喩（orientational metophors）の研究、Fillmore(1982)[5]の空間指示（spatial deixis)の研究、Jackendoff(1983、1997)[6]の空間表現と認知構造の研究、Langacker(1991)[7]の認知言語学基礎の研究などが挙げられる。

　朝鮮語（韓国語）では、主として李基東(1978)以来の空間助詞・存在の表現・移動動詞の多義研究、朴勝允（1990）の機能文法論の研究、洪在星（1982－1986）の動詞構文における場所表現の研究、朴景賢(1987)の現代韓国語の空間概念の研究、禹亨植（1996）の韓国語他動詞構文における場所表現の研究、李光浩(1988)、金貴花(1994)、金興洙(1981)、金勇錫（1979）、南基心（1993）の国語格助詞における空間標識語の研究などが挙げられる。

　中国語では、戴浩一(80年代の初期)などの認知－機能主義文法への先駆的主張、および、中国語における時空間表現への新しい研究、湯廷池（1977－1994）・劉寧生（1994）・廖秋忠（1983－1992）等の存在場所・方位詞・空間機能語（介詞）・動詞の「有界/非有界」の探求、朱徳熙（1981、1990）・范継淹（1982）・李臨定（1986 a,b）・趙金銘（1995）・孟慶海（1986）、鵜殿倫次(1993)・徐丹(1995)等の場所目的語、および関連性理論の研究、斉滬揚（1994）・儲澤祥（1995）方経民（1999）等の空間概念表現研究、呂叔湘（1944－1990）の空間概念表現形式研究、沈陽(1998)の場所目的語構文と動詞の研究、沈家煊(1985、1995)の空間概念表現形式および「有界／非有界」の研究、刘丹青(2002)の中国—チベット語の語順関連の言語類型学的研究、陸倹明他（2003）のカテゴリー理論および中国語意味範疇の研究などが挙げ

---

[1] Miller G.A.& Johnson-L, P. N. (1976). *Language and Perception* The Belknap Press of Harvard University.
[2] Clark, Herbert H. & Clark, Eve V. (1977). *Psychology and Language*. New York: Harcourt Brace Jovanovich,Inc.Harcount
[3] Lyons, J. (1977). *Semantics*. (V1, 2), The Cambridge University Press.
[4] Lakoff, G & Johnson, M. (1980). *Metaphors We Live by*. The University of Chicago Press.
[5] Fillmore, C. J. (1982). *Towards Descriptive Framework for Special Deixis, Speech, Place&action*. (edited by R.J.Jarvella & W.Klein).
[6] Jackendoff, R. (1983). *Semantics and Cognition*. Massachusetts: MIT Press.
[7] Langacker, R.W. (1991) *Foundations of Cognitive Grammar*. (Vol.2). The Stanford University Press.

られる。中国語における空間概念研究特徴は、認知―機能主義のアプローチが多いことである。最近、中国語における新しい動きとして注目したいのは、認知言語学の隆盛である。とりわけ、構造言語学的アプローチが主流であった中国文法領域において、認知言語学はより大きな解釈力を持つ理論的枠組みとして受容されようとしている。

1.2.2 複数言語の対照研究

空間概念の研究は、前述のように単一言語だけでなく、複数言語の対照において成果が上げられている。

日英空間表現の対照研究においては、池上嘉彦（1981、2000）の日英空間表現の類型論的対照研究、山田進（1981）の日英空間機能語の対照研究、山梨正明（1988－2003）の空間表現の認知言語学的研究、影山太郎（1996－1999）の日英空間存在の表現、空間移動と動詞意味論の対照研究、大堀寿夫（2000－2002）の空間表現における認知言語学的研究、田中茂範・松本曜（1997）の日英空間と移動表現の対照研究、中右実（1994－1997）の日英空間認識類型の対照研究、青木三郎他編（2000）の空間表現と文法の研究、河上誓作・谷口一美（2003）の空間のメタファーとメトニミーの研究などなどが挙げられる。

日中空間表現の対照研究においては、荒川清秀（1982―1994）の日中空間概念表現における空間性の対照研究、盧濤（2000）の空間動詞の文法化研究、高橋弥守彦（1989－2002）の中日空間標識語（介詞と助詞）の研究、水野義道（1987）の中日場所を示す「〈在〉と〈に〉、〈で〉」の対照研究などが代表として挙げられる。中朝（韓）空間表現の対照研究においては、許成道（1992）、崔健（1985－2002）、柳英緑（1983－1999）などの中朝（韓）空間標識語（介詞と助詞）・方位詞の対照研究などが挙げられる。そして、日朝（韓）空間表現の対照研究においては、朴在権（1991）の日韓格助詞の対照研究、安平鎬（2000）の存在場所とアスペクトの関係に関する日韓対照研究が挙げられる。

上記のように空間概念の研究は単一言語だけでなく、二言語の対照においても成果が収められている。これらの先行研究の成果は、言語の研究および対照研究において、二言語の対照だけでなく、多言語の対照も可能であることを示唆している。

その試みとしては、朴貞姫(2000〜2004)の日朝中空間概念の研究が挙げられる。

1.2.3 先行研究の問題点

空間概念における今までの対照研究では、主に欧米言語と東洋言語の間の対照研究(例えば、日英・中英・韓英の対照)が多く、東洋言語の間の対照研究(例えば、日韓・日中・中韓の対照研究)は未だ少ない。言語は文化を基盤にする、文化の現れである。相互に東西の文化を背景にしている欧米言語と東洋言語は、その差異がかなり明確である。しかし、同じ東洋文化を背景にしている東洋言語同士ではその異同があまり明確ではない。例えば、英語では、名詞と機能語によって空間関係を表しているが(例えば、"on a desk")、日朝中3言語では、名詞と機能語と空間詞によって空間関係を表している(例えば、「机の上に/책상 위에 chaeksang wi-e/在書桌上」)。つまり、空間の表現において日朝中3言語は英語より「空間詞」という言語手段が一つ多いということである。むろん、日朝中3言語の祖語は同じ[8]ではないが、3言語の背景には「漢字文化」という同質文化が潜んでいるため、外部世界に対する認知においても共通の基盤が存在していると言える。特に日朝両言語は同じ形態類型の膠着語、同じ統語類型のＳＯＶ言語として、言語構造から表現に至るまで相似するところがかなり多い。しかしながら、日朝中3言語はそれぞれ異なる言語であるゆえに、経験や習慣により定着した言語知識や表現構造においては様々な相違点も存在するのである。もしも、東洋(日朝中3)言語と欧米言語間の異同を「現顕性」に喩えるとしたら、日朝中3言語間、特に日朝両言語間の異同は「非現顕性」に喩えられよう。したがって、東洋言語間の比較対照研究はよりきめ細かい考察と分析が必要であり、対照研究の意義もより深遠なものであろう。

過去の研究では、構造言語学のアプローチによる形態の研究と生成文法のアプローチによる自律系統の構文の研究が主流であった。〈意味範疇〉の研究は、最近隆起し始めているが、未だ欠陥が多い。のみならず、「言語にはいったいどのような〈意味範疇〉の類型が包含されているか」についても、まだ、模索の段階である。

---

[8] 日本語と朝鮮語については、「語源同一説」もあるが、まだ、十分な量の裏付け根拠がない。また、日本語の語族についても「アルタイ語族説」があるが、未だに疑問点が多いことも事実である。ただし、言語類型論的分類した場合、日本語も朝鮮語も膠着語であり、日本語と朝鮮語は「SOV言語(後置詞言語)」に属するのに対して、中国語は非典型的な「SVO言語」言語であり、多くの面においてはSOV言語と共通点を持っており、「前置詞と後置詞併用言語」のである。

言語構造によって表現できる意味は、すべて〈意味範疇〉と規定できよう。言語は意味伝達の手段であるだけに、言語の研究も形態中心の孤立的研究よりは、意味を中心とする範疇文法の多元的研究のほうが、より必要で重要な意味をもつ。

空間概念におけるこれまでの対照研究を概観すると、次のような問題点が挙げられる。

- (ア) 英語と東洋言語間の研究は多いが、東洋言語間は割合に少ない。
- (イ) 理論先導の研究は多いが、具体的事例を分析した対照研究は少ない。
- (ウ) 一方向的対照研究は多いが、双方向的対照研究は少ない。
- (エ) 2言語の対照研究は多いが、多言語の対照研究はゼロに近い。
- (オ) 英語の事例分析は多いが、他の言語の事例分析は少ない。
- (カ) 形式先導の対照研究は多いが、概念範疇先導の対照研究は少ない。

1．3　本書の理論的枠組み

1.3.1　場所理論

格の意味は場所論者(Locationalist)の基本的なテーゼからすると、空間関係に基づいて成り立っているというわけである（池上嘉彦、1981：12を参照）。「言語学史上で「場所理論」というのは、本来は19世紀の前半、ドイツ語圏の何人かの学者に共通して見られた一つの主張を指している」（池上嘉彦、1981：11）。

場所論者たちの興味の中心は、場所理論的な範疇に対して、言語に実際に存在する格をどのように対応させるかであったので、彼らに欠けていたのは、深層的な格の意味と表層的な格の形を区別して考えることであった。

> 「全ての思考、言語行為は知覚に由来し、知覚に依存する。ところで、知覚は空間と時間に関するものであり、これら二つのものについての知覚、ならびにそれらについて可能な諸関係が、事実上あらゆる知覚行為においてその形式として機能するのである。」(Wüllner, 1827:8 ; 池上嘉彦, 1981:12)

その後、「場所理論」的な考え方に積極的な関心を示したのは、イギリスのアンダーソン(Anderson、1971、1977)であるが、アンダーソン(1970、1977)[9]では、〈到達点〉は〈存在点〉と相補的な分布を示すという理由から、場所として一つにまとめている。実際に多くの言語においても〈到達点〉を表す表現と〈存在点〉表す表現は中和される傾向にある（例えば、日本語の「そこにいる」と「そこに行く」、朝鮮語の「거기에 있다 keogie itta」と「거기에 가다 keogie kada」、中国語の"他在那里"と"他去那里"、英語の"He went there"と"He was there"）。

19世紀の場所論者が関心を抱いていたのは、名詞の格の意味分析ないし記述ということであった。しかし、名詞の格の問題はその名詞を支配する広義の動詞（形容詞をも含む）の性格と切り離して考えることはできない。つまり、名詞の格そのものの基本的な体系性ということに注目するより、動詞の意味構造の基本型は何かということに重点を置いたアプローチが必要であろう。実際に19世紀の場所理論者の「どこに」、「どこから」、「どこへ」という格の概念は、もともとは〈静止〉と〈運動〉という基本的な範疇から導入されたものである。

池上嘉彦（1981）は、場所論者たちの「名詞の格の意味分析」を継承した上で、場所論者たちによって残された問題のもう一つの側面、つまり、〈運動〉と〈静止〉という言語的表現を〈変化〉（場所的な移動）と〈状態〉（場所的な存在）という、より一般的な述語を用いて動的な概念の分析の方向に進ませ、「場所理論」を新しい段階へと継承・発展させた。

池上(1981)が継承・発展させた場所理論は次のようにまとめられる。

(ⅰ) 格(および前置詞)の意味は空間関係に基づいて成り立っている；
(ⅱ) 言語表現の対象となる外界の出来事は〈変化〉か〈状態〉の何れかである；
(ⅲ) 〈変化〉あるいは〈状態〉が言語的に表現される際、その表現形式の元となる基本的な構造の型は有限個しかない；
(ⅳ) もっとも〈具体的〉な〈変化〉または〈状態〉の言語的な表現に用いられる構造型が、より〈抽象的〉な〈変化〉または〈状態〉の表現にも転用される。

---

[9] Anderson J.M. (1971) The Grammar of Case:Toward aLocalist Theory, Cambridge.
Anderson J.M. (1977) On Case Grammar: Prolegomena to a Theory of grammatical Relation, London.

本書では場所理論に基づき、〈変化〉という動的空間関係の表現を中心に、日朝中3言語の共通点、および言語類型的特徴を考察する。

1.3.2 範疇理論

認知言語学では、人類の概念範疇の中には、空間領域・時間領域・色彩領域・情感領域などの基本的な領域があるが、中でも最も基本的な領域は空間概念領域であると見なしている。したがって、空間概念の範疇は多くの言語の文法や意味を解明する主要なキーでもある[10]。

言語はコミュニケーションの道具として必ず意味を表す。言語の意味には、形態論的の意味・語用論的の意味、それから非常に重要な統語論的意味がある。認知―機能主義が主張する〈文法の意味範疇〉には、語の形態変化により表される〈形態論的意味範疇〉と構造の変化により表される〈統語論的意味範疇〉が含まれる。

> 文法の意味範疇： ⅰ．形態論的意味範疇
> 　　　　　　　　ⅱ．統語論的意味範疇

日朝両言語は、形態類型も統語類型も中国語とは異なる言語である。それゆえ、日朝両言語では形態論的範疇に属する言語現象が、中国語では統語論的範疇で現れる言語現象がかなり多く見られる。例えば、空間表現において、日朝両言語では「で/에서 eseo」(背景場所)、「に/에 e」(結果位地)、「を/로 ro」(経路)、「へ/로 ro」(方向)「から/에서(부터)eseo(buteo)」(起点)、「まで/까지 kkaji」(着点)などの形態格によって異なる場所概念を表すが、中国語では空間機能語（介詞）や統語的語順などによって表すのが普通である。要するに、日本語と朝鮮語の文法範疇は形態論中心であるが、中国語の文法範疇は統語論中心である。しかしながら、過去の中国語文法の研究では〈統語論的意味範疇〉の研究はあまり重要視されていなかった。〈意味範疇〉の研究の欠陥は、中国語だけでなく、日本語や朝鮮語にも同様に存在する。言語には、いったいどのような〈意味範疇〉が存在しているのか、また〈意味範疇〉をいったいどのように規定するのかについては、未だ明確な解答がない。

---

[10] Jackendoff、Ray(1983),"Semantics and Cognition",（MIT Press,Cambridge,Massachusettes，London,England.）を参照。

ただし、一つ言えるのは「統語構造によって表現できる意味なら、如何なる意味でも〈意味範疇〉として規定することができる」ということである。(陸俊明・沈陽2003：357を参照)。

本書は空間範疇の研究、つまり、日朝中3言語の空間概念を表現できる統語構造の対照研究である。「空間（場所）」概念範疇は、如何なる言語においても重要な文法的意味をもっている。空間概念範疇は、空間詞（例えば、「(部屋の) 中/(방)안/(屋里」）や空間機能語（例えば、「で/에서 eseo/在」、「から/에서 (부터)eseo(buteo)/从」、「に/에 e/到」）などの文法成分と密接な関係をもっている。現実の世界において如何なる行為でも一定の空間場所の中で行われる。空間場所の意味は、述語動詞（例えば、「行く/걷다 keotta/走」、「帰る/돌아오다 torooda/回」）や補助動詞（例えば、「(歩いて)いく/(걸어)가다(keoreo) kada/(走)去」）と密接な関係をもっている。要するに、空間表現は、名詞関連の空間範疇と動詞関連の空間範疇に大別される。

1.3.3　様々な言語理論の適用

20世紀に入って1930年代のブルームフィールド（Bloomfield,L）、サピア（Sapir）を創始者として成立したアメリカの構造主義言語学理論（Contrastive Descriptive Linguistics）は、言語を恣意的存在と見なし、意味の問題を避け、音声や語の形のように観察可能な対象を一定の基準に従って分析する方法を取っていた。したがって、言語の研究は構造に対する観察と言語事象の記述に止まっていた。

1950年代の末になると、構造言語学は、チョムスキー（Noam Chomsky）の提唱する生成文法に取って代わられた。1960年代以後、盛んになった生成文法理論は、言語事象の解釈を目的とした演繹的方法論であった。その後、生成文法理論の目標は、限られたデータの分類から、無数の文の生成を説明するための規則の記述へと重点が移され、研究の視野も広がり、生成理論の「力点は言語の形式的側面の解明にあった」（中右、1997）。しかし、形式主義のアプローチを代表する生成文法では、言語を作り出す世界の豊かさを適切に取り扱うことができなかった。

1970年代に入って、意味の問題への関心が強くなるにつれて、概念構造と認知過程を重視し、言語の意味と機能を重視する認知言語学が台頭した。認知言語学は、自律性の立場に否定的な考えをもっている言語学者たちによって推進され、また、言語類型論の影響を受けて確立された。認知言語学の観点では、言語は自律系統で

はない。したがって、言語記述は必ず人間一般の認知規則を参照すべきであると見なしている。「言語の本質的機能は音形によって意味を象徴することにある。」「文法記述に必要な構造は、意味構造・音韻構造・象徴構造の三種類に限定される」が（辻幸夫 2002：113)、象徴構造も本質的には意味構造と同じように一般化（習慣化）したものである。

　本書では、言語の全体像を包括的に捉えることのできる言語理論の探求を試みた。各理論には、それぞれ得意な領域があろうし、一つの研究領域に多様な言語理論を適用するわけにもいかない。しかし、言語の比較対照においては言語間の異同を探るのが研究の最初のステップである。各言語の仕組みを徹底に把握するためには構造主義による帰納分類が必要であり、自然言語の普遍性を探るためには、言語類型論のアプローチも必要であり、「認知活動にはヒトとしての共通の基盤が存在する」（大堀寿雄 2002：4）という「人間中心」の認知言語学のアプローチも必要である。

1．4　対照研究の方法

　認知言語学の理論を基盤とした対照研究は、概念範疇や認知領域（Cognitive domains）に注目して、概念範疇の内部関係およびその表現構造を対照分析し、外部世界に対して認知によって形成した言語世界の概念構造・言語記号・言語構造の間の対応関係について探ることである。

　言語の対照において、単方向の対照は、個別言語の理解を深めるのに有利であり、双方向の対照は、諸言語の総合的理解および異同の発見に有利である。本書では、双方向の対照方法を中心に日朝中3言語の共通点と相違点を探ることを中心にした。3言語の共通点については簡単に論じ、相違点についてはきめ細かく目を配り分析を行った。なお、朝鮮語はソウル方言の表記法を基準にし、韓国での韓国語の先行研究を大量に参考にしているが、韓国語と中国朝鮮語の表現に差異が見られるものには［注］をつけた。中国語は現代漢語（いわゆる「普通話（プートンホア）」）を基準にした。

　異なる言語の間には共通する面も相違する面もある。どちらに重点を置くかによ

って取り組みも変わってくる。一般に対照言語学では相違点を見出すことが中心であり、言語類型学では共通点を見出すことが中心であるとされている。しかし、言語習得の立場からすると、言語間の共通点にも相違点にも注目したアプローチが必要である。言語類型論は、言語間の対立を認めた上で、これらの対立をバランスの取れた方法で解決しようとするアプローチである。言語間にバリエーションがあるのは誰もが認めることであるが、言語類型論では言語間のバリエーションの間は一定の法則性をもつと考えている。つまり、「バリエーションには制約があり、ある条件にしたがって言語ごとの違いが出てくる」と見なしている（大堀寿雄、2002：4）。本書は言語類型論的な立場に立って、日朝中3言語の空間概念表現に存在するバリエーションの制約（法則性）を見出すことに注目し、3言語間の対応関係を理論的に究明することを求めている。一般に、中国語は統語類型的にSVO言語であり、SOV言語の日本語や朝鮮語とは共通点などあまりないとされている。しかし、同質文化要素を背景にしている日朝中3言語は、空間の認知と空間概念の表現においても、きっと多くの共通点をもっているはずである。その共通点を探るのは、本書の問題意識の一つであった。

　言語理論の多様化、多言語教育の必要性からくる対照言語研究の興隆は、近年新しい傾向を見せている。英語圏において開発された言語理論は、当然英語を中心に発達することであろうが、その理論の妥当性の検証においては必ずしも英語をはじめとする欧米諸言語だけが適格なものではない。むしろ、異なる特徴をもつ漢字文化圏の日朝中3言語は、それぞれより適格な資料を持っている。また、高度な水準の言語知識、言語直観を要求する現在の言語理論の研究において、日朝中3言語の対照研究は、言語理論の妥当性を多面的に検証する言語類型論の研究に大いに貢献することにもなるだろう。

第2章　背景場所の表現

2．1　問題の提起

　背景場所とは、動作・事態の発生する空間場所のことである。空間概念において背景場所は、最も基本的な概念である。背景場所を表す基本構造として、朝鮮語では「ＮＬ＋에서 eseo」が、日本語では「ＮＬ＋で」が、中国語では"在＋ＮＬ"が用いられる。

> 基本構造　　朝鮮語：「ＮＬ＋에서 eseo」
> 　　　　　　日本語：「ＮＬ＋で」
> 　　　　　　中国語："在＋ＮＬ"

　日本語と朝鮮語では、次の(1)に示すように格標識によって空間関係を表し、中国語では"格標識（介詞[1]）＋方位詞"によって空間関係を表す。

　(1) a. 彼は日本で日本語を勉強している。（JA）
　　　b. 日本で彼は日本語を勉強している。（JB）
　(2) a. 그는 일본에서 일본어를 공부한다.（KA）
　　　b. 일본에서 그는 일본어를 공부한다.（KB）
　(3) a. 他在日本学习日本。（CA）
　　　b. 在日本，他学习日本…。（CB）

　例 (1a)、(2a)、(3a) のように背景場所成分が主語の後ろに来る文をJA、KA、CAと呼び、例 (1b)、(2b)、(3b) のように文頭に来る文をJB、KB、CBと呼ぶことにする。

---

[1] 中国語の格標識（機能語）は"介詞"である。中国語の場所を表す"介詞"は、動詞から文法化したものであるが、完全に文法化されておらず、ほとんどの場所を表す"介詞"は、機能語としても、内容語としても用いられている。それゆえに、中国語文法学界では、これらの文法化中の場所介詞に対する"介詞"か"動詞"かの論議が未だに続いている。本書では"介詞"であろうが"動詞"であろうが、空間概念を表す標識として扱う。

2．2　機能語「で」「에서 eseo」"在"の通時的考察

日朝中3言語の背景場所概念を表共時態の機能語「で」「에서 eseo」"在"は、通時態ではいずれも動詞であったが、歴史的に変化して共時態における文法機能語に変わった（あるいは、文法化を受けつつある）。まず背景場所の標識「で」、「에서 eseo」、"在"の通時的変化のあり方について見てみよう。

2.2.1　日本語の「で」

日本語の「で」の語源については諸説があるが、何れも元の姿は述語であろうという推測がなされている。語源を溯ると、背景場所を表す日本語の「で」は、古代の格助詞「にて」の変化であって、「『中古』の末に現れ、現代に至る。」（小学館『国語大辞典』1993：1694）松村明(1971：631)が指摘したように、「にて」の「に」が格助詞である場合、「て」は一般に接続助詞とされているが、格助詞の「に」と接続助詞の「て」が複合した「にて」の場合は格助詞として機能すると見るべきであろう。松村明(1971：502)は、「で」の前身である「にて」の由来について次のように述べている。

> 此島正年は、「古代において『て』のほかに『して』ができたのは、『て』の用法の不定を補うためだったのだろう。『て』は、本来、動詞だけを受ける語であったかと思われる。……従って、形容詞や形容動詞を引き受けるためには、間に形式動詞『あり』、『す』等を挿入する必要があったろう。こうしてできた『ありて』、『して』が後にしだいに動詞『あり』、『し』の意味を失って『て』と同価に感じられるようになり、その結果、形容詞等にも『て』の付くことが多くなっていったと思われる」（『国語助詞の研究』1966）と説明している。

格助詞「にて」の「て」が直接に「に」に接し得るのを見ると、「に」を一概に助詞とは言いきれず、この「に」にも断定助動詞の「に」に本質的に通ずるものがあるようである（松本明 502-632 を参照）。「助動詞は本動詞である」[2]という説からすれば、「にて」の最初の姿は動詞であると推測できる。一括すると、背景場所

---

[2] 助動詞の本動詞（main verb）説は、Ross(1969)によるものである。中右実（1994；231）『認知意味論の原理』では、この説をを証明するための裏付け証拠として様々な事例分析を行っている。

を表す「にて」は、「に」の下に来るべき動詞を略して、その位置を暗示したものであり（松本明、1971：631）、現代語の助詞「で」のように「…において」という意味を示していると言えよう。以上の説に従えば、次の(4a),(5a)は、それぞれ(4b,c,d,)、(5b,c,d,)と関連がある。

(4) a. 会議は大阪で開かれる。

　　b. 会議は大阪にありて開かれる。

　　c. 会議は大阪にて開かれる。

　　d. 会議は大阪において開かれる。

(5) a. 太郎が庭で遊んでいる。

　　b. 太郎が庭にありて遊んでいる。

　　c. 太郎が庭にて遊んでいる。

　　d. 太郎が庭において遊んでいる。

2.2.2　朝鮮語の「에서 eseo」

通時的に見ると、朝鮮語の「에서 eseo」は、「에 e」と「서 seo」の複合形式であり、また、「서 seo」は、存在の意味を表す動詞「(이)시다(i)sida」の連用形式「(이)셔(i)syeo」からの変化である（李崇寧、1961；朴良圭、1972）。「에 e」と「서 seo」の組み合わせは、「空間範囲は存在の前提であり、存在は必ず空間を占有する」という原理に基づくものである。よって、次の(6a)、(7a)は、それぞれの b、c、d から類推できる。

(6) a. 철수가　마당에서　놀고 있다.　　（哲洙が庭で遊んでいる。）

　　b. 철수가　마당에 있어　놀고 있다.　（哲洙が庭にて、遊んでいる。）

　　c. 마당에 있어　철수가　놀고 있다.　（庭にて、哲洙が遊んでいる。）

　　d. 마당에서　철수가　놀고 있다.　（庭で、哲洙が遊んでいる。）

(7) a. 아이가　방에서　자고 있다.　　（子供が部屋で寝ている。）

---

[3] 朝鮮語の「에서 eseo」は、話し言葉では、「에 e」を省略してもよい。しかし、その場合音韻的な条件にしたがっている。例えば、(1)a. 그는　학교에서（hakkyo-eseo）　공부한다. b. 그는　학교서(hakkyo-seo)　공부한다.　（彼は学校で勉強する。）(2) a. 아이가　방에서(pang-eseo)　자고 있다. b. *아이가　방서(pang-seo)　자고 있다.（子供が部屋で寝ている。）(1)のように開音節（単音節）で終わる名詞の後ろに来る「에서 eseo」は「에 e」を省略できるが、(7)のように閉音節で終わる名詞の後ろに来る「에서 eseo」は「에 e」を省略できない。

b. 아이가 방에 있어 자고 있다. 　（子供が部屋にいて、寝ている。）
c. <u>방에 있어</u> 아이가 자고 있다. 　（<u>部屋にて</u>、子供が寝ている。）
d. <u>방에서</u> 아이가 자고 있다. 　（<u>部屋で</u>、子供が寝ている。）

2.2.3　中国語の"在"

　中国語も朝鮮語や日本語と類似している。"在＋ＮＬ"構造の"在"は、元の「存在」の意味の動詞から文法化したもので「存在」の意味が薄れている。例えば、次の各例文中の機能語"在"には、「存在」の意味がまったく無いとは言い切れない（太田辰夫、1987：236）。

(8) 子在斉聞韶。(《论语・述而》)

　　（孔子は斉国にて、韶（音楽の一種）を聞いている。）

(9) 其在釜下燃，豆在釜中泣。(《世说新语・文学》)

　　（豆の茎は釜の下で燃え、豆は釜の中で泣く。）

"在"の品詞分けについて、中国語学界では未だに動詞説と介詞説の論議が続いているが、"在"が「存在」の意を表すという点については異論が無い。次の(10)、(11)も「存在」の意味を表すと解釈できる。

(10) 哲洙在院子里玩儿。 　　　（哲洙が庭で遊んでいる。）

　　［哲洙在院子里＋哲洙玩儿］　（［哲洙が庭にいる＋英洙が遊ぶ］）

(11) 孩子在屋里睡觉。 　　　　　（子供が部屋で寝ている。）

　　［孩子在屋里＋孩子睡觉］　　（［子供が部屋にいる＋子供が寝る］）

　以上、日朝中3言語の背景場所を表す機能語「で」「에서 eseo」"在"は、いずれも動詞の意味が薄れてきたか、あるいは、無くなってできたものである。ただし、朝鮮語の「에서 eseo」と日本語の「で」は、元の動詞の意味を完全に失って文法化しているのに対して、中国語の"在"は、本来の動詞の意味が未だに残っている。

2．3　背景場所の表現における否定文と否定の焦点

　背景場所概念は、空間概念における基礎的な概念である。そして、背景場所概念を表す名詞句はＶＰとの関係においても他の空間概念とは異なって、ＶＰに直接支配される内在格ではなく、ＶＰに支配されない外在格である。したがって、文中における背景場所句の位置も自由である。つまり、背景場所標識の"在＋ＮＬ"は、

文中の位置関係によって意味合いも役割も異なる。通常、文頭の"在＋ＮＬ"はトピックとしての振る舞いをし、文中の"在＋ＮＬ"は付加詞としてＶＰを記述する。本書では談話レベルでのトピック化の問題や焦点問題には原則として立ち入らないが、ＶＰの内部項に比べてやや複雑な表現形式をとっている背景場所の表現に限って、否定文における焦点問題を取り上げる。

2.3.1 日本語の場合

JA文で否定の焦点となり得るのは「ＮＬ＋で」とＶＰであるが、JB文ではＶＰだけである。次にJAとJBの否定の焦点についてみてみよう。

[ＪＡ]： 彼は家で宿題をしない。

　　　　　彼が家でするのは宿題ではない。（ＶＰの否定）

　　　　　彼が宿題をするのは家ででではない。（「ＮＬ＋で」の否定）

[ＪＢ]： 家で、彼は宿題をしない。

　　　　　家で、彼がするのは宿題ではない。（ＶＰの否定）

　　　　[Ａ]　　　　　　　　[Ｂ]

　　彼は家で勉強をしない。　家で、彼は勉強をしない。

　　彼は寄宿舎で宿題をしない。寄宿舎で、彼は宿題をしない。

Ａ（JA）の各文における否定の焦点をＶＰとして捉えた場合は、下に示すＣのように意味解釈でき、否定の焦点を背景場所の「ＮＬ＋で」として捉えた場合は、Ｄのように意味解釈できる。これに対して、Ｂ（JB）は、否定の焦点になり得るのがＶＰだけである。したがって、Ｂ（JB）の各文はＣの意味にしか解釈ができない。

　　　　　[Ｃ]　　　　　　　　　　　[Ｄ]

　　彼は家では勉強はしない（ゲームをする）。彼は勉強するのは家ででではない。

　　彼は寄宿舎では宿題はしない（寝る）。　彼が宿題をするのは寄宿舎ででではない。

Ａ〜Ｄに示すように、日本語では否定の標識（「〜ない」）は文末に来る。そして、Ｃのように背景場所句「ＮＬ＋で」の後に焦点標識「は」を付加した場合は「ＮＬ＋で」も否定の焦点になる。よって、JA構造の否定の焦点は、ＶＰと「ＮＬ＋で」の二つになり得る。

2.3.2 朝鮮語の場合

日本語と同じように、KAの場合も否定の焦点はＶＰと「ＮＬ＋에서 eseo」の二つ

になり得るが、KB の場合ＶＰだけである（許成道、1992）。次の例を見てみよう。

　　［Ａ］：그는 집에서 공부를 하지 않는다.(KA)　　（彼は家で勉強をしない。）
　　［Ｂ］：집에서 그는 공부를 하지 않는다.(KB)（家で彼は勉強をしない。）

A文は、次のCのように二つの解釈が可能である。

　　［Ｃ］：1) 그가 집에서 하는 것은 공부가 아니다.
　　　　　（彼が家でするのは勉強ではない。）
　　　　　2) 그가 공부하는것은 집에서가 아니다.
　　　　　（彼は勉強するのは家でではない。）

A文に対してB文ではＶＰしか否定の焦点にならない。したがって、B文の意味解釈は次のD文のようになる。

　　［Ｄ］：집에서 그가 하는 것은 공부가 아니다.
　　　　　（家で彼がするのは勉強ではない。）

　KA の否定の焦点が２つになり得るのは、語順規則の制約があるからである。否定の焦点になる成分は否定語の付いている述語であるが、日本語と同様に朝鮮語の語順では否定の標識（「～지 않다(ji anta)」）は文末に置かれる。なお、KA 文で否定し得るのは、述語動詞だけでなく、背景場所句の「ＮＬ＋에서 eseo」も含めるＶＰ全部なのである。KA に対して KB では、強調された場所成分が文頭に置かれているので、ＶＰ支配外にある。このように強調された成分、あるいは、記述の対象は否定の焦点になれない。よって、KB の否定の焦点は否定標識である「～지 않다(ji anta)」の付いたＶＰだけである。

2.3.3　中国語の場合

　中国語の場合は、文構造や語と語の結合関係において朝鮮語や日本語とはかなり異なる。CA と CB は、否定標識"不"との結合関係においても区別がある。CA では、"不"を背景場所（"在＋ＮＬ"）の前に置くことが可能であるが、CB ではそれが不可能である（李臨定、1986：14-15）。次の例を見てみよう。

　　［ＣＡ］：他不在家学習。　　　（彼は家では勉強をしない。）
　　［ＣＢ］：*不在家他学習。　　　（*家でない彼は勉強する。）

　朝鮮語や日本語とは異なって、中国語では"不"の否定範囲はそのすぐ後ろの語句に限られている。したがって、否定されるのもＶＰか"在＋ＮＬ"かである。

　ただし、この規則は CA に適用するだけで、CB には適用しない。"在＋ＮＬ"は、

自由連用修飾語であり、文頭では文全体の出来事の背景場所を表す。背景場所成分がトピックとなって、記述の対象としての役割を果たす。一般に強調された語句や記述の対象として取り立てられる成分は、否定の焦点にならない。これは言語の普遍性である。例えば次の(12)～(14)に示すように、文頭の"在＋ＮＬ"は否定の焦点にはなり得ず、否定の焦点はＶＰ全体である。

(12) 在家，他不学习…。(CB)（家で彼は勉強をするのではない。）

(13) 在宿舍，他不做作业…。(CB)（寄宿舎で彼は宿題をするのではない。）

(14) 在图书馆，他不看书…。(CB)（図書館で彼は読書をしない。）

　ＣＡの"在＋ＮＬ"は背景場所を表しているものの、ＶＰ付加されている内部成分なので、否定の焦点になりうる。しかも、他の背景場所を推測できる。例えば、"他不在家学习（彼は家では勉強しない）"、"他不在宿舍写作业（彼は寄宿舎では宿題をしない）"などは、"家"、"宿舍"を否定する一方、"图书馆"、"教室"、"百货店"等他の背景場所を推測できる。つまり、"他不在家学习, 在图书馆学习（彼は家では勉強しないで,図書館で勉強する）"、"他不在宿舍写作业, 在教室写作业（彼は寄宿舎では宿題をしないで, 教室で宿題をする）"、"他不在市场买东西, 在百货店买东西（彼は市場では買い物をしないで、デパートで買い物をする）"などの意味す表すことができる。また、次の(15)～(17)に示すようにＣＡではＶＰも否定の焦点になり得る。

(15) 他在家不学习(光玩儿电子游戏)。

　　（彼は家で、勉強はしない〔ゲームばかりやっている〕。）

(16) 他在宿舍不做作业(光看小说)。

　　（彼は寮で、宿題はしない〔小説ばかり読んでいる〕。）

(17) 他在市场不买东西(光到处看)。

　　（彼は市場で、買物はしない〔見物ばかりしている〕。）

(15)～(17)の何れも否定の焦点は"不"の後ろのＶＰである。

　上記のように日朝中３言語は、否定の焦点の表現は類似しているところが多い。背景場所成分（「ＮＬ＋で」、「ＮＬ＋에서 eseo」、"在＋ＮＬ"）もＶＰも否定の焦点になり得る。ただし、統語構造において３言語は異なるところもある。要するに、否定詞の位置において、朝鮮語と日本語では、否定詞が文末に来るが、中国語では

否定詞が否定の焦点語のすぐ前に来る。

その他に、日本語と朝鮮語では、「彼は家で**は**勉強**は**しない／그는 집에서**는** 공부**는** 하지 않는다」のように、焦点を提示する「は／는 neun」が文に連続に現れる場合がよくある。この場合、否定の焦点は最後の「は／는 neun」になるのが普通である（森山卓郎、2000：235）。 対して、中国語では文構造の形式だけでも、例えば"他不在家学习"の否定の焦点は、場所成分の"不在家"であり、"他在家不学习"の焦点はＶＰの"不学习"である。

2．4　他動詞構文における背景場所

まず、他動詞述語構文における背景場所について、見てみよう。

2.4.1　JA、KA、CA 構造の統語上の自由性

日本語の「ＮＬ＋で」、朝鮮語の「ＮＬ＋에서 eseo」、中国語の"在＋ＮＬ"は、いずれもＶＰを修飾する外在要素である。したがって、文における位置もかなり自由である、いわゆる自由修飾語（free adverbial）である。前節でも触れたが、文中ではＶＰを修飾し、文頭では文全体を修飾する。説明の便宜上「ＮＬ＋で」「ＮＬ＋에서 eseo」"在＋ＮＬ"のそれぞれを、ＶＰを修飾する場合は JA、KA、CA と呼び、文頭で全文を修飾する場合は JB、KB、CB と呼ぶことにする。

(18) a. 太郎は<u>北京で</u>中国語を勉強する。(JA)

　　b. 다로는 <u>북경에서</u> 중국어를 공부한다．(KA)

　　c. 太郎<u>在北京</u>学习汉语。(CA)

(19) a. <u>北京で</u>、太郎は中国語を勉強する。(JB)

　　b. <u>북경에서</u> 다로는 중국어를 공부한다．(KB)

　　c. <u>在北京</u>，太郎学习汉语……。(CB)

「ＮＬ＋에서 eseo」、「ＮＬ＋で」、"在＋ＮＬ"は、ＶＰを修飾する場合であれ、文全体を修飾する場合であれ、いずれも動作や出来事（states of affairs）の起こる背景場所を表す。(18)、(19)に示すように日朝中とも"北京"は、文中でも文頭でも「太郎が中国語を勉強する」という出来事の背景場所である。

2.4.2　構造の意味と機能

「ＮＬ＋에서 eseo」、「ＮＬ＋で」、"在＋ＮＬ"の概念はいずれも背景場所である

が、文中の位置によって文法的機能や意味に違いある。文中に来る場合は、次の(20)に示すように動作主が異なる二つ(以上)の主述関係文からなっている文の共通の背景場所を示すことはできないが、文頭に来る場合は(21)から明らかなようにそれが可能である。

(20) a. ?太郎は、北京で勉強し、次郎は仕事をする。(JA)
　　 b. ?다로는 북경에서 공부하고 지로는 일한다. (KA)
　　 c. *太郎在北京学习，次郎工作。(CA)

(21) a. 北京で、太郎は勉強をし、太郎は仕事をする。(JB)
　　 b. 북경에서 다로는 공부하고 지로는 일한다. (KB)
　　 c. 在北京，太郎学习、次郎工作。(CB)

一般に、動作主が異なる二つの出来事が同時に同じ場所で発生する場合は(21)のように場所成分を文頭に持ってきて表すか、または次の(22)のように場所成分を文ごとに述べておく。

(22) a. 英洙は北京で勉強をし、南洙は上海で仕事をする。
　　 b. 영수는 북경에서 공부하고 남수는 상해에서 일한다.
　　 c. 英洙在北京学习，南洙在上海工作

A構造とB構造の状況をイメージ化すると、次の図1のようになる。

図1　複文におけるA、B構造のイメージスキーマ

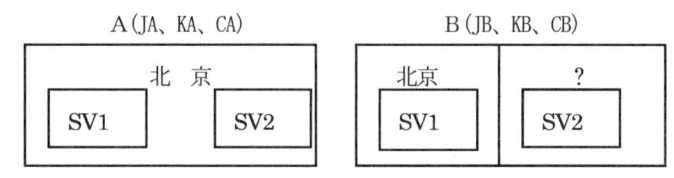

```
   A (JA、KA、CA)              B (JB、KB、CB)
┌─────────────────┐       ┌──────────┐ ┌──────────┐
│      北　京      │       │    北京    │ │     ?    │
│ ┌─────┐ ┌─────┐ │       │ ┌──────┐ │ │ ┌──────┐ │
│ │ SV1 │ │ SV2 │ │       │ │ SV1  │ │ │ │ SV2  │ │
│ └─────┘ └─────┘ │       │ └──────┘ │ │ └──────┘ │
└─────────────────┘       └──────────┘ └──────────┘
```

2.4.3　背景場所と結果位置の「近接性」

本節では、背景場所概念と近接関係にある(以下「近接性」という)結果位置の概念表現について若干触れ、二つの概念カテゴリーの違いについて述べる。

　　A：(27) a. 그는 방에서 텔레비젼을 본다.
　　　　　 b. 彼は部屋でテレビを見る。
　　　　　 c. 他在屋里看电视。

B：(28) a. 그는 교실에서 그림을 그린다.

　　　 b. 彼は教室で絵を描く。

　　　 c. 他在教室(里)画画儿。

ＡもＢも動作発生の背景場所を表すが、ＡのＶＰは［－結果］［－有界］[4]の、結果位置を必要としない動作動詞である。しかし、Ｂ構造のＶＰは［＋結果］［－有界］の、結果位置を必要とする動作動詞である。

　背景場所と結果位置の関係は「面」と「点」の関係であり、後者は前者に包含される。この二つの「近接性」空間概念の表現において、日朝中３言語には共通点も相違点も見られる。次の例を考えてみよう。

　　Ｃ：(29) a. 他在黒板上写字。

　　　　　 b.＊彼は黒板で字を書く。　　　b'. 彼は黒板に字を書く。

　　　　　 c.＊그는 흑판에서 글을 쓴다.　c'. 그는 흑판에 글을 쓴다.

Ｃ文の"在＋ＮＬ"は、日本語の「ＮＬ＋で」、朝鮮語の「ＮＬ＋에서 eseo」とではなく、「ＮＬ＋に」、「ＮＬ＋에 e」と対応している。つまり、"在＋ＮＬ"は、主体の動作場所（背景場所）も、客体の到達位置（結果位置）も表すことができ、背景場所と結果位置の二つの意味にカテゴリー化されているということである。

　以上の所見を元に、次の例を考えてみよう。

　　(30) a.＊彼は部屋に テレビを見る。

　　　　b.＊그는 방에 텔레비젼을 본다.

　　　　c. 他在屋里看电视。

　　(31) a.＊彼は壁で絵を描く。

　　　　b.＊그는 벽에서 그림을 그린다.

　　　　c. 他在墙上画画儿。

　　(32) a. 彼は教室［で/?に］絵を描く。

---

[4] 認知文法では、象徴的文法観に基づき、名詞、動詞、形容詞、副詞といった文法カテゴリーは、意味的な概念を用いて定義付けがなされる。例えば、全ての動詞は「プロセス」を表し、全ての名詞は「モノ」を示し、全ての形容詞は「性状」を表しているとされる。「モノ」は空間において境界のある「＋有界（boundedness）」と境界のない「－有界(unboundedness)」に対立し、「プロセス」は時間において「＋有界」、「－有界」に対立し、「性状」は量、あるいは程度において「＋有界」、「－有界」に対立する。例えば、動詞が表すプロセスは、完了プロセスと未完了プロセスに分けられるが、時間領域においては、前者は「有界」であるが、後者は「非有界」である（辻幸夫編、2002；沈家煊、1995）。

b. 그는 교실 [에서/?에] 그림을 그린다.
　　c. 他在教室里画画儿。

(30)が必要としている空間は背景場所であるが、結果位置の標識の「NL+에 e」と「NL+に」が使われている。一方、(31)が必要としている空間は結果位置であるが、背景場所の標識の「NL+에서 eseo」と「NL+で」が使われている。よって、(30a, b)、(31a, b)は非文である。なお、(32a、b)の場合は「教室」が背景場所である。しかし、一般に使用されているの文ではないが、結果位置を表すことも可能である。

　"在+NL"には、背景場所も、結果位置も含まれている。したがって、(30c)～(32c)のように [−結果] 動詞や [＋結果] 動詞との共起が可能である。しかし、「NL+に」と「NL+에 e」は(30a, b)のように [−結果] 動詞との共起は不可能であり、「NL+で」と「NL+에서 eseo」は(31a, b)のように [＋結果] 動詞文では、動作の結果位置を表すNLとは共起できない。

　背景場所と結果位置の概念は相互に「近接性」を持っている空間概念である。「近接性」の概念は時間的、認識的なものにも拡張され得る(Langacker, 1991-245)。中国語では、空間における背景場所と結果位置の「近接性」を家族的カテゴリーと見なし、"在"という標識に統括している。しかし、日本語と朝鮮語では、背景場所と結果位置の概念を「近接性」はあるものの、それぞれ別のカテゴリーとして捉え、「で」と「に」で、「NL+에서 eseo」と「NL+에 e」で使い分けている。このように人間が空間の配置をどのように捉え、どうのように意味付けには、言語ごとに習慣的・経験的・文化的な違いが存在する。

　背景場所と結果位置の概念の特徴は、次のようにまとめられる。

（ⅰ）背景場所は動作のすべての過程に関わる空間であるのに対して、結果位置は動作の結果に関わる位置空間である。
（ⅱ）背景場所は動態空間であるのに対して、結果位置は状態空間である。
（ⅲ）背景場所はＶＰの「外在格」であるのに対して、結果位置は「内在格」である。

---

5 二つのものの間の空間関係の近さのことを「近接性」という (辻幸夫編 2002：57)。

日本語と朝鮮語では、背景場所を表す「ＮＬ＋で」「ＮＬ＋에서 eseo」と結果位置を表す「ＮＬ＋に」「ＮＬ＋에 e」を同一文中で用いることができる。しかし、中国語では"在＋ＮＬ"を２回用いるには統語制約がある。次の文を考えてみよう。

　　　(32) a. 彼は部屋で壁に絵を貼る。

　　　　　 b. 그는 방에서 벽에 그림을 붙인다.

　　　　　 c.*他在屋里在墙上贴画儿。

　　　(33) a. 彼は教室で黒板に字を書く。

　　　　　 b. 그는 교실에서 흑판에 글을 쓴다.

　　　　　 c.*他在教室里在黑板上写字。

(32a、b)～(33a、b)文のように朝鮮語と日本語では、一つの文に背景場所の「ＮＬ＋에서 eseo（で）」と結果位置の「ＮＬ＋에 e（に）」を用いることができる。これに対して、中国語では、背景場所も結果位置も"在＋ＮＬ"で表現するので、一つの文に同じ形式を２回用いると、(32ｃ)～(33ｃ)のように非文になってしまう。それゆえ、中国語では、次の(34)～(35)に示すように、"在"と類義である別の標識（介詞）を用いて、異なる２つの概念を区別する傾向がある。

　　　(34)他在屋里往墙上贴画儿。　（彼は部屋で壁に絵を貼っている。）

　　　(35)他在教室里往黑板上写字。（彼は教室で黒板に字を書いている。）

(34)～(35)では、結果位置を表す機能語"在"を類義語の"往(に/へ)"で置き換えた文であるが、置き換える前と後の文の意味は変わらない。ということは、"往"と置き換えることが可能な"在"には方向性があり、着点の意味が包含されているということである。

　朝鮮語と日本語では、中国語とは異なって、文における各要素の位置はかなり自由である。ただし、２つの連用修飾語が同一文中に２回用いられる場合、その配列順は一般に「ＮＬ＋에서 eseo（で）（背景場所）」が先、「ＮＬ＋에 e（に）（結果位置）」が後になる。そうでない場合は次の（36a）、(37a)のように不自然である。

　　　(36)a. 彼は壁に 部屋で絵を貼っている。

　　　　　 b.?그는 벽에 방에서 그림을 붙인다.

　　　(37)a. 彼は黒板に 教室で字を書いている。

　　　　　 b.?그는 흑판에 교실에서 글을 쓴다.

　中国語も朝鮮語と同じく背景場所と結果位置が同一文中に出現する場合、配列順

は、背景場所の"在+NL"が先、結果位置の"往+NL"が後になる。ただし、日本語と朝鮮語では背景場所と結果位置の配列順が崩れても文が成り立つ可能性はあるが、中国語では語順の制約が厳しいので、背景場所と結果位置の配列順が崩れると、次の(38)～(39)のように文が成り立ちにくい。

(38)*他往墙上在屋里贴画儿。　（彼は壁に部屋で絵を貼っている。）
(39)*他往黑板上在教室里写字。（彼は黒板に教室で字を書いている。）

以上の分析に基づいて、「近接性」の空間関係にある背景場所と結果位置概念の違いは、次のようにまとめることができる。
（ⅰ）背景場所は動作前の空間であるのに対して、結果位置は動作後の空間である。
（ⅱ）前者は背景の動態空間であるのに対して、後者は前景の状態空間である。
（ⅲ）前者はＶＰの外在項であるのに対して、後者はＶＰの内在項である。

背景場所と結果位置の関係は「面」と「点」の関係であり、後者が前者に包含されているという関係である。それを図にすると、次の図2のようになる。

図2　　　　背景場所と結果位置の関係

教室・部屋・客間・台所
（背景場所）

黒板・壁・花瓶・魔法瓶
（結果位置）

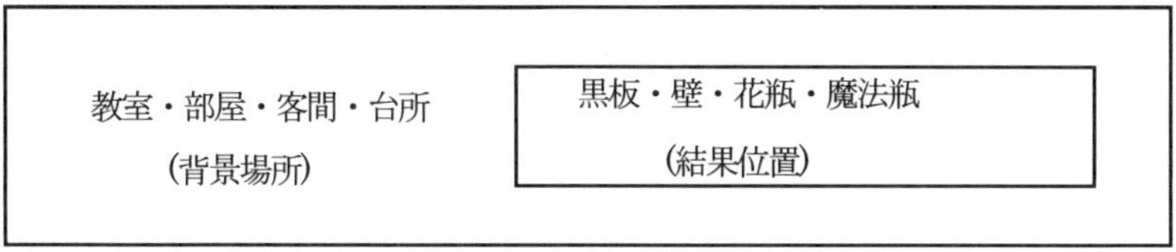

2.4.6　背景場所構造の空間指示範囲

「NL+에서 eseo」、「NL+で」、"在+NL"の指示範囲は、動作主が占めている空間範囲より大きい場合がある。背景場所とは、動作主が動作を起こす空間である。したがって、以上で見た例のように動作主は一般にその空間の中にいる。

しかし、人間の主観心理や視点により、空間でないものも空間として捉え、表現する場合がある。次の例を考えてみよう。

(40) a. 私は図書館で彼に会った。
　　b. 나는 도서관에서 그를 만났다.
　　c. 他在图书馆见到他了。

(41) a. 私は電話で彼にこのことを言った。

　　b. 나는 전화에서/로 그에게 이 일을 말했다.

　　c. 他在电话里跟他说了这件事。

(42) a. 私はネットでこのニュースを読んだのだ。

　　b. 나는 인터넷에서/으로 이 뉴스를 보았다.

　　c. 我是在因特网上看到这个消息的。

　(40a, b, c)では、動作主が「NL+에서 eseo」と「NL+で」と"在+NL"の範囲内(「図書館」)にいるが、(41a, b, c)、(42a, b, c)では、動作主がその範囲内(「電話、ネット」)にいるのではいない。このように、話者(動作主)主観の視点によっては、背景場所を(40)の「図書館」のように「客観的場所」として捉えることも、(41)、(42)の「電話」や「ネット」のように空間範囲として捉えることも可能である。ただし、日本語と朝鮮語では［客観的］か［主観的］かは、方位詞との共起が可能か否かで判別されるが、方位詞との共起が可能であれば［客観的場所］であり、不可能であれば［主観的場所］である。背景場所を主観的に捉える場合、次の(40`)～(42`)のように日朝中3言語の間には認知的な差が見られる。

(40`) a. *私は図書館(の中)で彼に会った。

　　b. *나는 도서관 (안)에서 그를 만났다.

　　c. 他在图书馆里见到他了。

(41`) a. *私は電話(の中)で彼にこのことを言った。

　　b. *나는 전화 (안)에서 그에게 이 일을 말했다.

　　c. 他在电话里跟他说了这件事。

(42`) a. *私はネット(の上)でこのニュースを読んだのだ。

　　b. *나는 인터넷 (위)에서 이 뉴스를 보았다.

　　c. 我是在因特网上看到这个消息的。

朝鮮語や日本語とは異なって、中国語では(40`c)～(42`c)のように［客観的］空間も［主観的］空間も"在+NL"の後ろに方位詞の"里・中・上"を付加して表す。

6　日本語では「電話で」を場所ではなく、手段として捉えている。

7　「전화 jjeonwa」を、中国延辺の朝鮮語では場所として捉えているが、韓国語では手段として捉えている。これは、中国の朝鮮語は中国語の影響を受けているのに対して、韓国語は日本語の影響を受けているからではないかと筆者は思う。

ただし、"在图书馆里"のような［客観的］空間の場合は、ＮＰに空間性が含まれているため、方位詞の"里"を省略して用い、"在电话里"、"在因特网上"のような「主観的」空間の場合は、ＮＰの後ろに必ず方位詞の"里・中・上"などを付加して用いる。この場合、付加された方位詞は後置詞（助詞）のような用い方をする。

2.4.7　ＶＰとの統語制約
◎中国語の場合

中国語では、動詞が［＋結果］の意味をもっている"Ｖ＋了＋Ｎ"の構造の場合、次のＡとＢに示すようにＮには数量詞付加しなければならない（沈家煊, 1995：367を参照）。

　　Ａ：?他们在村口盖了草房。　　（彼等は村の入り口に藁葺の家を建てた。）
　　　　?他们在海滩上支了帐篷。　（彼等は海辺にテントを張った。）
　　Ｂ：他们在村口盖了**个**草房。　（彼等は村の入り口に藁葺の家を１軒建てた。）
　　　　他们在海滩上支了**个**帐篷。（彼等は海辺にテントを一つ張った。）

厳密に言えば、Ａの各文は、不完全な文である[8]。ＡとＢの差異は、動詞と目的語（賓語）の組み合わせにある。"盖（建てる）、支（張る）"などの動詞は、いずれも［＋結果］動詞である。これらの動詞の表す動作は、時間的始発点だけでなく、内在的着点も必要とする。したがって、動詞の表す動作はある結果を含意するが、それが文法上では、結果目的語として現れる。中国語では、数量詞は[9]結果目的語を「個別化」、「有界化」する役割を果たしている（沈家煊 1995：370）。中国語では、目的語になる裸名詞は「総称的な（generic）」ものであって、決して「個別的な」ものではない。それを「個別化」、［有界化］しない限り、動詞は「実際の到達

---

[8] "在村口他们盖了草房"は、文としてでは成り立ちにくいが、フレーズとしては成り立つ。つまり、"在村口, 他们盖了草房（村の入り口で、彼等は藁葺の家を建てた）"を複文の前文とし、"在村口, 他们盖了草房, 又盖了猪圈（村の入り口で、彼等は藁葺の家を建て、豚小屋も建てた）"のように後ろにもう一つ文を付け加えた場合は、文の成分（フレーズ）として成り立つ可能性がある。この場合、前者の短文は、史有為（2001）の言う意味での個別の"例"範疇であり、後者の複文は一般の"類"範疇である。

[9] 中国語には陆俭明（1988）によって提唱された「数量詞の統語制約」によって、「数量詞との共起を必要とする文」と「数量詞との共起を必要としない文」がある。つまり、「二重目的語構文における間接目的語が移動の着点であるとか、授与の対象である場合、直接目的語は必ず数量詞と共起しなければならない。」

点」を失ってしまう（睦踩 ,1995：367-370）。上記のAの各文は、目的語が「個別化」していないため、動詞の「実際の到達点」がなくなり、文が不自然になる。これに対し、Bの各文は目的語に数詞「个（一つ）」を加え、「総称的な」目的語を「個別化」することで、動詞の到達点が明確になり、文が自然になる。ただし、[＋結果]動詞が数量詞と共起する際、アスペクトの制限を受ける。例えば、

　　C：*他们在村口盖个草房呢。　（彼等は村の入り口に藁葺の家を1軒建てている。）
　　　*他们在海滩上支个帐篷呢。（彼等は海辺にテントを一つ張っている。）

Cの各文は、目的語に数詞が加わっていても文が成り立ちにくい。Cの各文は動作がまだ終っていない状態であるので、動作の結果を云々できない。例えば、"盖（建てる）"の動作が終らないと、"草房（藁葺の家）"などありえない。それゆえ、Cの各文のように結果動詞文であっても動作進行中の文では、結果目的語の前に数詞を加えることが不可能なのである。

　要するに、中国語では、[＋結果]動詞の場合、Bの各文のように普通目的語に数量詞を付加して用いるが、Cの各文のように動作が進行中は、結果目的語の前に数量詞[10]を付加することはできないのである。

◎**朝鮮語の場合**

　中国語の"在＋NL"は、背景場所と結果位置の2つの概念カテゴリーを表していることは既に見た。"在＋NL"が背景場所の場合は、朝鮮語の「NL＋에서 eseo」と対応関係にあるが、結果位置の場合には「NL＋에 e」と対応関係にある。次の例を考えてみよう。

　　A：그들은 마을어구에 초가 **한 채를** 지었다.
　　　（彼等は村の入り口に藁葺の家を一軒建てた。）
　　　그들은 해변가에 텐트 **하나를** 쳤다.
　　　（彼らは海辺にテントを一つ張った。）

Aの各文は、動作の完了と共に結果を表す。よって、結果位置標識の「NL＋에 e（に）」が用いられるのが普通であるが、「NL＋에서 eseo（で）」を用いて背景場

---

[10] 数量詞の使用に関して、日朝中3言語にはそれぞれ個別性が見られている。中国語では結果動詞構文における数量詞がVの後ろ、Oの前に置かれるのが普通である（例えば、"盖了一个草房（一軒の藁葺の家を建てた）"）。日本語では数量詞がVの修飾語として副詞的に使われるのが普通である。これに対して、朝鮮語では数量詞の使用がかなり自由で、Vの修飾語にも（例えば、「초가를 한 채 지었다（藁葺の家を一軒建てた）」）、Vの目的語にもなり得る（例えば、「초가 한 채를 지었다（*藁葺の家一軒を建てた）」）。

所を表すことも可能である。ただし、背景場所の「ＮＬ＋에서 eseo（で）」は、動作の進行に焦点があるのに対し、結果位置を表す「ＮＬ＋에 e（に）」は、結果に焦点がある。

　朝鮮語では、数量詞の使用は中国語のように義務的ではなく、自由であり、数量詞の位置もかなり自由である。結果目的語をもつ［＋結果］動詞構文では「結果目的語＋를 reul（を）＋数量詞」と「結果目的語＋数量詞＋를 reul（を）」の２つの形式をとる。

　朝鮮語では、動作の回数を表す数量詞は、あまり用いられないのが普通である。次のＢ文のような現在進行形[11]の場合は、数量詞の使用は不自然である。

　　　　Ｂ：?그들은 마을어구에 초가 한 채를 짓고 있다.
　　　　　（彼等は村の入り口に藁葺の家を一軒建てている。）
　　　　　?그들은 해변가에 텐트 하나를 치고 있다.
　　　　　（彼等は海辺にテントを一つ張っている。）
　　　　Ｃ：?그들은 마을어구에 초가 한 채를 짓는다.
　　　　　（彼等は村の入り口に藁葺の家を一軒建てている。）
　　　　　?그들은 해변가에 텐트 하나를 친다.
　　　　　（彼等は海辺にテントを一つ張っている。）

◎日本語の場合

　日本語の場合は、朝鮮語とほぼ似ている。朝鮮語と同じく、"在＋ＮＬ"の２つの意味カテゴリーを、それぞれ「ＮＬ＋で」（背景場所）と「ＮＬ＋に」（結果位置）で表す。したがって、結果動詞構文の表現も朝鮮語とほぼ同じである。ただし、具体的な表現において両言語には違いも若干見られる。次のＡ文は、上に挙げた中国語のＡ、朝鮮語のＡと対応する日本語の例である。

　　　　Ａ：彼等は村の入り口に藁葺の家を一軒建てた。
　　　　　彼らは海辺にテントを一つ張った。

---

11 朝鮮語の「…하고 있다hago itta」も「……한다handa」も「進行」というアスペクトの意味が含まれているが、前者は日本語の「シテイル」形と対応する場合が多く、アスペクト的意味合いが強い。これに対し、後者は日本語の「スル」形と対応する場合も、「シテイル」と対応する場合もあり、「現在」というテンス的意味合いが強い。

A文は、動作の完了と共に結果を表す。したがって、結果位置を表す「NL＋に」が用いられ、結果に焦点がある。しかし、動作に焦点のある「NL＋で…している」文では、結果が分からないので、数量詞の使用は次のB文のように不自然である。

　　B：?彼等は、村の入り口で藁葺の家を<u>一軒</u>建てている。
　　　　?彼等は、海辺でテントを<u>一つ</u>張っている。

　日本語の「スル」形は朝鮮語と異なって、現在の進行ではなく、未来を表すので、次のC文のように結果を表す数量詞の使用も可能である。

　　C：　彼等は、村の入り口に藁葺の家を<u>一軒</u>建てる。
　　　　　彼等は、海辺にテントを<u>一つ</u>張る。

　日本語も中国語と同じように数量詞との結合において語順制約がある。日本語の「数量詞には、格助詞を飛び越えるようにして数量詞が格助詞の後ろに位置する現象（数量詞遊離）がある」（森山卓郎 2000：62）。例えば、「１つの記念碑を立てた」は「記念碑を１つ立てた」のように言い換えられるが、このような関係を許す格助詞は、ガ格、ヲ格、１部のニ格などに限られている。また、これらのガ格、ヲ格、ニ格は、数量詞の前に置かれるだけで、朝鮮語のように数量詞の後ろに来ることは不可能である。

　　D：　그들은 마을어구에 초가 **한 채를** 지었다.
　　　　＊彼等は、村の入り口に藁葺の家<u>一軒を</u>建てた。
　　　　그들은 해변가에 텐트 **하나를** 쳤다.
　　　　＊彼等は、海辺にテント<u>一つを</u>張った。

　以上で見た日朝中３言語における結果動詞構文の空間背景場所の特徴をまとめると、次のようになる。

ⅰ．中国語：
　a."在＋NL"は結果動詞述語文では、背景場所と結果位置の２つの意味を表す。
　b.結果目的語を表す際、ＶＰは通常、数量詞の付加を求めている。
　c.進行中（未完了）の文では、数量詞を付加することができない。
ⅱ．朝鮮語：
　a.朝鮮語では「NL＋에서 eseo」で背景場所、「NL＋에 e」で結果位置を表す。
　b.結果目的語を表す際、数量詞の付加は自由である。
　c.数量詞は結果目的語になり得る。

iii．日本語：
　a.「NL＋で」、「NL＋に」で、それぞれ背景場所と結果位置を表す。
　b. 結果目的語を表す際、数量詞はあってもなくてもよい。
　c. 数量詞は結果目的語になり得ない。

2.4.8　背景場所構造の意味拡張

　一般に、空間背景場所とは、出来事・動作の発生場所であり、動作の主体（agent）や客体（patient）の所在空間であるが、言語主体の主観により、そうではない表現もかなりある。特に中国語の"在＋NL"は、使用範囲が広く、時間・対象なども空間的に捉え、空間的に表現することができる。"在＋NL"は、一般に朝鮮語の「NL＋에서 eseo/에 e」、日本語の「NL＋で/に」と対応関係にあるが、対象を空間的に捉える場合は、次の(43)〜(44)のように対応関係が崩れてしまう。

　　(43) a.　他在我的额头上轻轻地敲了两下。
　　　　 b.＊그는 나의 이마에서/에 가볍게 뒤번 때렸다.
　　　　 b`. 그는 나의 이마를 가볍게 뒤번 때렸다.
　　　　 c.＊彼は私の額で/に軽く２度叩いた。
　　　　 c`. 彼は私の額を軽く２度叩いた。

　　(44) a.　他在门框上踢了几脚。
　　　　 b.＊그는 문언저리에서/에 몇번 걷어 찼다.
　　　　 b`. 그는 문언저리를 몇번 걷어 찼다.
　　　　 c.＊彼はドアのふちで/に何回か蹴った。
　　　　 c`. 彼はドアのふちを何回か蹴った。

　(43a)、(44a)のように中国語では"敲,踢"類の接触動詞述語文では"在＋NL"という背景場所標識があっても、動作主はその背景場所にいるわけではない。例えば、(43a)の動作主"他(彼)"は"在我的额头上(私の額の上)"にいるわけではない。中国語の"在＋NL"と対応しているのは、朝鮮語の「NL＋를 reul」、日本語の「NL＋を」であり、実際に「NL」は動作の作用を受ける対象である。例えば、"额头(額)"は"敲(叩く)"という動作の対象となる。よって、"额头(額)/"などのような「見なし的」空間を動詞の後ろに移動して、目的語にしても次の(45)、(45)のように文は成り立つ。

(45) 他敲了我的额头。　　（彼は私の額を叩いた。）

(46) 他踢了门框。　　　（彼はドアのふちを蹴った。）

　中国語のこのような統語上の特徴は、「動作の存在する空間、動作の及ぶ空間は、すべて空間範囲として認められる」という中国語話者の外部世界の捉え方に起因する。言い換えれば、中国語では目的語を場所化することが可能であるが、朝鮮語や日本語では、それが不可能である。したがって、日朝中３言語の空間概念の範囲は必ずしも一致しないことになる。

2．5　自動詞構文における背景場所表現

　自動詞構文では、ＶＰと関わる項が主体だけである。したがって、その空間も主体と関わる場所でなければならない。しかし、実際の言語事実では、「ＮＬ＋で」、「ＮＬ＋에서 eseo」、"在＋ＮＬ"の意味機能は、拡大解釈される場合が多い。例えば、日本語では「ＮＬ＋で」だけでなく、「ＮＬ＋に」の使用も可能であり、朝鮮語では「ＮＬ＋에서 eseo」だけでなく、「ＮＬ＋에 e」の使用も可能である。一方、中国語では"在＋ＮＬ"の文における位置が、文中になったり（CA）、文頭になったり（CB）、文末になったり（CC）するが、その位置変化によって意味が異なる。このような表現の複雑性は、異なる意味特徴をもつ述語動詞（ＶＰ）と深く関わりあっているので、文の意味を掴むには、まず、共起する述語動詞の意味と機能について考察することが求められる。述語動詞の分類については、いろいろな分類の仕方があるが[12]、以下では、[継続性]と[附着性]を基準に述語動詞を分類して、日朝中３言語の背景場所表現の特徴を探りたい。

2.5.1　基本表現構造

　まず、３言語の自動詞文における背景場所の表現構造は、次のように分類できる。

　　ＪＡ：彼は<u>台所で</u>倒れた。　　　　　　文中の「で」（背景場所）

　　ＪＢ：<u>台所で</u>、彼は突然倒れた。　　　　文頭の「で」（背景場所）

　　ＪＣ：彼は<u>台所に</u>倒れた。　　　　　　文中の「に」（結果位置）

---

[12] 動詞の分類は、分類基準によって様々であるが、本書では中右実（1995：310）に倣って動詞を３種類に分ける。次いで、「動作性」と「非動作性」を基準に、述語動詞と空間背景場所との関係について考察する。

KA：그는 <u>부엌에서</u> 쓰러졌다.	文中の「에서 eseo」(背景場所)
KB：<u>부엌에서</u> 그는 갑자기 쓰러졌다.	文頭の「에서 eseo」(背景場所)
KC：그는 <u>부엌에</u> 쓰러졌다.	文中の「에 e」(結果位置)
CA：他<u>在厨房</u>摔倒了。	文中の"在"(背景場所、結果位置)
CB：<u>在厨房</u>，他突然摔倒了。	文頭の"在"(背景場所)
CC：他摔倒<u>在厨房(里)</u>。	文末の"在"(結果位置、背景場所)

2.5.2　VPとの共起および統語上の制約

1) ［＋継続］［－付着］動詞との共起

まず、次の例を考えてみよう。

(47) A構造 (KA／JA／CA)

　　　a. 그는 <u>서울에서</u> 며칠 앓았다. (KA)

　　　b. 彼は<u>ソウルで</u>何日間か病気になった。(JA)

　　　c. 他<u>在汉城</u>病了好几天。(CA)

(48) B構造 (KB／JB／CB)

　　　a. <u>서울에서</u> 그는 며칠 앓았다. (KB)

　　　b. <u>ソウルで</u>彼は何日間か病気になった。(JB)

　　　c. <u>在汉城</u>，他病了好几天。(CB)

(49) C構造 (KC／JC／CC)

　　　a.＊그는 <u>서울에</u> 며칠 앓았다 (KC)

　　　b.＊彼は<u>ソウルに</u>病気になった。(JC)

　　　c.＊他病<u>在汉城</u>好几天了。(CC)

(47)～(49)の「앓다(alta)／病気になる／病」の類の動詞は［＋継続］［－付着］を表す。この種の動詞は、一般に［＋継続］(動作の継続であろうが、状態の継続であろうが)、［－付着］の意味をもっているため、動作や出来事の背景場所だけを必要とし、動作の完結とともに付着する結果位置は必要としない。よって、(47)、(48)のように日朝中3言語とも背景場所を表すA、B構造の場合は、文が成立するが、(49)のように結果位置を表すC構造の場合は3言語とも不自然である。A構造もB構造も背景場所の意味カテゴリーに属するが、B構造は話者の主観によってトピック化した表現であるのに対して、A構造はプロトタイプの表現である。しかし、

C構造では、3言語にずれが見られる。中国語の"在＋NL"には二つの意味が包含されているので、述語動詞の意味によって背景場所、結果位置かのどちらかを表す。CCは一般に動作の後の付着場所を必要とするので、[＋付着]動詞としか共起できない。よって、(49c)のように[－付着]動詞の"病了"と共起した"在＋NL"文は成立しにくい。"在＋NL"の位置は、時間の流れに従って配列された結果である（戴浩一、1990：187、谢信一、1991：224、赵金铭、1995：10）。

[＋継続][－付着]の意味の自動詞としては次のようなものが挙げられる。

　　A：日：死ぬ　　消失する　酔う　　目覚める　病気になる　生まれる
　　　　朝：죽다　　소실되다　취하다　깨어나다　앓다　　　태어나다
　　　　中：死　　　消失　　　醉　　　醒　　　　病　　　　　出生
　　B：日：活動する　寝る　　戦う　　暮らす　　発する　　泣く　遊ぶ
　　　　朝：활동하다　자다　　싸우다　살다　　　생기다　　울다　놀다
　　　　中：活動　　　睡　　　战斗　　生活/住　　发生　　　哭　　玩

Aグループの動詞は、動作完了後の状態の継続を表す［＋継続］動詞であり、Bグループの動詞は、動作の継続を表す［＋継続］動詞である。

2) [＋継続][＋付着]動詞との共起

次の文の述語動詞は[＋継続][＋付着]の状態動詞である。

　　(50)日：a. 代表団は北京で三日間滞在した。（JA)）
　　　　　　b. 北京で代表団は三日間滞在した。（JB）
　　　　　　c. 代表団は北京に三日間滞在した。（JC）
　　(51)朝：a. 대표단은 북경에서 3 일간 체류했다.（KA）
　　　　　　b. 북경에서 대표단은 3 일간 체류했다.（KB）
　　　　　　c. 대표단은 북경에 3 일간 체류했다.（KC）
　　(52)中：a　代表团在北京逗留了三天。（CA）
　　　　　　b. 在北京，代表团逗留了三天…。（CB）
　　　　　　c.＊代表团逗留在北京三天了。（CC）

背景場所は、動作の発生場所であると同時に状態の存在場所にもなり得る。したがって、「3日間」という修飾語共起して「状態持続時間を限定する」ことも可能である。なお、この種の動詞は、［＋付着］の意味も持っているので、日朝中3言語の何れも(51)～(53)のように結果位置あるいは存在場所を必要とする。「NL＋に」

(JC)、「ＮＬ＋에 e」(KC)、"Ｖ＋在＋ＮＬ"(CC) の表現も可能である。ただし、日本語や朝鮮語とは異なって、中国語のCC構造は動作の完結を意味するため、"Ｖ＋在＋ＮＬ"の後ろには普通如何なる後続成分も付加できない。よって、(52c)は不自然である。

3) ［＋反復］［＋付着］動詞との共起

次の例を見てみよう。

(53) 日：a. スケート場で彼は何回も倒れた。(JB)
　　　　b. 彼はスケート場で何回も倒れた。(JA)
　　　　c. 彼はスケート場に何回も倒れた。(JC)

(54) 朝：a. 스케트장에서 그는 몇번이나 넘어졌다.(KB)
　　　　b. 그는 스케트장에서 몇번이나 넘어졌다.(KA)
　　　　c. 그는 스케트장에 몇번이나 넘어졌다. (KC)

(55) 中：a. 他在滑冰・上跌倒了好几次。(CA)
　　　　b. 在滑冰・上, 他跌倒了好几次。(CB)
　　　　c.*他跌倒在滑冰・上好几次了。(CC)

上の例の「倒れる／넘어지다 neomeojida／跌倒」の類の動詞は、動作の進行場所も動作完結後の付着点も必要としている。日本語と朝鮮語では(53a, b)、(54a, b)のように背景場所を表すＡ、Ｂ構造の表現も、(53c)、(54c)のように結果位置を表すＣ構造の表現も可能である。なお、「何回も」などの反復を表す修飾語と共起した(53a, b)、(54a, b)は、「スケート場の全空間のどこかで何回も倒れた」という意味を表す。一方、(53c)、(54c)は「スケート場（の任意の１箇所）に何回も倒れた」という結果位置の意味を表す。これに対して、中国語では(55a, b)のようにCA, CB文では"好几次"という修飾語が付加されることによって空間背景場所を表しているが、(55c)のようにCC文では、修飾語"好几次"とは共起できない。したがって、(CC)の表している空間範疇は結果位置にしかならない。

［＋反復］［＋付着］の状態自動詞の例としては、次のようなものが挙げられる。

　　Ａ：日：泊まる　　滞在する　　寄宿する　　住む……
　　　　朝：묵다　　　체류하다　　기숙하다　　살다/거주하다……
　　　　中：住(短期)　逗留　　　　寄宿/住宿　 住(长期)

| B：日：転ぶ | 倒れる | 止まる | 坐る | 横たわる | 立つ… |

朝：뒹굴다　넘어지다　멈추다　앉다　눕다　서다…

中：摔/倒　跌/倒　停　坐　躺　站…

Ａグループの動詞は［＋継続］［＋付着］の状態動詞であり、Ｂグループは［＋反復］［＋付着］の過程動詞である。上述のように付着性の強い自動詞構文では、空間の意味カテゴリーがはっきりしておらず、背景場所も結果位置も表す。一般に結果位置や存在場所として捉える場合が背景場所より多いので、Ｃ構造の「ＮＬ＋に」、「ＮＬ＋에 e」、"Ｖ＋在＋ＮＬ"で表されるほうがより自然である。

次は［－継続］［＋付着］の意味の動詞構文の例である。

(56)日：a. (足音がすると)彼等は素早く<u>地べたで</u>四つんばいになった。（JA)
　　　　 b. (足音がすると)<u>地べたで</u>彼等は素早く四つんばいになった。（JB)
　　　　 c. (足音がすると)彼等は素早く<u>地べたに</u>四つんばいになった。（JC)

(57)朝：a.＊(발소리가 들리자) 그들은 즉각 <u>땅에서</u> 엎드렸다.（KA)
　　　　 b.＊(발소리가 들리자) <u>땅에서</u> 그들은 즉각 엎드렸다.（KB)
　　　　 c. (발소리가 들리자) 그들은 즉각 <u>땅에</u> 엎드렸다.（KC)

(58)中：a. (听到脚步声)他们马上<u>在地上</u>趴下了。(CA)　（李・14)
　　　　 b.＊(听到脚步声) <u>在地上</u>，他们马上趴下了。(CB)
　　　　 c. (听到脚步声)他们马上趴<u>在地上</u>了。(CC)

上の各文が表している空間概念は、背景場所ではなく、結果位置である。このような"坐（坐る）"の類の自動詞構文では、(58a, c)に示すように中国語のCA、CC文の使用は可能であるが、朝鮮語では、KCの使用は可能である。対して、日本語では、JA、JB文も、JC文も成り立つ。中国語の"在＋ＮＬ"は、ＶＰの外在項として背景場所を表す場合は、ＶＰに制約されず、文中の位置が自由であり、トピック化も可能である。しかし、結果位置"在＋ＮＬ"は、(58b)のようにＶＰに支配されるので、トピック化が不可能である。

中国語では、一般に(58a)の"趴下"ように、単音節の裸動詞"趴"の後ろに"下"のような結果成分を付加して完成の意味を表す。よって、結果位置を付加していない(59)の各文は非文法的になる。

(59)＊在沙发上坐　　（<u>ソファーに坐る</u>）
　　 ＊在地上趴　　　（<u>地べたに四つん這いになる</u>）

＊在床上躺　　　（ベッドに横になる）

(59)のように"坐（坐る）"、"趴（四つん這いになる）"、"躺（横になる/ねる）"などの裸動詞が表す動作には、着点はあるが、起点はない。この種の動詞は、(60b)に示すように、動作完了時に必ず完了の意味を表す"下"などが必要である。

　　(60) a. ＊在沙发上坐　　→　b. 在沙发上坐下　　→　c. 坐在沙发上
　　　　 a. ＊在地上趴　　　→　b. 在地上趴下　　　→　c. 趴在地上
　　　　 a. ＊在床上躺　　　→　b. 在床上躺下　　　→　c. 躺在床上

(60c)に示すように"坐"類の［－継続］［＋付着］動詞文においては"V＋在＋NL"構造は、最も相応しい表現である。

　4)［＋継続］［－付着］移動動詞[13]との共起

表2　日朝中移動動詞構文における背景場所の意味合い

意味役割	日本語	朝鮮語	中国語
部分的空間 動作の場所	NL＋で ［－方向］	NL＋에서 eseo ［－方向］	在＋NL＋VP ［－方向］
全体的空間 動作の対象	NL＋を 経路［＋方向］	NL＋를 reul 対象［－方向］	VP＋在＋NL 対象［－方向］

　［－付着］の移動自動詞構文における背景場所の表現は、日中朝3言語使用者の認知の仕方によって、かなり違う対応関係をもっている。この種の動詞は移動の性質をもっているので、場所を取るものと経路を取るものに分けられる（経路の表現に関する詳論は、第6章を参照）。［－付着］移動自動詞構文における日朝中3言語の対応関係は上記の表2のようである。

　次の例を比較してみよう。

　　(61) a. トラックが高速道路で疾走している。(JA)
　　　　 b. 汽车在高速公路上奔驰。(CA)
　　　　 c. 트럭이 고속도로에서 질주한다. (KA)
　　　　 a'. トラックが高速道路を疾走している。(JC)

---

[13] 石綿敏雄(1999：197-206)は、移動動詞を一般移動動詞、方向移動動詞、出発移動動詞、着点移動動詞、経路移動動詞、様態移動動詞の6つに分けており、高橋弥守彦(2002：65)は、移動動詞をありさま動詞、位置移動動詞、趣向動詞の3つに分類しているが、ここで言う移動動詞は、石綿(1999)の様態移動動詞、高橋(2002：)のありさま動詞に相当するものである。

b`. 汽车奔驰在高速公路上。(CC)

c`. 트럭이 고속도로를 질주한다. (KC)

(62) a. 太郎が砂浜で歩いている。(JA)

b. 太郎在沙滩上走来走去。(CA)

c. 다로가 모래톱에서 걷고 있다. (KA)

a`. 太郎が砂浜を歩いている。(JC)

b`. 太郎走在沙滩上。(CC)

c`. 다로가 모래톱을 걷고 있다. (KC)

移動動詞は[＋継続][－付着]の性質を持っているので、結果位置を表すことができない。(61)、(62)の各文は、いずれも「疾走する／歩く」の類の移動動詞と共起して背景場所を表している。なお、(61a, b, c)、(62a, b, c)は「ＮＬ＋で」、"Ｖ＋在＋ＮＬ"、「ＮＬ＋에서 eseo」によって表されており、(61a`, b`, c`)、(62a`, b`, c`)の各文は、「ＮＬ＋を」、"Ｖ＋在＋ＮＬ＋方位詞"、「ＮＬ＋를 reul」によって表されている背景場所の変異体である。日朝中の表現例は、いずれも目的語標識の「を」、「를 reul」、"Ｖ＋在＋ＮＬ"が用いられているが、3言語の意味は必ずしも等価ではない。

　ⅰ．日本語の「を」格は、他動詞構文では、目的格（object）として他動詞の作用を受ける対象（patient）を表し、移動自動詞構文では、移動の経路（passage）を表す経路格である。経路格の「を」は、一般に[＋移動性][＋方向性]をもつ移動動詞と共起するが、[－移動性][－方向性]の移動動詞とも共起が可能である。「空間のヲ格と空間のデ格のあいだには差がなくなって、文法的なシノニムをなしている」(奥田靖夫、1983：142)。ただし、経路格の「を」を選ぶと、移動のプロセスが感じられる。

　ⅱ．朝鮮語の「를 reul」は、文法格は目的語であり、意味格は対象格である。したがって、移動自動詞構文における「ＮＬ＋를」も目的語化した動詞の対象として捉えられている。

　ⅲ．中国語では、移動動詞構文での背景場所はＣＡで表すのが普通であるが、ＣＣで表す場合もある。ＣＣの"在"は、場所を表す機能語から複合動詞の接尾辞に変化し、場所成分を目的語に変えている。移動動詞の接尾辞として機能する"在"は省略可能な場合もあるが、[生産的]ではない。なお、"ＶＯ"構造によ

り表されている場所は、具体的空間よりは抽象的なイディオムを表す場合が多い。例えば、"跑码头（埠頭で働く）"、"走遍天下（天下を歩き回る）"、"飞蓝天（青空を飛ぶ）"などのようにいずれも話者の主観的判断が文に反映されている。そもそも、移動動詞のような[非有界]動詞構文では、一般に動作の到達点などはあり得ない。にもかかわらず、中国語では、次の(63)のように CC 構造の "V＋在＋ＮＬ" の表現例[14]がたくさん見られる。

  (63) a. 流浪在街头。 （街の中[で／を]さまよう。）
    b. 徘徊在十字路口。 （十字路[で／を]うろうろする。）
    c. 航行在印度洋上。 （インド洋を航行する。）

以上で見たように移動動詞の後ろに置かれる"在"は、動詞の接尾辞へと文法化され、さらに省略も可能であり、ＶＰの後ろにある場所成分は目的語に「格上げ」[15]することも可能である（朴勝允、1900：139－150；金勇錫、1979：43）。日本語では、移動自動詞構文において移動の[方向性]の有無によって「ＮＬ＋で」か「ＮＬ＋を」かを選んで用いる。つまり、ＶＰが[＋方向性]の場合は「ＮＬ＋を」で、[－方向性]の場合は「ＮＬ＋で」で表現するのが普通である。したがって、(61a)、(62a)のＶＰに方向動詞「いく」を付加すると、「??トラックが高速道路で走っていく」のような不自然な文になってしまうのである。

移動自動詞としては次のような動詞が挙げられる。

  日：走る、 歩く、渡る、 散歩する、飛ぶ、歩き回る、 ぶらぶらする
  中：跑、 走 过、 散步、 飞、 走来走去、 溜达、
  朝：달리다、걷다、지나다、산보하다、날다、돌아다니다、서성거리다

2.5.3　"在＋ＮＬ"の三つの意味特徴

1) "在＋ＮＬ＋Ｖ"

"在＋ＮＬ＋Ｖ"の基本意味は、動作や状態の背景場所である。自動詞構文にお

---

[14]例文(63)は、范继淹(1986：172)から借用した。それらの例は各種の新聞、書籍、雑誌、放送局、電話記録などから収集されたものであり、その数は2700例にのぼる。
[15]非目的語から目的語への「格上げ」は、場所成分の目的語化、自動詞の他動性への上昇などと言われている。場所成分の目的語化については、第8章で詳しく述べる。

いては、結果位置も表すこともあるが、述語動詞の制約を受けている。しかし、文頭の"在＋ＮＬ"(CB)は、空間背景場所の意味しか表せない。

　　ⅰ．背景場所を表す

　　　(64)a. 他<u>在东京</u>病了。(CA)　　　　(彼は会社で病気になった。)

　　　　　b. <u>在东京</u>，他突然病了。(CB)　(東京で、彼は突然病気になった。)

　　　　　b'. *<u>在东京</u>，他病了[16]。(CB)　(東京で、彼は病気になった。)

(64a)は動作の場所、(64b)は事柄の場所（范继淹，1987）であるが、(64a)も(64b)も背景場所を表す。

　　ⅱ．結果位置を表す

[＋付着]の自動詞構文では、"在＋ＮＬ＋Ｖ"は結果位置も表せる。ただし、それはCA文に限って可能であり、CB文では不可能である。次の例を考えて見よう。

　　　(65)a. 他在床上躺下了。(CA)　　(彼はベッドに横になった。)

　　　　　b. *在床上，他躺下了。(CB)　(ベッドに彼は横になった。)

(65)の"躺（横になる）"などの[＋着点]自動詞構文においては、"在＋ＮＬ"の位置が変わっても意味特徴は結果位置にしかなれない。よって、(65b)のようにCB文は成り立たない（李临定、1986：18）。

　2)"Ｖ＋在＋ＮＬ"[17]

　　　"Ｖ＋在＋ＮＬ"[18] (CC)は、動作の完結を意味する構造で、基本的な意味は結果位置である。自動詞述語構文においては、空間背景場所の意味を表すこともある

---

[16] 范继淹(1987:163)は、Ａ式（"在＋ＮＬ＋Ｓ"）とＣ式（"Ｓ＋Ｖ＋在＋ＮＬ"）の動詞は、一般に単音節の裸名詞の目的語とは共起できない(Ｂ式"Ｓ＋在＋ＮＬ＋Ｖ"の場合はこのような制約ない)が、名詞の前に数量詞を付加した名詞とは自由に共起できる、と指摘している。例えば、"在黑板上,他写字"（Ａ式）とは言えないが、"在黑板上,他写了几个字"のように"几个"という数量詞を付加すると、文は成立し、また、"他写字在黑板上"（Ｃ式）とは言えないが、"他写了几个字在黑板上"のように"几个"という数量詞を付加すれば、正しい文になる。なお、目的語のない自動詞構文では、Ａ式の主語は単音節の裸動詞とは共起できない。例えば、(64b)に示したように"在东京,他病了（東京で、彼は病気になった）"は非文であるが、(64b')に示したように"突然"という副詞を付加して"在东京,他突然病了（東京で、彼は突然病気になった）"のようにVPに他の成分を加えると、文は成り立つ。

[17] 中国語の"在＋ＮＬ"は、ＶＰの前にくる場合（前置補語"状語"）と後ろにくる場合（後置補語"補語"）があるが、構造の位置によって、意味も異なる。前者の場合は、背景場所が第一の意味で、結果位置が第二の意味になるが、後者の場合は、結果位置が第一の意味で、背景場所が第二の意味になる。

[18] "Ｖ＋在＋ＮＬ"(CC)と共起する動詞は、意味だけでなく音節の制約を受けている。音節の制約から見ると、単音節動詞のほとんど(84%)はCCと共起できるが、２音節動詞のほとんど(80%)はCCとの共起が不可能である（CCと共起可能な２音節動詞の詳細は、范继淹，1986:172を参照）。

が、その意味になるかどうかは述語動詞によるものである。結果位置の成分は、述語動詞の内在項なので、"V+在+NL"（CC）の位置は自由ではない。

ⅰ．具体的背景場所を表す

(66)　他死<u>在实验室里</u>。(CC)　　　（彼は<u>実験室で</u>死んだ。）

(67)??他们活动<u>在这个地区</u>。(CC)　　（彼らは<u>この地域で</u>活動していた。）

通常、"V+在+NL"（CC）は結果位置を表すが、(66)、(67)のように［－付着］の自動詞構文では、CC文も空間背景場所の意味しかもたない。なお、(66)の"死"のように［－付着］［－継続］の動作動詞構文の場合は、動作完結を表し、(67)の"活动"のように［－付着］［＋継続］の動作動詞構文の場合は、文脈によっては動作の進行を表すこともある。ただし、"V+在+NL"構造が動作の場所を表す場合は、一般に動作の進行を表すのではなく、動作の完結を表す。

ⅱ．抽象的背景場所を表す

移動自動詞構文にける"V+在+NL"の意味には、主観的感情や抽象的ニュアンスが入っているので、次の(106)～(107)に示すように"V+在+NL"は、抽象的空間名詞と共起して抽象的空間を表す。

(68)他们<u>彷徨在黑暗中</u>。(CC)[19]　　（彼らは<u>暗黒の中を</u>彷徨っている。）

(69)我们<u>走在社会主义大道上</u>。(CC)（われわれは<u>社会主義の道を</u>歩んでいる。）

(68)の"彷徨在黑暗中"は"黑暗（暗黒）"という自然現象を表す抽象的空間名詞が方位詞の"中"と結合して抽象的空間を表し、「人生行路で方向を失ってさまよう」という意味になる。また、(69)の"走在社会主义大道上"は"社会主义（社会主義）"を「道」に喩えて抽象的空間場所を表している。

ⅲ．結果位置を表す

"V+在+NL"の表している最も基本的な意味は結果位置である。特に［＋付着］自動詞構文では、"V+在+NL"文が最も典型的な結果位置を表す。

(70)<u>他躺在床上</u>。　（彼はベッドに横になった。）

(71)<u>他坐在椅子上</u>。　（彼は椅子に座った。）

(70)、(71)は、何れも［＋反復］[20]［＋付着］の意味の述語動詞構文であり、"V+在

---

[19]　"他们彷徨在黑暗中"は文語文に多く用いられている書き言葉である。

"＋NL"の表す概念は結果位置である。

2.5.4 "在＋NL"の意味変化

空間背景場所とは、事柄や動作の発生場所であるため、その述語は他動詞であるのが普通であるが、自動詞構文でも空間背景場所表現を可能にする動詞や要素があることは前節で論じた。ここでは自動詞構文における基本文と拡張文を比較して構文的拡張および意味変化について考察する。まず、次の例について考えてみよう。

(72) a. 彼はベッドで<u>しばらく横</u>になっていた。(JA)

b. ベッドで、彼は<u>しばらく横</u>になっていた。(JB)

c. 彼はベッドに<u>しばらく横</u>になっていた。(JC)

(73) a. 他在床上躺了<u>一会儿</u>。(CA)

b. 在床上, 他躺了<u>一会儿</u>。(CB)

c. *他躺在床上<u>一会儿</u>。(CC)

(74) a. 그는 침대에서 <u>한동안</u> 누워있었다. (KA)

b. 침대에서 그는 <u>한동안</u> 누워있었다. (KB)

c. 그는 침대에 <u>한동안</u> 누워있었다. (KC)

(72)〜(74)の各例文は、基本文では結果位置しか表さないが、「しばらく／一会儿／한동안 handongan」などの動作の継続を表す修飾語と共起すると、(72)、(74)に示すように結果位置概念から空間背景場概念へと場所に変化が起こることが可能である。対して、(73c)のように"V＋在＋NL"の"在＋NL"は、一つのまとまった事柄を表すため、他の成分と意味上の関係を持つことができない。このような統語上の制限は、すべての文において作用している。次の例を考えてみよう。

(75) a. 彼は奥の部屋で<u>夜明け</u>まで寝た。(JA)

b. 奥の部屋で彼は<u>夜明け</u>まで寝た。(JB)

c. *彼は奥の部屋に<u>夜明け</u>まで寝た。(JC)

(76) a. 他在里屋睡, 一直<u>睡到天亮</u>。(CA)

b. 在里屋, 他一直<u>睡到天亮</u>。(CB)

c. *他睡在里屋, <u>一直到天亮</u>。／他睡在里屋一直睡到<u>天亮</u>。(CC)

(77) a. 그는 안방에서 <u>날샐 때까지</u> 잤다. (KA)

---

[20] [－継続]であるが、[反復的に動作が可能な動詞]を[＋反復]動詞にする。

b. 안방에서 그는 날샐 때까지 잤다. (KB)
　　c. *그는 안방에 날샐 때까지 잤다. (KC)

(75)～(77)の「寝る」類の動詞は[＋継続][－付着]の自動詞である。この種の動詞の拡張文における場所空間は、どの言語においても共通に背景場所である。したがって、日本語のJAとJB、朝鮮語のKAとKB、中国語のCAとCBは成立するが、日本語のJC、朝鮮語のKC、中国語のCCはいずれも成立しにくい。

　なお、中国語の拡張文における場所成分の意味変化は[＋付着]自動詞構文の場合に最も目立っている。次の例を見てみよう。

　　A：他在操場上摔倒了好几次　（CA）　（彼は運動場で何回か転んだ。）
　　B：在操場上,他摔倒了好几次　（CB　（運動場で彼は何回か転んだ。）
　　C：*他摔倒在操場上好几次　（CC）　（彼は運動場に何回か転んだ。）
　　C´：好几次他摔倒在操場上。(CC)　（何回か彼は運動場に転んだ。）

　中国語では、動作の進行状態や動作の回数を説明しなければならない場合、一般にA、BグループのようにCA, CBで表す。もし、C´グループのように動作の回数を表す数量成分"好几次（何回も）"などをＶＰの前に付加すれば、CC構造も成立が可能である。

2.6　むすび

　自由修飾語：「NL+에서 eseo」、「NL＋で」、"在＋ＮＬ"は、ＶＰの支配外にある外在格であるので、文における位置は自由である。ただし、文のどの位置にあるかによって表される意味は異なる。文頭にある場合はトピックであるが、文中にある場合は、述語動詞としか関係をもたない（第2章、2.4.1）。

　否定の焦点：トピックの成分は否定の焦点にはなり得ない。したがって、背景場所成分が文中にある場合は、ＶＰも背景場所成分も否定の焦点になり得る。しかし、文頭にあるは、否定の焦点はＶＰだけである。

　指示範囲：「NL＋에서 eseo」（K）、「NL＋で」（J）、"在＋ＮＬ"（C）の空間指示範囲は同じではなく、"在＋ＮＬ"の範囲は「NL＋에서 eseo」、「NL＋で」よりも広い。J、K、Cの関係はJ、KがCに包含されている関係である。

<J＝K≦C>

中国語の表現：中国語の後置補語"在＋ＮＬ"は、前置補語"在＋ＮＬ"とは違って、一つのまとまった事柄を表し、自立単位として用いられる。それゆえ、時間量や動作量を表す成分とは共起できない。後置補語"在＋ＮＬ"は、ＶＰの支配を受ける内在格として、結果位置を表す場合が多い。（第2章、2.5.2）。

表3　日朝中空間背景場所表現構造の対照

	日本語	中国語	朝鮮語
Ａ背景場所	「ＮＬ＋で」(JA)	"在＋ＮＬ"(CA)	「ＮＬ＋에서 eseo」(KA)
Ｂ背景場所	「ＮＬ＋で」(JB)	"在＋ＮＬ"(CB)	「ＮＬ＋에서 eseo」(KB)
Ｃ結果位置	「ＮＬ＋に」(JC)	"在＋ＮＬ"(CC)	「ＮＬ＋에 e」(KC)

空間認知の差異：日朝中3言語は、背景場所の認知の仕方が異なる。

<具体性>　　　　　　　　　<抽象性>

■■■■■■■■・・・・・・・・・・・▶

(1) a.学校で聞いた。　b.ラジオで聞いた。　c.電話で聞いた。
(2) a.학교에서 들었다.　b.라디오에서 들었다.　c.전화로/에서 들었다.
(3) a.在学校听到。　b.在收音机里听到。　c. 在・・里听到。

(1)～(3)の a→b→c の順は、具体性空間から抽象性空間への変化を表している。**日本語では**、形式を重んじる傾向があって「ラジオ」や「電話」は、その[−場所性]から道具として捉えている。これに対して、**中国語では**、"学校"は「客観的」空間、"电话(電話)/收音机(ラジオ)"は「見なし的」空間として捉えるのが普通である。なお、**朝鮮語では**、「학교(学校)」は「客観的」空間、「라디오(ラジオ)」は「見なし的」空間として捉える。ただし、「전화(電話)」の場合、韓国語と中国延辺の朝鮮語では、事象の捉え方に差が見られる。つまり、韓国語では、「전화(電話)」を道具として捉える傾向があるが、中国延辺の朝鮮語では、それを空間として捉えている。これは、おそらく、韓国語は日本語に影響され、中国延辺の朝鮮語は中国語の影響を受けているからではないかと思われる。

第3章　結果位置の表現

3．1　問題の提起

　本章では、日朝中の結果位置（Resultant location）の概念、および、その表現構造について考察する。日朝中3言語では、結果位置の概念をそれぞれ「NL+에 e」、「NL+に」、"在₂+NL"（以下、結果位置を表す"在"を"在₂"とする）で表す。結果位置は、第1章で論じた背景場所と「近接性」のある空間概念である。背景場所は動作主の動作場所であるのに対して、結果位置は動作主の動作の結果、客体（あるいは主体）の付着する位置である。ＶＰとの共起関係などから見ると、構文の表している意味や機能は、「合成的派生」が可能な同質の概念ではなく、それぞれ意味と機能を異にする異質の概念を示している。例えば、背景場所の"在₁+NL"（以下、背景場所を表す"在"を"在₁"と表す）は、ＶＰの外在格であるのに対して、結果位置の"在₂+NL"はＶＰの内在格である。結果位置の「NL+に」、「NL+에 e」、"在₂+NL"は、<u>主語の動作作用により移動した目的語の到達位置を示し</u>、背景場所標識の「NL+で」、NL+에서 eseo」、"在₁+NL"は、<u>主語の動作や出来事の発生場所を示しており</u>、両者は「近接」している異なる概念である。

　他動詞構文における「NL+에서 eseo」、「NL+で」、"在₁+NL"は、主語関連の動作背景場所であるが、「NL+에 e」、「NL+に」、"在₂+NL"は、目的語関連の結果位置である。一方、自動詞構文では「NL+에 e」、「NL+に」、"在₂+NL"は、文法的には主語関連の場所にしかならないが、意味的には客体（目的語）関連の場所になる場合もあるので、結果位置か背景場所かは意味格により把握される。本章では、1）背景場所の「NL+에서 eseo」、「NL+で」、"在₁+NL"構造と結果位置の「NL+에 e」、「NL+に」、"在₂+NL"構造を比較対照しつつ述語動詞と関連づけて考察する。2）他動詞構文と自動詞構文における結果位置の表現について意味論的かつ構文論的に考察し、日朝中3言語の仕組み、表現の特徴、およ

び言語の普遍性を明らかにする。

３．２　結果位置の概念と構造

　結果位置とは、<u>動作主の動作・作用によって移動した客体</u>(あるいは、<u>主体)の結果位置</u>である。結果位置の表現構造として、朝鮮語では「ＮＬ＋에e」、日本語では「ＮＬ＋に」、中国語では"在₂＋ＮＬ"が用いられる。結果位置の表現は、他動詞構文にも自動詞構文にも見られるが、表1に示すように他動詞構文は、JA、KA、CAで表し、自動詞構文はJB、KB、CBで表す。

表１　　　　　日朝中結果位置表現の基本構造

日本語：	「ＮＬ＋に」	（JA＝他動詞文、　JB＝自動詞文）
朝鮮語：	「ＮＬ＋에e」	（KA＝他動詞文、　KB＝自動詞文）
中国語：	"在＋ＮＬ＋ＶＰ"	（CA₁＝他動詞文、CB₁＝自動詞文）
	"ＶＰ＋在＋ＮＬ"	（CA₂＝他動詞文、CB₂＝自動詞文）

次の（１）～（３）の例を見てみよう。

　(1)a. 彼は<u>壁に</u>釘を打った。(JA)　　b. 彼は<u>ソファに</u>坐った。(JB)
　(2)a. 그는 <u>벽에</u> 못을 박았다. (KA)　　b. 그는 <u>쏘파에</u> 앉았다. (KB)
　(3)a. 他<u>在墙上</u>钉了个钉子。(CA₁)　　b. 他<u>在沙发上</u>坐着。(CB₁)
　　a'. 他把钉子钉<u>在墙上</u>。(CA₂)　　b'. 他坐<u>在沙发上</u>。(CB₂)

(1a) (2a) (3a) (3a')は[＋動作性]の他動詞構文であり、(1b) (2b) (3b) (3b')は[＋動作性]の自動詞構文である（以下、他動詞構文をA文、自動詞構文をB文として、朝鮮語ではKA、KB、日本語ではJA、JB、中国語ではCA、CBと呼ぶことにする)。日本語の「に」格は〈位置〉と〈着点〉を表しているが、状態動詞の場合は〈位置〉を表し、過程動詞の場合は〈着点〉を表し、行為動詞の場合は〈位置〉と〈着点〉の両方を表す[1]。(1a)のように行為述語の場合の〈位置〉は、「典型性」の

---

[1] 中右（1998：8-13）は、位置を合図する「に」と「で」を、空間場所（位置）概念の認識構造として捉え、それを基本述語と関連づけて、場所の「に」格助詞は基本述語に内在的な項を合図する」と述べている。さらに、その項の役割は状態述語の場合には〈位置〉であり、過程述語の場合には〈着点〉であり、行為述語の場合が〈位置〉と〈着点〉の両方であると述べている。中右（1998）の「に」格が表している〈位置／着点〉を本研究では「結果位置」として扱い、「で」格が表している〈位置／場所〉

結果位置概念のカテゴリーに属し、(1b)のように過程述語の場合の〈着点〉は「家族的類似性」[2]の結果位置概念のカテゴリーに属する。朝鮮語の「에 e」格は、日本語の「に」格と対応している。(2a)のように行為述語動詞の結果位置も(2b)のように過程動詞述語の着点も表す。これに対して、中国語の"在$_2$＋NL"は、共起する動詞の性質だけではなく、文の位置によってその役割が異なる。"在$_2$＋NL"は、(3a)(3b)に示すように動詞の前に置かれる場合（在$_2$＋V型）は位置を表し、(3a')(3b')に示すように動詞の後ろに置かれる場合（V＋在$_2$型）は着点を表す。したがって、他動詞構文では"在$_2$＋NL＋V"と"(把＋N) V＋在$_2$＋NL"の二つの形式で結果位置を表す（以下、他動詞構文における"在$_2$＋NL＋V"を CA$_1$、"(把＋N) V＋在$_2$＋NL"を CA$_2$ と呼び、自動詞構文における"在$_2$＋NL＋V"の構造を CB$_1$、"V＋在$_2$＋NL"の構造を CB$_2$ と呼ぶことにする）。

3．3　他動詞構文における結果位置

他動詞構文における結果位置の表現構造は、以下のようである。

日本語：	［主語 (SUB) ＋目的語 (OBJ) ＋場所語 (OBL) ＋動詞 (V)］
朝鮮語：	［主語 (SUB) ＋目的語 (OBJ) ＋場所語 (OBL) ＋動詞 (V)］
中国語： ⅰ	［主語 (SUB) ＋場所語 (OBL) ＋動詞 (V) ＋目的語 (OBJ)］
ⅱ	［主語 (SUB) ＋目的語 (OBJ) ＋動詞 (V) ＋場所語 (OBL)］

3.3.1　日本語の特徴

日本語では、結果位置構文は、移動使役構文（他動詞構文）と結果構文（自・他動詞構文）の性格を含んでいる。したがって、ＶＰの性質も［－状態］の動詞であることを要求している。

先ず、次の例文を見てみよう。

    (4)　彼は<u>壁に</u>ペンキを塗った。(JA$_1$)

を「背景場所」として扱う。結果位置も背景場所も空間場所概念の認識構造として捉えているが、両者の関係は「点」と「面」の関係に等しい。

[2] 典型性と家族的類似性は、カテゴリーのあり方である。典型性とは、プロトタイプとされるものを特徴づけている属性を挙げたものであり、家族的類似性とは、それぞれのメンバー同士がどこかで共通性をもっていることによって、カテゴリーの統一性が保たれているものである。

(5) 彼は入り口にチャイムを設置した。(JA₁)

(6) 彼は口に薬を含んだ（でいる）。(JA₂)

(7) 彼は背中に子供を負ぶった（ている）。(JA₂)

(4)と(5)の「NL＋に」[3]は、結果位置の意味だけを表しているのに対し、(6)(7)の「NL＋に」は、結果位置と状態継続の2つの意味を表している。説明の便宜上［＋結果］の動詞構文を JA₁ と呼び〔(4)、(5)〕、［＋結果状態］の動詞構文を JA₂ に呼ぶことにする〔(6)、(7)〕。

◆ JA₁ と JA₂ の統語上の違い

ⅰ．状態の意味を表す「～まま」との共起関係

JA₁ と JA₂ の意味上の違いは、統語上の違いに起因する。動作の完結とともに状態継続の意味を表す JA₂ は、状態継続の意味を表す「-まま」との共起が可能であるが、JA₁（他動詞構文における結果位置）構造は、「-まま」との共起が不可能である。例えば、

JA₁：*彼は壁にペンキを塗ったままでいる。

＊彼は入り口のにチャイムを設置したままでいる。

JA₂：彼は口に薬を含んだままでいる。

彼は背中に子供を負ぶったままでいる。

JA₁動詞も JA₂動詞も、客体が動作の完結と共にある位置に到達して、［＋有界］［＋結果］の意味を表している。しかし、JA₁ 動詞は、動作完了後、その結果は動作主との関係がなくなり、動作主のコントロールを受けていないが、JA₂ 動詞は、動作完了後も動作主のコントロールを受けている。例えば、JA₁ の「彼は壁にペンキを塗った」で、客体「ペンキ」は「塗る」という動作の完了とともに「壁」という位置に付着し、動作主「彼」とは何の意味関係ももたない。それに対して JA₂ の「彼は口に薬を含んだ（でいる）」では、客体「薬」は「含む」という動作の完了とともに「口」という位置に到達した後も、「口に薬を含んだ」結果はずっと動作主「彼」

---

[3]日本語では、結果位置を表す場合、「に」のほかに「へ」の使用も可能である。もちろん「に」と「へ」は、文法機能においても意味概念においても区別があり、「へ」は〈方向〉を表し、その心理的視点は〈目標点〉に向かう位置におかれているに対して、「に」は着点に視点を置いた解釈である。(田中茂範、1997：43) 機能語「に」と「へ」が〈着点〉と〈目標点〉という意味合いをもっているにもかかわらず、現代日本語では、「部屋へ入る」「椅子へ坐る」など、動作・作用の着点を「に」はもちろん、「へ」でも表すこともできる。このような観点から、「へ」も結果位置の表現の一つとして取り上げられよう。

にコントロールされている。

ⅱ．結果位置とアスペクトの関係

日本語では、「〜ている」は状態も進行も表す場合があるので、次のA、B文のように「〜ている」との共起によって JA_1 の［＋動作性］と JB_2 の［＋動作性］［＋状態性］の二重性が明らかになる。

A （JA_1）	B （JA_2）
壁に(釘を)打ち込んでいる。	口に(薬を)含んでいる。
壁に(ペンキを)塗っている。	頭に(帽子を)被っている。
ドアに(チャイムを)設置している。	背中に(子供を)負ぶっている。

A、Bに示すように JA_1 の動詞(以下 V_1 と呼ぶ)は、「動作の進行中」だけを表している。これに対して、JB_2 の動詞(以下 V_2 と呼ぶ)は、副詞などの修飾成分と共起することによって「動作」または「状態」を表すことができる。ただし、JB_2 は副詞と共起した後、次のC、D、E文に示すように副詞の性質によって文の意味合いも変わってくる。

C （動作・状態）	D （動作）	E （状態）
薬を口に含んでいる。	今、薬を口に含んでいる。	ずっと、薬を口に含んでいる。
帽子を被っている。	今、帽子を被っている。	ずっと、帽子を被っている。
子供を負ぶっている。	今、子供を負ぶっている。	ずっと、子供を負ぶっている。

C文では動作も状態も表すが、D文では副詞「今」との共起によって動作の進行のみを表し、E文では副詞「ずっと」との共起によって状態のみを表す。

3.3.2 朝鮮語の特徴

朝鮮語では、結果位置を表す構文は、共起する述語動詞の性質により、［＋結果］、あるいは［＋結果状態］のどちらかを表わす。次の例を見てみよう。

(8) 그는 벽에 페인트를 칠했다. (KA_1)

(彼は壁にペンキを塗った。)

(9) 그는 문에 초인종을 설치했다. (KA_1)

(彼は入り口にチャイムを設置した。)

(10) 그는 입에 약을 물었다. (KA_2)

(彼は口に薬を含んだ。)
　　(11) 그는 등에 아이를 업었다. (KA₂)
　　　(彼は背中に子供を負ぶった。)

(8)と(9)の「ＮＬ＋에 e」は〈客体が動作の作用の結果、ある位置に至る〉という結果位置の意味にしかならないが、(10)と(11)の「ＮＬ＋에 e」は、[＋結果]と[＋状態]の二つの意味を含意している。さらに、(8)と(9)は〈動作行為の完了〉を表しているが、(10)と(11)は〈動作結果状態の継続〉を表している。例えば、(8)と(9)は「페인트를 칠하다(ペンキを塗る)」、「초인종을 설치하다(チャイムを設置する)」という動作の完了だけを表しているが、(10)と(11)は「약을 물다(薬を含む)」、「아이를 업다(子供を負ぶう)」という動作が完了した後、その結果状態が継続している、という意味合いを表している（以下、完了の意味を表す文を KA_1、継続の意味を表す文を KA_2 と呼ぶ）。

KA_2 は「- 채로 chaero(ままで)＋있다 itta (いる)」という、状態継続の意味の文末詞を付加すると、状態継続の意味を表すことができるが、KA_1 はそれが不可能である。

　　KA_1(結果):
　　(8`)*. 그는 벽에 페인트를 칠한 채로 있다.
　　　(*彼は壁にペンキを塗ったままでいる。)
　　(9`)*그는 문에 초인종을 설치한 채로 있다.
　　　(*彼は入り口にチャイムを設置したままでいる。)
　　KB_2(結果＋状態):
　　(10`) 그는 입에 약을 문 채로 있다.
　　　(彼は口に薬を含んだままでいる。)
　　(11`) 그는 등에 아이를 업은 채로 있다.
　　　(彼は背中に子供を負ぶったままでいる。)

上記のように[＋結果]の V_1 は、補助動詞の「놓다 nota(おく)」と共起可能である。[＋結果状態]の V_2 は補助動詞の「놓다 nota(おく)」と共起不可能である。

　結果位置を表す動詞は、次の表２、３のように V_1 と V_2 に分けられる。V_1 も V_2

も[+有界][4] [+結果]の動詞である。つまり、V_1 も V_2 も客体は動作が完了した後、ある位置に付着している。しかし、V_1 は動作が完了した後、その結果は動作と無関係であるが、V_2 は動作が完了した後もその結果は動作主にコントロールされている。例えば、KA_1 の「그는 벽에 페인트를 칠했다 (彼は壁にペンキを塗った)」の文では、客体の「페인트 peinteu (ペンキ)」は、「칠하다 qirada (塗る)」という動作の完了とともに「벽 pyeok (壁)」という位置に付着して、動作主とは何の意味関係ももっていない。それに対して KA_2 の「그는 입에 약을 물었다 (彼は口に薬を含んだ)」の文では、客体の「약 yak (薬)」は、「물다 mulda (含む)」という動作の完了とともに「입 ip (口)」という位置に付着した後も、その結果はずっと「그 keu (彼)」という動作主にコントロールされている。

表2　　V_1 動詞の日朝中対照表

KA V_1	JA V_1	CA V_1
박다 paktta	打つ	钉
붙이다 puchida	張る	贴
찌르다 jjireuda	突き刺す	刺
쓰다 sseuda	書く	写
바르다 pareuda	塗る	涂
꽂다 kkotta	さす	插
그리다 keurida	描く	画
설치하다 seolchihada	設置する	安, 装, 安装

表3　　V_2 動詞の日・朝・中対照表

KA V_2	JA V_2	CA V_2
물다 mulda	含む	含
업다 eoptta	負ぶう	背
안다 antta	抱く	抱
메다 meda	担ぐ	扛
(머리에) 쓰다 sseuda	かぶる	戴
지다 jida	背負う	背

朝鮮語の「놓다 nota (おく)」は、動作が完了した後残された状態として、存在

---

[4] [+有界], [−有界]は、認知文法の概念の一つである。認知文法では、名詞、動詞、形容詞、副詞といった文法カテゴリーが、意味的概念によって定義づけがなされる（沈家煊、1995：367-379を参照）。

動詞「있다 itta (ある/いる)」に近い意味をもっている。このような状態は動作主とは直接の関係がないため、次に例示するようにV_1とは共起できるが、動作が完了した後もその結果が動作主にコントロールされているV_2とは共起できない。

KA_1V_1： (빨래를) 널어 놓다　　　　(洗濯物を)干しておく。

　　　　 (못을) 박아 놓다　　　　　(釘を)打ち込んでおく。

　　　　 (종이를) 발라 놓다　　　　(紙を)張っておく。

　　　　 (페인트를) 칠해 놓다　　　(ペンキを)塗っておく。

　　　　 (초인종을) 설치해 놓다　　(チャイムを)設置しておく。

KA_2V_2：*(신을) 신어 놓다　　　　(靴を)履いておく。

　　　　*(약을) 입에 물어 놓다　　(薬を)口に含んでおく。

　　　　*(모자를) 써 놓다　　　　(帽子を)被っておく。

　　　　*(아이를) 업어 놓다　　　(子供を)負ぶっておく。

　　　　*(장갑을) 끼어 놓다　　　(手袋を)はめておく。

　KAV_1とKAV_2の意味上の特徴は、次のようにまとめることができる。

1.　KAV_1は、[+有界][+結果]の性質をもっている。

2.　KAV_2は、[+有界][+結果][+状態][+制約]の性質をもっている。

3.3.3　中国語の特徴

◆CA_1とCA_2の意味と機能

　ⅰ．中国語は、他動詞構文における結果位置の表現にCA_1、CA_2の二つの構造が用いられ、朝鮮語のKA、日本語のJAと対応関係にある。語順が文法的機能を果たす中国語では、"在$_2$＋NL"で結果位置を表すが、"在$_2$＋NL"の位置によって文の意味がやや異なる。次のA～Dの例を見てみよう。

CA_1(在$_2$＋NL＋V)

　A：(12) 他在墙上刷了层油漆。　　(彼は壁にペンキを塗った。)

　　　(13) 他在门上装了个门铃。　　(彼は入り口にチャイムを設置した。)

　B：(14) 他(在)嘴里含着药片。　　(彼は口に薬を含んだ/でいる。)

　　　(15) 他(在)背上背着孩子。　　(彼は背中に子供を負んぶした/ている。)

CA_2(V＋在$_2$＋NL)

　C：(16) 他把油漆刷在墙上。　　(彼は壁にペンキを塗った。)

(17) 他把门铃装在门上。　　　　（彼は入り口にチャイムを設置した。）

D：(18) 他把药片含在嘴里。　　　　（彼は口に薬を含んだ。）

(19) 他把孩子背在背上。　　　　（彼は背中に子供を負んぶした。）

　CA_1 も CA_2 も客体の到達位置を表すが、両者の表す意味は全く同じではない。CA_1 の"在$_2$＋ＮＬ＋Ｖ"は、(12)～(15)に示したように場所位置に焦点があるのに対し、CA_2の"Ｖ＋在$_2$＋ＮＬ"は(16)～(19)に示したように動作の結果に焦点がある。

　ⅱ．CA_1は動作の進行が可能であり、動作の進行を表す"(正)… 呢（…ている）"との共起が可能であるが、CA_2は動作の進行を表すことができないので、"(正)… 呢（…ている）"との共起は不可能である。次の例を見てみよう。

(20) a. 他正在墙上刷油漆呢。(CA_1)　　（彼は(今)壁にペンキを塗っている。）

　　 b.＊他正把油漆刷在墙上呢。(CA_2)（彼は(今)壁にペンキを塗った。）

(21) a. 他正在门上装门铃呢。(CA_1)　　（彼は(今)ドアにチャイムを設置している。）

　　 b.＊他正把门铃装在门上呢。(CA_2)（彼は(今)ドアにチャイムを設置した。）

(22) a. 他嘴里正含着药片呢。(CA_1)　　（彼は(今)口に薬を含んでいる。）

　　 b.＊他正把药片含在嘴里呢。(CA_2)（彼は(今)口に薬を含んだ。）

(23) a. 他背上正背着孩子呢。(CA_1)　　（彼は(今)背中に子供を負んぶしている。）

　　 b.＊他正把孩子背在背上呢。(CA_2)（彼は(今)背中に子供を負んぶした。）

　ⅲ．CA_1では、客体と主体との関係が密接なので、次の(24a、a`)、(25a、a`)に示すように、"在$_2$＋ＮＬ"を省略することができるが、CA_2では、客体と場所成分の関係が密接なので、次の(24b、b`)、(25b、b`)に示すように、"在$_2$＋ＮＬ"を省略することはできない。

(24) a. 他在墙上刷油漆。(CA_1)　　→　　a`. 他刷油漆。(CA_1)

　　　　（彼は壁にペンキを塗った。）　　　　（彼はペンキを塗る。）

　　 b. 他把油漆刷在墙上。(CA_2)　→　　b`.＊他把油漆刷。(CA_2)

　　　　（彼はペンキを壁に塗った。）　　　　（彼はペンキを塗る。）

(25) a. 他在门上装门铃。(CA_1)　　→　　a`. 他装门铃。(CA_1)

　　　　（彼は入り口にチャイムを設置した。）（彼はチャイムを設置する。）

　　 b. 他把门铃装在门上。(CA_2)　→　　b`.＊他把门铃装。(CA_2)

（彼はチャイムをドアに設置した。）　　　（彼はチャイムを設置する。）

(24a`)、(25a`)のようにCA$_1$では"在$_2$＋NL"がなくても、言葉の環境や背景のにより、その場所が推測可能であり、文の意味が簡単に理解できる。しかし、(24b`)、(25b`)のようにCA$_2$では、動作の結果位置に焦点がある、動作とともに結果位置が必要となるので、"在$_2$＋NL"の省略は不可能である。加えるに、CA$_2$は"把＋N"構造であるが、"把＋N"構造では、"把"の字を削除しても、結果位置の成分が要求されるので、場所成分の"在$_2$＋NL"は省略できない。

　中国語では、結果位置構文における"趣向動詞"[5]は、移動方向も移動結果も表す。それゆえ、結果位置を表す"在$_2$"趣向動詞の後ろに来られず、同時に用いられない。次の例を見てみよう。

　　(26) a. *他把书搁进在书包里。(CA$_2$)
　　　　b. 彼は鞄に本をしまった。(JA$_1$)
　　　　c. 그는 가방에 책을 집어넣었다. (KA$_1$)
　　(27) a. *他把书放回在原处。(CA$_2$)
　　　　b. 彼は元のところに本を持って行った。(JA$_1$)
　　　　c. 그는 제자리에 책을 갖다놓았다. (KA$_1$)
　　(28) a. *他把信塞进在兜子里。(CA$_2$)
　　　　b. 彼は手紙をポケットに詰め込んだ。(JA$_1$)
　　　　c. 그는 편지를 호주머니에 집어넣었다. (KA$_1$)

(26a)〜(28a)は"在$_2$＋NL"が"V＋趣向動詞"の後ろに置かれているので、非文である。"V＋趣向動詞"構文では、一般に次の(29)〜(31)に示すように"在$_2$"を削除し、「NL」を直接に"V＋趣向動詞"の後ろに付加して用いる。

　　(29) 他把书搁进书包里。　　（彼は本を鞄にしまった。）
　　(30) 他把书放回原处。　　　（彼は本を元のところに置いた。）
　　(31) 他把信塞进兜子里。　　（彼は手紙をポケットに詰め込んだ。）

---

[5] 中国語の趣向動詞は、単独で使われる場合もあるが、一般的に他の動詞の後ろに置かれて複合動詞を作り、移動と方向を示す。趣向動詞の性質と意味によって、以下の3種類に分けられる。
　　(1) 起点を表す：　下、出、开、起
　　(2) 着点を表す：　进、上、近、满、回、到、去、来、在
　　(3) 経路を表す：　过、出

なお、上の(29)〜(31)の"V＋趣向動詞＋ＮＬ"と次の(32)〜(34)の"V＋在$_2$＋ＮＬ"が表す真理条件は同じである。

(32) 他把书搁在书包里。(CA$_2$)　　（彼は本を鞄にしまった。）

(33) 他把书放在原处。(CA$_2$)　　（彼は本を元のところに置いた。）

(34) 他把信塞在兜子里。(CA$_2$)　　（彼は手紙をポケットに詰め込んだ。）

3.3.4　日朝中対応関係

以上見た日朝中3現語の結果位置の表現には、相似点も相違点も見られている。結果位置の意味カテゴリーは、共起するＶＰの性質によって、動的結果位置と、静的結果位置の2種類に分かれる。中国語では、CA$_1$（在$_2$＋V）と CA$_2$(V＋在$_2$)の2種類で結果位置を表す。CA$_1$（在$_2$＋V）は「張る」の類のV$_1$構文では動的意味を表し（動詞の完了、あるいは進行）、「含む」の類のV$_2$構文では動的意味（動作の完結）も、静的意味（状態継続）も表す。CA$_1$ に対して CA$_2$(V＋在$_2$)は、動的意味（動作の完了）だけを表す。

結果位置の動的、静的性質は絶対的なものではなく、次のＡ、Ｂに示すように、条件によっては相互に転換することも可能である。

　　　　　　　　　　Ａ　　　　　　　　　　　　Ｂ

⎧ CA$_2$: 他一下子把药片含在嘴里。　　他一直把药片含在嘴里。

⎨ KA$_2$: 그는 단번에 약을 입에 물었다.　　그는 줄곧 약을 입에 물었다.

⎩ JA$_2$: 彼はすぐ薬を口に含んだ。　　　彼はずっと薬を口に含んでいる。

⎧ CA$_2$: 他一下子把孩子背在背上。　　他一直把孩子背在背上。

⎨ KA$_2$: 그는 훌적 아이를 등에 업었다.　　그는 줄곧 아이를 등에 업었다.

⎩ JA$_2$: 彼はひょいと子供を背中に負ぶった。彼はずっと子供を背中に負ぶっている。

日朝中3言語のいずれも、Ａグループのように［＋有界］［－継続］の動詞構文では、「一下子/단번에 /すぐ」の類の動態副詞と共起した場合は、動的結果位置（動作完了）を表す。そして、Ｂグループように「一直/줄곧/ずっと」の類の静態副詞と共起した場合は、静的結果位置（状態継続）を表す。

以上述べた他動詞構文における結果位置の表現の特徴は、次のように表6と7のようにまとめられる。

表6　日朝中3言語における結果位置表現の対照表

表現構造		V_1		V_2	
		［－有界］［＋継続］		［＋有界］［－継続］	
		動的	静的	動的	静的
朝	NL＋에 e	＋	－	＋	＋
日	NL＋に	＋	－	＋	＋
中	在＋NL＋VP(CA₁)	＋	－	＋	＋
	把＋VP＋在＋NL(CA₂)	＋	－	＋	－

表7　結果位置の意味特徴および統語制約

> ⅰ．他動詞構文における結果位置は典型性結果位置である。
> ⅱ．結果位置の概念には、〈VPの結果占める位置〉という意味合いがある。
> ⅲ．共起するVPは［＋動作］の動詞でなければならない。
> ⅳ．他動詞構文における結果位置は客体の到達点である。
> ⅴ．［＋動作］［＋結果］のV_1（例えば、「打つ」）と共起した結果位置は［＋有界］［－継続］の意味を表し、［＋動作］［＋結果］［＋状態］のV_2（例えば、「含む」）と共起した結果位置は［－有界］［＋継続］の意味を表す。

3．4　自動詞構文における結果位置

以上では、他動詞述語構文における結果位置の表現について考察した。他動詞構文における結果位置を目的語の到達空間と言うなら、自動詞構文における結果位置は主語の到達空間と言えよう。以下では自動詞構文における結果位置の表現について考察する。日朝中3言語を、VPの性質と他の成分との共起関係の中で考察して、3言語の表現特徴、ならびに言語間の共通点について意味論的かつ統語論的（構文

3.4.1 姿勢動詞構文における結果位置
◆ 朝鮮語の場合

　結果位置の表現構造は、述語動詞の性質によってその意味と機能が大きく左右される。まず、朝鮮語と日本語の姿勢動詞構文における結果位置の表現について見てみよう。

(35) a. 그는 의자에 앉았다. (KB_1)　　（結果）
　　　（彼は椅子に坐った。）

　　b. 그는 의자에 앉아 있다. (KB_2)（状態）
　　　（彼は椅子に坐っている。）

(36) a. 그는 침대에 누웠다. (KB_1)　　（結果）
　　　（彼はベッドに横になった。）

　　b. 그는 침대에 누워 있다 (KB_2)（状態）
　　　（彼はベッドに横になっている。）

(37) a. 그는 계단에 섰다. (KB_1)　　（結果）
　　　（彼は階段に立っている。）

　　b. 그는 계단에 서있다. (KB_2)　（状態）
　　　（彼は階段に立っている。）

　上の(35)～(37)は、いずれも姿勢動詞を含む自動詞述語構文の例である。朝鮮語の「앉다（坐る），눕다（横になる），서다（立つ）」などの動詞（以下、姿勢動詞という）は、(35a)～(37a)のように、動作を表す場合も、(35b)～(37b)のように、状態を表す場合もある。つまり、姿勢動詞構文における「ＮＬ＋에 e」は、結果位置と継続状態の二つの意味合いをもつ。

　通常、結果位置を表す文末表現は「～았/었다 atta/eotta（～た）」で表し、継続状態を表す文末表現は「～아/어 있다 a/eo itta（～ている）」で表す（説明の便宜上、「結果」を表す「～았다 atta/eotta（～た）」文を KB_1 と呼び、「状態」を表す「～아/어 있다 a/eo itta（～ている）」文を KB_2 呼ぶことにする）。なお、状態を表す KB_2 は、次の(38b)～(40b)のように静的状態「…채로 있다 chaero itta　（ままでいる）」

と置き換えることが可能である。

(38) a. 그는 의자에 앉았다. KB_1　　　彼は椅子に坐った。

b. 그는 의자에 앉은 채로 있다. KB_2 彼は椅子に坐ったままでいる。

(39) a. 그는 침대에 누웠다. KB_1　　　彼はベッドに横になった。

b. 그는 침대에 누운 채로 있다. KB_2 彼はベッドに横になったままでいる。

(40) a. 그는 계단에 섰다. KB_1　　　彼は階段に立った。

b. 그는 계단에 선 채로 있다. KB_2 彼は階段に立ったままでいる。

結果位置を表す「NL+에 e」と継続状態を表す「NL+에 e」は、副詞との結合関係によっても区別される。次の例を見てみよう。

(41) a. 그는 털썩 의자에 앉았다. KB_1　　　彼はべたりと椅子に坐った。

b. 그는 아직도 의자에 앉아 있다. KB_2 彼はまだ椅子に坐っている。

(42) a. 그는 즉시 침대에 누웠다. KB_1　　　彼はすぐベッドに横になった。

b. 그는 지금도 침대에 누워 있다. KB_2 彼はまだベッドに横になっている。

(43) a. 그는 갑자기 의자 위에 섰다. KB_1　　彼は突然椅子の上に立った。

b. 그는 아직도 의자 위에 서 있다. KB_2彼はまだ椅子の上に立っている。

(41a)～(43a)に示したように、「NL+에 e」は、動態の意味を表す文では「털썩(べたり)」、「즉시(すぐ)」、「갑자기(突然)」などの動態副詞と共起して動的結果位置を表す。しかし、(41b)～(43b)に示すように、静態の意味を表す文では「지금도(まだ)」などの静的副詞と共起して継続状態を表す。要するに、結果位置の場合の「NL+에 e」は、時間を軸に移動した軌跡を表すのに対し、継続状態の場合の「NL+에 e」は、移動の軌跡のない絶対的静止状態を表す。

以上見た自動詞構文における「NL+에 e」の統語構造は次の表8のようにまとめられる。

表8　　「NL+에 e」の統語構造

ⅰ. 継続状態を表す「NL+에 e」構文は、 「S+NL+에 e+VP+채로 chaero+있다 itta」（S+NL+VP+ままでいる）構文に言い換えることができる。
ⅱ. 「NL+에 e」と副詞の共起： 　　結果位置を表す「NL+에 e」は、動態副詞としか共起できない。 　　状態持続を表す「NL+에 e」は、静態副詞としか共起できない。

第3章　結果位置の表現

◆日本語の場合

　日本語の機能語「に」は、〈状態〉〈過程〉〈行為〉動詞の内在項であり、〈位置〉ないし〈着点〉を表す。「坐る」の類の姿勢自動詞構文における結果位置の構造は「ＮＬ＋に」である。JBは、上述した朝鮮語と同様、動態の意味の結果位置を表す場合もあれば、静態の意味の継続状態を表す場合もある（説明の便宜上、「結果」を表す「〜タ」文を JB$_1$ と呼び、「状態」を表す「〜テイル」文を JB$_2$ と呼ぶ）。しかしながら、日本語と朝鮮語は、結果位置の表現において統語的、意味的にやや異なるところもある。

　まず、結果位置とアスペクトの関係に関しては、次の(44)〜(46)を見てみよう。

(44) a. 彼は椅子に坐った。(JB$_1$)
　　 b. 彼は椅子に坐っている。(JB$_2$)
　　 a´. 그는 의자에 앉았다. (KB$_1$)
　　 b´. 그는 의자에 앉아 있다. (KB$_2$)

(45) a. 彼はベッドに横になった。(JB$_1$)
　　 b. 彼はベッドに横になっている。(JB$_2$)
　　 a´. 그는 침대에 누웠다. (KB$_1$)
　　 b´. 그는 침대에 누워 있다. (KB$_2$)

(46) a. 彼は椅子の上に立った。(JB$_1$)
　　 b. 彼は椅子の上に立っている。(JB$_2$)
　　 a´. 그는 의자 위에 섰다. (KB$_1$)
　　 b´. 그는 의자 위에 서 있다. (KB$_2$)

　(44a)〜(46a)は結果位置を表し、(44b)〜(46b)は継続状態を表す表現である。日本語では、自動詞述語構文における結果位置や継続状態は、機能語「に」と述語動詞、および、アスペクト「〜タ」、「〜テイル」などによって表現される。「に」は「内容語」ではなく、「機能語」である。「機能語」の「に」は、述語無しには文法的機能も意味も確定できず、述語と共起してはじめて意味と機能が確定するのである。したがって、(44)〜(46)が結果位置の表現であるかどうかは、「に」自体ではなく、「坐る/横になる/立つ」という述語動詞で決まる。そして継続を表すかど

うかは「〜タ」や「〜テイル」というアスペクト標識によって決まる。日本語と朝鮮語のアスペクト表現の特徴は次の表9のようにまとめることができる。

表9　　日本語と朝鮮語のアスペクト表現

- 日本語の「〜テイル」は動的進行状態も静的継続状態も表している。
- 朝鮮語では「〜고 있다 go itta（ている）」では動的進行状態を表し、「〜아/어 있다 a/eo itta（ている）」では静的継続状態を表す。

　次に、結果位置と方位詞（空間詞）の共起に関して、日本語と朝鮮語のやや異なる特徴に目を移す。一般に〈具体的〉〈客観的〉空間関係は、空間方位詞によって表されるが、次の(47)〜(49)に示すように日本語では、経験や習慣によって〈具体的〉〈客観的〉空間関係を表す際に必ずしも空間方位詞は用いられない。

　　(47) a. 彼は部屋に入った。　　　b. 彼は部屋の中に入った。
　　(48) a. 彼はベッドに横になった。b. 彼はベッドの上に横になった。
　　(49) a. 彼は椅子に坐った。　　　b. 彼は椅子の上に坐った。[6]

(48b)、(49b)のように、日本語では、身体経験によって習慣化した事象の表現には「上」などの方位詞を用いないのが普通であり、習慣化していない事象の表現には方位詞を用いるのが普通である。日本語に対して、朝鮮語の場合は〈具体的〉〈客観的〉空間位置関係の表現において、空間方位詞があってもなくてもよい。よって、(47)〜(49)に対応する朝鮮語の(50)〜(52)は、a、b文のどちらの表現も可能であり、自然な結果位置を表す表現である。

　　(50) a. 그는 방에(pang-e) 들어갔다. 　b. 그는 방 안에(pang an-e) 앉았다.
　　(51) a. 그는 침대에(chimdae-e) 누웠다. b. 그는 침대 위에(chimdae wi-e) 누웠다.
　　(52) a. 그는 의자에(uija-e) 섰다. 　　b. 그는 의자 위에(uija wi-e) 섰다.

◆　中国語の場合

　中国語では、次の(53a)〜(55a)に示すように"ＶＰ＋在$_2$＋ＮＬ"（Ｖ＋在$_2$型）と(56a)〜(58a)に示すように"在$_2$＋ＮＬ＋ＶＰ＋着"（在$_2$＋Ｖ型）の二つの構造で結果と状態を別々に表す（以下"Ｖ＋在$_2$型"をCB$_1$、"在$_2$＋Ｖ型"をCB$_2$と呼ぶ）。

---

[6]　「彼は椅子の上に坐った」は「彼は椅子に坐った」とは意味が異なって、「椅子の上にお座りをする」の意味を含意することがある。

第3章　結果位置の表現

> CB₁ : "ＶＰ＋在＋ＮＬ"（Ｖ＋在型）　　（結果）
> CB₂ : "在＋ＮＬ＋ＶＰ＋着"（在＋Ｖ型）　（状態）

CB₁（Ｖ＋在型）：

(53) a. 他坐在长椅上。(CB₁)
  b. 彼はベンチに坐った。(JB₁)
  c. 그는 벤치에 앉았다. (KB₁)

(54) a. 他躺在床上。(CB₁)
  b. 彼はベッドに横になった。(JB₁)
  c. 그는 침대에 누웠다. (KB₁)

(55) a. 他站在台阶上。(CB₁)
  b. 彼は階段に立った。(JB₁)
  c. 그는 계단에 섰다. (KB₁)

CB₂（在＋Ｖ型）：

(56) a. 他在长椅上坐着。(CB₂)
  b. 彼はにベンチに坐っている。(JB₂)
  c. 그는 벤치에 앉아 있다. (KB₂)

(57) a. 他在床上躺着。(CB₂)
  b. 彼はベッドに横になっている。(JB₂)
  c. 그는 침대에 누워 있다. (KB₂)

(58) a. 他在台阶上站着。(CB₂)
  b. 彼は階段に立っている。(JB₂)
  c. 그는 계단에 서 있다. (KB₂)

ⅰ．CB₁構文は、共起する副詞の性質によって動作完了後の結果位置、あるいは継続状態の結果位置を表すことがある。例えば、CB₁（"ＶＰ＋在₂＋ＮＬ"）の"椅子上"、"床上"は、次の(59a)、(60a)に示すように動態副詞"一屁股（どっかりと）／立刻（すばやく）"などと共起すると、動作完了後の結果位置の意味合いを表し、(59b)、(60b)に示すように静態副詞"还（まだ）／一直（ずっと）"などと共起すると、継続状態の意味を表す。

(59) a. 他一屁股坐在椅子上。(CB_1)　　　（動的）

　　　（彼はどっかりと椅子に坐った。）

　　b. 他还坐在椅子上。(CB_1)　　　（静的）

　　　（彼はまだベンチに坐っている。）

(60) a. 他立刻躺在床上。(C_1B)　　　（動的）

　　　（彼はすばやくベッドに横になった。）

　　b. 他一直躺在床上。(CB_1)　　　（静的）

　　　（彼はずっとベッドに横になっている。）

なお、CB_2もKB_2もJB_2も、静態の意味をもつので、静態副詞とは共起可能であるが、動態副詞とは共起不可能である。次のA文は静態副詞と共起した例であり、B文は動態副詞と共起した例である。

A：CB_2、KB_2、JB_2が静態副詞と共起する場合：

(61) a. 他一直在椅子上坐着。(CB_2)

　　b. 彼はずっと椅子に坐っている。(JB_2)

　　c. 그는 줄곧 의자에 앉아 있다. (KB_2)

(62) a. 他一直在床上躺着。(CB_2)

　　b. 彼はずっとベッドに横になっている。(JB_2)

　　c. 그는 줄곧 침대에 누워 있다. (KB_2)

B：CB_2、KB_2、JB_2が動態副詞と共起する場合：

(63) a.*他一屁股在椅子上坐着。(CB_2)

　　b.*彼は勢いよく椅子に坐っている。(JB_2)

　　c.*그는 털썩 의자에 앉아 있다. (KB_2)

(64) a.*他突然在床上躺着。(CB_2)

　　b.*彼は急にベッドに横になっている。(JB_2)

　　c.*그는 갑자기 침대에 누워 있다(KB_2)

ⅱ．CB_1は、動作に焦点があるが、動作終了後は静態になる。これに対して、CB_2は状態に焦点がある。両者の区別は次の図1のようになる。

　　　　図1　"V＋在"構造と"在＋V"構造の違い

　　　　(a)CB_1"V＋在"　　　　　　　　(b)CB_2"在＋V"

第3章　結果位置の表現

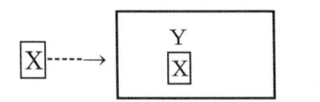

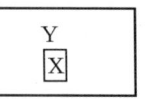

iii. CB_2は常に状態を表すので、動態成分との共起は不自然であるが、CB_1はそうではない。次の例を考えてみよう。

(65) *他一进来就<u>在床上躺着</u>看起书来了。(CB_2)

　　　(*彼は部屋に入ると、すぐ<u>ベッドに横になっていて</u>本を読み始めた。)

(66) *他一出门就<u>在台阶上坐着</u>吃起东西来了。(CB_2)

　　　(*彼は家を出ると、すぐ<u>階段に坐っていて</u>何か食べ始めた。)

(65)、(66)が不自然なのは、ＶＰ$_1$の"在床上躺着（ベッドに横になっていっる）"、"在台阶上坐着（階段に坐っている）"などは、静態を表しているのに、ＶＰ$_2$の"看起书来（読み始める）""吃起东西来（食べ始めた）"などは、いずれも明確な動態を表している。よって、異質の二つのＶＰは共起しにくいのである。しかし、CB_1の場合は、次の(65`)、(66`)に示すように、ＶＰ$_1$の"躺在床上（ベッドに横になった）"もＶＰ$_2$の"看起书来（読み始める）"も動態を表している。よって、同質の二つのＶＰ動詞は共起可能である。

(65`) 他一进来就<u>躺在床上</u>看起书来了。(CB_1)

　　　(彼は部屋に入ると、すぐ<u>ベッドに横たわって</u>本を読み始めた。)

(66`) 他一出门就<u>坐在台阶上</u>吃起东西来了。(CB_1)

　　　(彼は家を出ると、すぐ<u>階段に坐って</u>何か食べ始めた。)

iv. CB_2は、(67a)、(68a)に示すように読点「、」で区切れば、文は成立する。これに対して(67b)、(68b)に示すように文全体を一まとまりにすると、動態成分とは共起しにくくなる。

(67) a. 他<u>在床上躺着</u>，就着台灯看书。(CB_2)

　　　(彼は<u>ベッドに横になって</u>、スタンドの灯りをつけて本を読んでいる。)

　　 b. ?他<u>在床上躺着</u>就着台灯看书。(CB_2)

　　　(?彼は<u>ベッドに横になっていて</u>、スタンドの灯りをつけて本を読んでいる。)

(68) a. 他在沙发上坐着，一边听音乐一边翻报。(CB_2)

　　　(彼は<u>ソファに坐って</u>、音楽を聴きながら新聞を読んでいる。)

61

b.？他在沙发上坐着一边听音乐一边翻报。(CB$_2$)

　　　(？彼はソファに坐っていて、音楽を聴きながら新聞を読んでいる。)

これに対して、CB$_1$の場合は、文の区切りがあってもなくても、次の(69a, b)に示すように表される意味は同じである。

(69) a. 他躺在床上，就着台灯看书。(CB$_1$)

　　　b. 他躺在床上就着台灯看书。(CB$_1$)

　　　　(彼はベッドに横になって、スタンドの灯りをつけて、本を読んでいる。)

さらに、次のAとBを見てみよう。

　A：(70) a. 他们坐在车上聊天。　　(CB$_1$)

　　　　b. 그들은 차에 앉아 잡담하고 있다. (KB$_1$)

　　　　c. 彼等は車に乗って世間話をしている。(JB$_1$)

　B：(71) a. ＊他坐在车上去车站。(CB$_1$)

　　　　b. ＊그는 차에 앉아 있고 역까지 갔다. (KB$_1$)

　　　　c. ＊彼は車に乗っており、駅まで行った。(JB$_1$)

CB$_1$が複数のＶＰと共起するためには、Aの(70)に示すように、次の２つの条件を満たさなければならない。1)"在＋ＮＬ"は前の動作の結果位置であると同時に後の動作の背景場所でなければならないこと。2) ２つの動作は必ず一つの動作主にコントロールされなければならないこと。この二つの条件が満たされない場合は、Bの(71)のように非文になってしまう。

　AとBの意味合いは次のように解釈できる。

　A：他们坐在车上聊天。(CB$_1$)　　　(彼らは車に乗ってお喋りする。)

　　　[他们坐＋他们在车上＋他们聊天]　→　[他们坐在车上聊天。]

　　(彼らは乗る＋車にいる＋お喋りする)→(彼らは車に乗ってお喋りする。)

　B：＊他坐在车上去车站。(CB$_1$)　　(＊彼は車に乗っていて駅へ行く。)

　　　[他坐＋他在车上＋他去车站]　→　[＊他坐在车上去车站。]

　　(彼は乗る＋車にいる＋駅へ行く)　→　(＊彼は車に乗って駅へ行く。)

Aの"车上(車)"は、"坐(乗る)"という動作の結果位置でもあり、"聊天(お喋りする)"という動作の背景場所でもある。そして、２つの動作は、それぞれ"他们(彼ら)"という一つの動作主にコントロールされている。しかし、Bの"车上

(車)"は、"坐(乗る)"という動作の対象、あるいは、動作を完了するための手段であるだけで、"去(行く)"という動作の背景場所にはならない。しかも、"去(行く)"などの動作は、"他(彼)"という一つの動作主にコントロールされているのではなく、乗り物にコントロールされている。よって、B文は成立しにくいのである。

◆ **日朝中対応関係**

以上、述べたように、KB_2、JB_2、CB_2は、静態の意味(継続状態)を表すのに対して、KB_1、JB_1、CB_1は、動態の意味(結果位置)を表す。ただし、CB_1は静態の意味(継続状態)も表す場合がある。例えば、同じCB_1であっても"他立刻躺在床上(彼はすぐベッドに横になったJB_1/그는 즉시 침대에 누웠다KB_1)"の場合は、"立刻/すぐ/즉시"という動態副詞と共起して、動態の意味(結果位置)を表しているが、"他一直躺在床上(彼はずっとベッドに横になっていたJB_2/그는 줄곧 침대에 누워있었다KB_1)"のように"一直/ずっと/줄곧"という静態副詞と共起した場合は、静態の意味(継続状態)を表している。日朝中の対応関係をまとめると次の表10ようになる。

表10　姿勢動詞述語文における結果位置表現

表現構造		動態(結果)	静態(状態)
ＮＬ＋에 e…Ｖ＋있/있다 att/eotta	(KB_1)	＋	－
ＮＬ＋에 e…Ｖ＋아/어 있다 a/eo itta	(KB_2)	－	＋
ＮＬ＋に…Ｖ＋た	(JB_1)	＋	－
ＮＬ＋に…Ｖ＋ている	(JB_2)	－	＋
ＶＰ＋在＋ＮＬ	(CB_1)	＋	－
在＋ＮＬ＋ＶＰ	(CB_2)	－	＋

3.4.2　非対格構文[7]における結果位置

---

[7] 影山(1996：20)では、非対格動詞と非能格動詞の意味的な違いについて、「非対格動詞はナル形、非能格動詞はスル形」と特徴づけ、2者について、次のように分類している。

非能格動詞	非対格動詞
①意図的ないし意志的な行為自動詞	①形容詞ないしそれに相当する状態動詞
②生理的現象を表す自動詞	②非意図的で、対象を主語に取る受動動詞

他動詞受動文における主語は、意味上では動作主の働きかけを受ける目的語であるが、文法上は文の主語になり、他動詞の形態も接辞により自動詞化している。このように、もと他動詞の目的語であった文の成分が主語となった自動詞文を非対格動詞述語文という。本節では、日朝中非対格文における結果位置の表現構造の意味、および、統語上の機能について探ることにする。

◆　日本語の場合

　非対格文では、日本語の主語は意味的には動作主ではなく、客体である。つまり、動詞の性質は[＋他動性]から[－他動性]へと変化しており、その変化は、「～れる/られる」、「～てある」という接辞の機能によって表現される。そして「～れる/られる」は、客体主語の到達場所（結果位置）を表し（以下、JB_1と呼ぶ）、「～てある」は、客体主語の存在場所を表す（以下、JB_2と呼ぶ）。次の例を見てみよう。

A	B
絵が壁に掛けられた。（JB_1）	絵が壁に掛けてある。（JB_2）
本が本棚にのせられた。（JB_1）	本が本棚にのせてある。（JB_2）
花が花瓶にさされた。（JB_1）	花が花瓶にさしてある。（JB_2）
服が竿に干された。（JB_1）	服が竿に干してある。（JB_2）

　主語は動作の主体ではなく客体であるから、Aグループは、動的意味合いが強く、「NL＋に」は主語の結果位置を表しているのに対して、Bグループは、静的意味合いが強く、「NL＋に」は主語の存在場所を表す。

◆　朝鮮語の場合

　非対格文における結果位置は、アスペクトの制約によって動的結果位置と静的状態場所に分けられる。次に示すAは、完了の意味の接辞「－리/히/기＋았/었다 li/hi/gi＋att/eotta」による結果位置の表現であり、Bは、状態継続の意味の接辞「－리/히/기＋아/어 있다 li/hi/gi＋a/eo itta」による結果状態の表現である。したがって、Aは動的表現であり、Bは動態から静態へ変化した表現である（説明の便宜のため、AはKB_1と呼び、BはKB_2と呼ぶことにする）。

---

③存在ないし出現を表す自動詞、
④五感に作用する非意図的な現象を表す自動詞
⑤アスペクト動詞

第3章　結果位置の表現

A　그림이 벽에 걸렸다. (KB₁)　　（絵が壁に掛けられた。）
　　책이 선반에 얹혔다. (KB₁)　　（本が本棚に並べられた。）
　　꽃이 꽃병에 꽂혔다. (KB₁)　　（花が花瓶にさされた。）
　　옷이 빨래줄에 널렸다. (KB₁)　（服が竿に干された。）
B　그림이 벽에 걸려 있다. (KB₂)　（絵が壁に掛けてある。）
　　책이 선반에 얹혀 있다. (KB₂)　（本が本棚に並べてある。）
　　꽃이 꽃병에 꽂혀 있다. (KB₂)　（花が花瓶にさしてある。）
　　옷이 빨래줄에 널려 있다. (KB₂)（服が竿に干してある。）

　上記のAもBも、主語は動作の主体ではなく、動作主の働きかけを受ける対象（客体）である。Aは動態の意味合いが強く、「NL＋에 e」は、<u>動作完了後の客体の到達場所</u>という意味を表すのに対して、Bは静態の意味合いが強く、「NL＋에 e」は<u>動作完了後の客体の存在場所</u>という意味を表す。したがって、A（KA₁）が表しているのは動的結果位置であるが、B（KB₂）が表しているのは静的存在場所である。

◆　中国語の場合

　中国語では、非対格文における結果位置の表現も多様であるが、通常、次のA、Bに示すように"V＋在₂＋NL"（CB₁）"在₂＋NL＋V＋着"（CB₂）という2つの構造で表す。

　A：CB₁　画挂在墙上。　　（絵が壁に掛けられた／絵が壁に掛けてある。）
　　　　　书放在书架上。（本が本棚にのせられた／本が本棚にのせてある。）
　　　　　花插在花瓶里。（花が花瓶にさされた／花が花瓶にさしてある。）
　B：CB₂　画在墙上挂着。　　（絵が壁に掛けてある。）
　　　　　书在书架上放着。（本が本棚にのせてある。）
　　　　　花在花瓶里插着。（花が花瓶にさしてある。）

　KB₂とJB₂とCB₂の間には、対応関係が大体成り立っているが、KB₁とJB₁とCB₁との関係は一対一の応関係ではなく、やや複雑である。それは、中国語のCB₂の"在＋NL＋V＋着"は、現在状態標識の"着"によって存在の状態を明確に表しているが、CB₁の"V＋在＋NL"には、Aに示すように動態の意味も静態の意味も含まれているからである。したがって、CB₁は、動態の結果位置も静態の存在場所も

表し、次の(72a)〜(74a)に示すように、文脈によっては自動詞文にも他動詞文にもなり得る。

(72) a. 画挂在墙上。(CB$_1$)
  b. 그림이 벽에 걸렸다. (KB$_1$)　　b`. 그림을 벽에 걸었다. (KA$_1$)
  c. 絵が壁に掛けられた。(JB$_1$)　　c`. 絵を壁に掛けた。(JA$_1$)

(73) a. 书放在书架上。(CB$_1$)
  b. 책이 선반에 얹혔다. (KB$_1$)　　b`. 책을 선반에 얹었다. (KA$_1$)
  c. 本が本棚にのせられた。(JB$_1$)　　c`. 本を本棚にのせた。(JA$_1$)

(74) a. 花插在花瓶里。(CB$_1$)
  b. 꽃이 꽃병에 꽂혔다. (KB$_1$)　　b`. 꽃을 꽃병에 꽂았다. (KA$_1$)
  c. 花が花瓶にさされた。(JB$_1$)　　c`. 花を花瓶にさした。(JA$_1$)

中国語のCB$_1$は、(72a)〜(74a)に示すように、非対格自動詞構文のKB$_1$、JB$_1$と対応しているだけでなく、他動詞構文のKA$_1$やJA$_1$とも対応している。したがって、CB$_1$が他動詞構文に使われる場合は、次のCに示すように"把+N+V+在$_2$+NL"構造に置き替えられ、非対格自動詞構文に使われる場合は、次のDに示すように"被+V+在$_2$+NL"構造に置き替えられる。

C："把"構造

 (把)画挂在墙上。　　　　　　　(絵を壁に掛けた。)
 (把)书放在书架上。　　　　　　(本を本棚にのせた。)
 (把)花插在花瓶里。　　　　　　(花を花瓶にさした。)
 (把)钉子钉在墙上。　　　　　　(釘を壁に打ち込んだ。)

D："被"構造

 画(被)挂在墙上。　　　　　　　(絵が壁に掛けられた。)
 书(被)放在书架上。　　　　　　(本が本棚にのせられた。)
 花(被)插在花瓶里。　　　　　　(花が花瓶にさされた。)
 钉子(被)钉在墙上。　　　　　　(釘が壁に打ち込まれた。)

中国語の"把"構文は、典型的他動詞構文であり、<u>目的語成分に変化を与える</u>、という意味合いを表す。よって、"把"構文は非対格文ではなく、能格文である。一方"被"構文は、典型的受動文であり、<u>無生主語が外的力によって変化する</u>、と

第3章　結果位置の表現

いう意味合いを表す。

◆ 非対格構文における3言語の対応関係

日朝中3言語の非対格文における結果位置の表現に関する共通点と相違点をまとめると次のようになる。

ⅰ. 孤立語である中国語は、朝鮮語や日本語とは異なって、語彙レベルにおいても文法レベルにおいても、統語構造が意味と深く関わっている。例えば、上述した"挂（掛ける）、放（置く）、插（さす）、钉（打ち込む）"の類の動詞は、意味上は他動の意味も自動の意味ももっている。したがって、動詞の性質は、語順や"把"、"被"という機能語（介詞）によって決められるのである。

ⅱ. 朝鮮語では「걸다(挂/掛ける)、놓다(放/置く)、꽂다(插/さす)박다(钉/打ち込む)」などの他動詞の受動的意味は、「걸리다(挂/掛けられる)、놓이다(放/置かれる)、꽂히다(插/さされる)、박히다(钉/打ち込まれる)」のように「-이 i/히 hi/리 ri」という形態素によって表される。つまり、形態素が加わることによって動詞の性質や文法機能が他動詞から自動詞へと変わるのである。

ⅲ. 日本語は、朝鮮語と似ているが、まったく同じわけではない。日本語の「掛ける、置く、さす、打ち込む」の類の動詞は、「掛けられる、置かれる、さされる、打ち込まれる」のように、「れる/られる」という助動詞の付加によって受動の意味が表される。

3.4.3　非能格構文における結果位置

この節では、主動と受動の対立関係のない非能格文における結果位置の表現に関して考察する。

◆ 日本語の特徴

日本語の場合は、だいたい朝鮮語と同じであるが、その表現は異なる場合がある。次の例を見てみよう。

(75) 小船が水面に浮かんでいる。

(76) 大きな山が村の東側に聳えている。

上記の(75)、(76)は、対応する能動文のない非能格状態文である。そして、その事象はいずれも無意識の自動過程であり、文の表している状態（静態の意味）は、

動作主による結果状態ではない。したがって、次の(77)、(78)に示すように動作主の挿入は不可能である。

 (77)＊小船が彼によって浮んでいる。

 (78)＊大山が彼等によって村の東側に聳えている。

(77)の「小船が水面に浮かんでいる」という事象は、決して動作主「彼」によって「小船が水面に浮かんだ」わけではないし、また、(78)の「大山が聳えている」という事象も、決しての動作主「彼ら」によって「大山が村の東側に聳えている」わけではない。

 非能格文に対して、非対格文では、対応する他動詞構文があるので、次の(79d)～(81d)に示すように動作主を挿入して受身文にすることが可能である。

 (79) a. 絵が壁に掛かっている。

   b. 絵が壁に掛けてある。

   c. 彼は壁に絵を掛けた。

   d. 絵が彼によって壁に掛けられた。

 (80) a. 本が本棚にのっている。

   b. 本が本棚にのせてある。

   c. 彼は本棚に本をのせた。

   d. 本が彼によって本棚にのせられた。

 (81) a. 花が花瓶に挿されている。

   b. 花が花瓶にさしてある。

   c. 彼は花瓶に花をさした。

   d. 花が彼によって花瓶にさされた。

(79a)～(81a)は自動詞構文で存在を表し、(79b)～(81b)は他動詞補文を埋め込んで存在を表す。そして、(79c)～(81c)は他動詞構文で動作を表し、(79d)～(81d)は他動詞構文に対応する受動文である。したがって、(79a,b)～(81 a,b)は、「～ている／～てある」形で状態を表し、(79d)～(81d)は、「～られた」形で結果を表す。このように、日本語は、自他動詞を形態的に区別しているため、「いる/ある」のようなアスペクトの表現においても動詞の性質によって用い方が異なる。そして、その表現は、朝鮮語や中国語よりも複雑になる。例えば、(79a)～(81a)においては

第3章　結果位置の表現

「自動詞＋ている」の構造で位置や状態を表し、(79b)～(81b)においては「他動詞＋てある」の構造で位置や状態を表す。

なお、「～ている」も「～てある」も状態構文として構造化、概念化されているが、その意味合いはやや異なる。要するに「自動詞＋ている」は「状態」だけを表すのに対して、「他動詞＋てある」は、状態だけでなく「動作の結果である」ということを暗示している。(79d)～(81d)は、「他動詞＋られる」の形式として、結果位置も状態も含意する。

以上の考察から、朝鮮語と日本語は、自動詞述語文における結果位置の表現について次のようにまとめられる。動作主の出現が可能か否かは、(ⅰ)動詞の意味の違い、(ⅱ)語形成過程の違いによって決まる。例えば、「뜨다(浮ぶ)」の類の動詞は意味上移動の過程は含んでおらず、ただ「無」から「有」への出現・発生の過程だけを表すので、対応する他動詞をもたない。これに対して、「걸리다(掛けられる)、」の類の動詞の受け身形は「걸다(掛ける)」という他動詞があるので、他動詞から自動詞へ、目的語から非目的語への「格下げ」の過程が可能である。

◆　朝鮮語の場合

まず、次の例文を考えてみよう。

(82) a. 쪽배가 수면에 떴다.　　　(＊小船が水面に浮かんだ。)
　　　b. 쪽배가 수면에 떠 있다.　　(小船が水面に浮かんでいる。)
(83) a. ＊큰 산이 동쪽에 솟았다.　 (＊大きな山が東側に聳えた。)
　　　b. 큰 산이 동쪽에 솟아 있다. (大きな山が東側に聳えている。)

(82)、(83)の各文は、無意識の自動過程であり、文の表している状態(静態の意味)は、決して主語の動作による結果ではなく、自然力によるものである。したがって、このような非能格構文(無意識動詞文)では次の(84)、(85)に示すように、動作主の挿入が不可能である。

(84) ＊ 쪽배가 그들에 의해 수면에 떴다.

　　　＊ (小船が彼らによって水面に浮かんでいる。)

(85) ＊ 큰 산이 그들에 의해 동쪽에 솟았다.

　　　＊ (大きな山が彼らによって東側に聳えている。)

上記のように非能格構文では動作主の挿入が不可能であるが、非対格構文ではそれが可能である。次の例を見てみよう。

(86) 그림이 <u>그에 의해</u> 벽에 걸렸다.
　　　(絵が<u>彼によって</u>壁に掛けられた。)

(87) 책이 <u>그에 의해</u> 선반에 얹혔다.
　　　(本が<u>彼によって</u>本棚にのせられた。)

(88) 꽃이 <u>그에 의해</u> 꽃병에 꽂혔다.
　　　(花が<u>彼によって</u>花瓶にさされた。)

上記のような違いが出てくる原因は、(ⅰ)動詞内在の意味の違い(ⅱ)語形成過程の違いにある。例えば、「뜨다 tteuda (浮かぶ), 솟다 sotta (聳える)」類の出現動詞は、移動過程はなく、ただ「無」から「有」への出現・発生を表すだけである。それに対して「걸리다 keollida (掛けられる), 놓이다 noida (置かれる), 꽂히다 kkochida (さされる)」の類の動詞は、元々「걸다 keolda (掛ける), 놓다 nota (置く), 꽂다 kotta (さす)」という他動詞から変形された受動態であり、目的語から主語への変化でもある。それゆえ、他動詞から自動詞に変化しても移動の軌跡は残っている。

◆ 中国語の場合

ⅰ．中国語も朝鮮語や日本語と似ている。非能格状態文の次のA_1は、自然の力による結果状態である。したがって、A_2に示すように動作主を挿入することは不可能である。これに対して、非対格文のB_1は、他動文から変形した受動態なので、B_2のように動作主を挿入することが可能である。

　　A_1：小船浮在水面。(CB$_1$)　　　(船が水面に浮かんでいる。)
　　　　一座大山耸立在东厕。(CB$_1$)　(大山が東側に聳えている。)

　　A_2：*小船<u>被他们</u>浮在水面。(CB$_1$)
　　　(*小船が<u>彼らによって</u>水面に浮かんでいる。)

　　　*一座大山<u>被他们</u>耸立在东厕。(CB$_1$)
　　　(*大山が<u>彼らによって</u>東側に建っている。)

　　B_1：画挂在墙上。(CB$_1$)　　　(絵が壁に掛けられた。)
　　　　书放在书架上。(CB$_1$)　　　(本が本棚に置かれた。)

第3章 結果位置の表現

　　　花插在花瓶里。(CB$_1$)　　　(花が花瓶にさされた。)
　　B$_2$：画被他挂在墙上。(CB$_1$)　　(絵が彼によって壁に掛けられた。)
　　　书被他放在书架上。(CB$_1$)　　(本が彼によって本棚に置かれた。)
　　　花被他插在花瓶里。(CB$_1$)　　(花が彼によって花瓶にさされた。)

　日本語や朝鮮語と同様、中国語も、非能格文は自然の力による自動過程であるため、動作主などは存在しかねるが、非対格文は他動文の受動態であるため、文の背後には必ず動作主が存在している。なお、中国語では、言語の仕組み[8]や統語制約により、A文もB文も次のA$_3$B$_3$に示すように、場所句の"NL＋方位詞(上、側、里)"を文頭へ移動することが可能である。ただし、文頭に置かれた「NL＋方位詞」句は、次のA$_4$、B$_4$に示すように、動作主の挿入は不可能である。

　A$_3$：水面上浮着小船。　　　(水面には小船が浮かんでいる。)
　　　东厕耸立着一座大山。　(東側には大きな山が聳えている。)
　A$_4$：*水面上被他们浮着小船。
　　　(*水面に彼らによって小船が浮かんでいる。)
　　　*东厕被他们耸立着一座大山。(CB$_2$)
　　　(*広場の東側に彼らによって記念碑が建っている。)
　B$_3$：墙上挂着一幅画儿。　(壁に絵が一枚掛けてある。)
　　　书架上放着一本书。　　(本棚に本が一冊置いてある。)
　　　花瓶里插着一束花。　　(花瓶に花が一束分さしてある。)
　B$_4$：*墙上被他挂着一幅画儿。(*壁には彼によって絵が一枚掛けてある。)
　　　*书架上被他放着一本书。(*本棚には彼によって本が一冊置いてある。)
　　　*花瓶里被他插着一束花。(*花瓶には彼によって花が一束さしてある。)

A$_3$は、A$_1$の場所成分がトピック化した非能格の状態文である。したがって、A$_4$のように動作主の挿入は不可能である。B$_3$は、B$_1$の場所成分がトピック化した非

---

[8] 中国語では、結果位置の表現に一般に"在＋NL"構造を用いているが、"NL＋方位詞"も"在＋NL"と同じく用いることができる。特に、自動詞構文で、文頭に置かれる場所成分は、標識語"在"の代わりに"上"、"里"などの方位詞が場所指示の機能を担っているので、"在"は省略するほうが自然である。

対格の状態文である。それなのに、B_4のように動作主の挿入は不可能であるのは、"挂（掛ける）、放（置く）、插（さす）"の類の動詞は、状態を表すアスペクト助詞の"着（ている）"と共起したからである。"着（ている）"と共起することによって、他動詞は自動詞に変わると同時に目的語が主語/主題に「格上げ」され、継続状態しか表すことができないのである。

ⅱ．"挂（掛ける）、放（置く）、插（さす）"類の動詞と"着"が結合した状態標識の"V＋着"は、完了標識の"V＋了"と互換使用が可能である（李临定、1986を参照）。次の例を見てみよう。

(89) 墙上挂着一幅画儿。(CB_2) → 墙上挂了一幅画儿。
　　　（壁に絵が掛けてある。）　　　（壁に絵が掛けられた。）
(90) 书架上放着一本书。(CB_2)　→书架上放了一本书。
　　　（本棚に本が置いてある。）　　（本棚に本が置かれた。）
(91) 花瓶里插着一束花。(CB_2)　→ 花瓶里插了一束花。
　　　（花瓶に花が分さしてある。）　（花瓶に花がさされた。）

上の(89)～(91)に示したように、アスペクト標識の"着"を"了"に置き換えると、結果状態が動作の完了に変わり、それにしたがって、動作主の挿入も可能になる。

"V＋着(zhe)"と"V＋了(1e)"の間には、意味上だけではなく統語上にも違いが見られる。例えば、次の(92)～(94)に示すように、"ＮＬ＋V＋着(zhe)"は状態継続の静態空間を表すのに対して、"ＮＬ＋V＋了(1e)"は動作完了の動態空間を表す。

(92) 墙被他挂满了画儿。(CB_2)（壁は彼によって絵がいっぱい掛けられた。）
(93) 书架被他放满了书。(CB_2)（本棚は彼によって本がいっぱいのせられた。）
(94) 花瓶被他插满了花。(CB_2)（花瓶は彼によって花がいっぱい飾られた。）

注意すべきは、"V＋着(zhe)"が"V＋了(1e)"に置き換えられ、動作主"他"が挿入されるとともに場所句の構造にも変化が起きることである。つまり、もとの"ＮＬ＋方位詞"構造から"ＮＬ"に変わるということである（例えば、(89)～(91)の"墙上"、"书架上"、"花瓶里"は(92)～(94)では"墙"、"书架"、"花瓶"に変わっている）。

さらに、"V＋着(zhe)"と"V＋了(1e)"は、次のAとBに示すように、時間副

第3章　結果位置の表現

詞などの修飾成分との共起に関しても異なっている。

　A：墙上现在还挂着画儿呢。(CB₂)　　（壁にはまだ絵が掛けてある。）
　　　书架上现在还放着书呢。(CB₂)　　（本棚にはまだ本が置いてある。）
　　　花瓶里现在还插着花呢。(CB₂)　　（花瓶にはまだ花がさしてある。）
　B：*墙上现在还挂了画儿。(CB₂)　　（*壁にはまだ絵が掛けられた。）
　　*书架上现在还放了书。(CB₂)　　（*本棚にはまだ本が置かれた。）
　　*花瓶里现在还插了花。(CB₂)　　（*花瓶にはまだ花がさされた。）

　Aに示すように"V＋着(zhe)"は"现在还（まだ）"という時間副詞と共起できるが、Bに示すように"V＋了(le)"は、時間副詞とは共起できない。なぜなら、"V＋着(zhe)"は移動の軌跡を表すことができない絶対静態を表すのに対して、"V＋了(le)"は移動の軌跡を表し、動態の意味の結果位置を表すからである。

◆　**日朝中対応関係**

　以上の考察から自動詞構文における日朝中3言語の結果位置表現の対応関係は、次のようにまとめることができる。

　結果位置の表現を日本語では「NL＋に＋V＋ている」と「NL＋に＋V＋た」で、中国語では"V＋在＋NL"と"在＋V＋NL（'V＋着'と'V＋了'）"で、朝鮮語では「NL＋에 e＋V＋아/어 있다 a/eo itta」と「NL＋에 e＋V＋았/었다(att/eotta)」で表すが、これらの対応関係は次の表11のようである。

　表11　ＶＰのアスペクトと結果位置の表現

	結果状態（状態持続）(CB₂KB₂JB₂)	結果位置（動作完了）(CB₁KB₁JB₁)
中	(在)＋NL＋V＋着	(在)＋NL＋V＋了（CB₂） V＋在＋NL
朝	NL＋에 e＋V＋아/어 있다 a/eo itta	NL＋에 e＋V＋았/었다(att/eotta)
日	NL＋に＋V＋ている	NL＋に＋V＋た

ⅰ．中国語を軸に日朝を比較対照してみよう。

　　A：a. 墙上现在还挂着画儿。
　　　　b. 벽에는 아직도 그림이 걸려 있다.
　　　　c. 壁にはまだ絵が掛けてある。

B：a. *墙上还挂了画儿[9]。
　　b. *벽에 아직도 그림을 걸었다.
　　c. *壁にまだ絵を掛けた。

Aは結果状態を表す文であり、Bは動作の完了と軌跡を表す文である。中国語の"V＋着 zhe"と"V＋了 le"は、朝鮮語の「V＋아/어 있다 a/eo itta」と「V＋았/었다 att/eotta」、日本語の「V＋ている」と「V＋た」と対応関係にある。

　中国語では、次のA、Bに示すように場所成分の"NL＋方位詞"を文頭に移動して存在文にすることが可能である。ただし、共起する動詞の性質によっては文頭に移動した"NL＋方位詞"の表現は、C、Dに示すように不自然な場合もある。

　　A：CB$_1$　画挂在墙上。　　　（絵が壁に掛けられた。）
　　B：CB$_2$　墙上挂着画。　　　（壁に絵が掛けてある。）
　　C：CB$_1$　衣服脱在床上。　　（服をベッドに脱いだ。）
　　D：CB$_2$　?床上脱着衣服。　　（ベッドに服が脱いである。）

A、Bのように"挂（掛ける）"の類の動詞は[＋継続]であり、C、Dのように"脱（脱ぐ）"の類の動詞は、[－継続]である。したがって、"挂（掛ける）"の類の動詞は[継続状態]を表し、"脱（脱ぐ）"の類の動詞は[結果状態]を表す。顾阳（1997）が指摘したように、このような[結果状態]は、"V＋NL"（CB$_1$）の構造しか用いられないので、文頭への移動は不可能である。もし、どうしても"NL"を文頭に移動しなければならない場合には、次のFに示すようにVの"脱（脱ぐ）"などを存在動詞の"有（ある）"に置き換えなければならない。

　　F：床上有衣服。床上有衣服。（ベッドに服がある。）

なお、Dグループに示すように、もし、"脱（脱ぐ）"の類の動詞が"N＋方位詞＋V＋N"の構造を取るとしたら、存在や状態を表すのではなく、動作の進行を表すことになる。つまり、Dの"床上脱着衣服"は「ベッドで服を脱いでいる」という意味を表している。これに対して"挂（掛ける）"の類の動詞は動作完了後、客体が特定のところに位置することによって、客体と密接な関係をもつようになる。

9　(105a)〜(107a)の中国語は、非特定の表現としては成立しないが、"墙上还挂了几幅画儿"、"书架上还放了几本书"、"花瓶里还插了几束花"のように"几幅"、"几本"、"几束"のような数量詞を付加すると、特定の表現になるので、正しい文として成立する。

第3章　結果位置の表現

したがって、"挂（掛ける）"の類の動詞は、A、Bに示したようにCB$_1$の"V＋在＋NL"文にもCB$_2$の"N＋方位詞＋V"文にもなり得る。

　言語類型を特徴付け、区別する最も重要な基準は、前置詞と後置詞である（劉丹青、2002：3）。日本語と朝鮮語は後置詞言語である。つまり、名詞の後ろの格助詞によってVPとの統語関係を表す。これに対して、中国語は前置詞の性質をもつ言語でありながら、前置詞言語とは異なる性質ももっている。つまり、名詞の前の前置詞（介詞）によってVPとの統語関係を表すが、中国語の前置詞構造（介詞構造）は、"介詞＋NP＋方位詞"のように、NPの前後に前置詞（介詞）と方位詞が置かれ、前後照応の慣用文型として用いられるのが普通である。なお、NPの前に置かれる介詞も、NPの後ろに置かれる方位詞も本来の語彙的意味が薄くなり、文法機能語としてVPと関係をもつ。それゆえ、その前後照応関係が崩れると文は成立しにくくなる。例えば、"坐在椅子上"とは言えるが、"坐在椅子"とは言えないし、また、"拿在手里/中/上"という文中の方位詞"里/中/上"は、いずれも元の意味は薄れて、後置詞のように機能語の役割りを果たす。この場合の"在＋NP＋里/中/上"構造は、一つの慣用文型として機能しており、後置詞に相当する方位詞は省略が不可能である。言い換えれば、中国語の前置詞構造においては、前置詞より後置詞のほうが不可欠の機能語である。したがって、前置詞（介詞）の省略は可能であるが、後置詞（方位詞）の省略は不可能である。特に、上のD文のように自動詞述語構文では、前置詞構造が文頭に置かれるのが普通であり、しかも、文頭に置かれる"在＋N＋方位詞"構造では、前置詞（介詞）が省略されるのが普通である。よって、中国語は純粋な前置詞言語ではなく、前置詞と後置詞並存言語でと言える。

　上述したC、Dの言語現象は、朝鮮語にもよく見られる。
　まず、中語国語のCとDの例を朝鮮語と対照してみよう。

　　C：(KB$_1$)（그는）침대에 옷을 벗었다.　　（彼はベッドに服を脱いだ。）
　　D：(KB$_2$)？ 침대에 옷이 벗어져 있다.　　（ベッドに服が脱いである。）

　Dのように離脱の意味を表す「벗다 peotta（脱ぐ）」の類の動詞は状態を表す形態素の「〜지다（jida）」と結合した場合、「침대 chimdae（ベッド）」などの場所と必然的な関係をもたず、潜在的な動作主の「그 keu（彼）」と関係をもつことになる

75

(李基東、1978)。よって、動作主のないD文は、中国語と同様、成り立ちにくいのである。

 ⅱ．朝鮮語における結果位置と継続状態の表現例を見てみよう。

  A：벽에 그림이 걸려 있다. （壁に絵が掛けてある。）

  B：벽에 그림이 걸렸다.   （壁に絵が掛けられた。）

Aは「Ｖ＋아/어 있다(a/e o itta)」文（状態）であり、Bは「Ｖ＋았/었다(att/eotta)」文（結果）である。次のAとBに示すように、副詞との共起から見ると、日朝中3言語のいずれも結果（動態）と状態（静態）の区別は、さらにはっきり見えてくる。

 A：a. 벽에는 [언제나] 그림이 걸려 있다.

  b. 墙上 [总是] 挂着画儿。

  c. 壁には[いつも]絵が掛けられている。

 B：a.＊벽에는 [언제나] 그림이 걸렸다.

  b.＊墙上 [总是] 挂了画儿。

  c.？壁には[いつも]絵が掛けられた。

「언제나 eonjena」、「总是」、「いつも」は、A(a, b, c)のように継続状態を表す"Ｖ＋着"、「Ｖ＋어 있다eo itta」、「Ｖ＋ている」とは共起できるが、完結を表す"Ｖ＋了"、「Ｖ＋았다atta」、「Ｖ＋た」とは共起できない。A、Bに示すように「Ｖ＋어 있다eo itta」は"Ｖ＋着"、「Ｖ＋ている」と対応し、「Ｖ＋았/었다att/eotta」は"Ｖ＋了"、「Ｖ＋た」と対応している。

 ⅲ．日本語では、動作結果の状態は、「Ｖ＋ている」と「Ｖ＋てある」で表す。「Ｖ＋ている」は、一般的な既然の結果の存在を示すのに対して、「Ｖ＋てある」は、人が何かに対して働いた結果の存在を示す。動詞の自・他性が形態上対応している場合は、自動詞の「Ｖ＋ている」形、対応する他動詞の「Ｖ＋てある」形、および、その受動態の形の使い分けが問題になる（寺村秀夫、1984：147）。これらの三つを選択する基準は、次の表12のとおりである。

 表12 「Ｖ＋ている」「Ｖ＋てある」「Ｖ＋られている」の選択基準

> イ．外部の力や作用による場合で、人が意図をもって行った行為であると捉えた場合は「V＋てある」になる。（通常事態の場合）
> ロ．自然にそのようになると捉える場合は、「V＋ている」になる。（異常事態の場合）
> ハ．非意図的な動作による場合は、「V＋られている」になる。

　このように、結果位置の表現において日本語では場所格のほかに、アスペクトとも関わっている。例えば、上述のA、B、C、Dの表現は、日本語では、かなり違った形式で表されている。日本語では、「脱ぐ」の類の動詞による〈動作完了〉も、「掛ける」の類の動詞による〈状態継続〉も「～ている」、「～てある」というアスペクト標識で表す。もちろん、寺村秀夫（1984：147）が指摘したように「～ている」も「～てある」も「過去に実現したことの結果として現在の状態を述べる」という意味では、類似しているが、両者の意味と機能は決して等価ではない。意味上、「～ている」は〈既然の結果の存在〉であるのに対して、「～てある」は〈処置の結果の存在〉である。「～ている」の統語構造は「自動詞／他動詞の受け身形＋ている」であるが、「～てある」の統語構造は「他動詞＋てある」である。したがって、上術のA、B、C、D文に対応する日本語の表現は次のようになる。

　　　A：JB$_1$　　　　　　　　　B：JB$_2$
　（彼は）絵を壁に掛けた。　　壁に絵が掛けてある／掛けられている。

　　　C：JB$_1$　　　　　　　　　D：JB$_2$
　（彼は）服をベッドに脱いだ。　ベッドに服が脱いである／*脱がれている。

　A、Bの「掛ける」の類の動詞は、いずれも〔－継続〕〔＋付着〕〔－離脱〕の性質をもっている。したがって、A、Bは典型的な結果位置の表現であり、その結果状態は人間が<u>意図的に作用した</u>結果を示す「～てある」、あるいは「受身形＋ている」が用いられるのが普通である。これに対して、C、Dの「脱ぐ」の類の動詞は、人間の意図的行為であるが、〔－付着〕〔＋離脱〕の性質をもつ動詞である。それゆえ、Dに示したように「～てある」の文は成り立つが、「受身形＋ている」の文は成り立たない。

　中国語や朝鮮語では、人間を中心にものを考え、意図的な動作や作用に視点をおくので、能動文の表現が多い。これに対して、日本語では、全体的状況を中心にものを考えているので、非意図的な動作による受動的な表現が多い。よって、日本語

ではA、B、C、Dのいずれも自然な文として成り立つのである。

　iv．非能格構文では、中国語の結果位置(動態)を表す CB_1 も結果状態(静態)を表す CB_2 も、結果位置を表す朝鮮語の KB_1、日本語の JB_1 と基本的に対応している。次の例を見てみよう。

　　(95) a. 얼굴에 여드름이 났다. (KB_1)
　　　　b. 顔にニキビができた。(JB_1)
　　　　c. 脸上长了酒刺。(CB_2)

　日本語と朝鮮語では、「ＮＬ＋に／에 e」の文中の位置を問題にしないが、中国語では、"ＮＬ（Ｎ＋方位詞）"構造の文中の位置がなにより重要である。例えば、(95)に示すように、朝鮮語と日本語では「얼굴 eolgul＋에 e」、「顔＋に」などを結果位置を表す場所補語として捉え、「ＮＬ＋に/에 e」で表しているが、中国語では"脸上(顔に)"などを場所補語としてではなく、文の主題/主語として捉えている。なお、中国語では"长（てきる/生える）"ののように自動発生、自動変化を表す自動詞構文は、出現・消失の存在文として捉える。したがって、この種の動詞文には、結果位置も状態継続も存在しにくい（李臨定、1986）。

　日朝中非能格構文における場所成分の文法関係は次の（96）のようである。

　　(96) 朝：다리에　　부스럼이　　　생겼다.(KB_2)
　　　　　　[OBL]　　　[SUBJ]

　　　　 日：足に　　できものが　　できた。(JB_2)
　　　　　　[OBL]　　　[SUBJ]

　　　　 中：腿上　生了　个疮。(CB)
　　　　　　[SUBJ]　　　[OBJ]

　次の"绣（刺繍する）"の類の動詞は、自動詞にも他動詞にもなり得る対格動詞である。この種の動詞は、人間の動作・行為によってモノが発生・変化するという意味を表すが、自動詞的に使われる場合は、場所成分はトピックになる。次の例を見てみよう。

　　(97) a. 睡衣上绣着朵朵小花。(CB_2)
　　　　　　（寝巻きには小さな花がたくさん刺繍されている。）
　　　　b. *朵朵小花在睡衣上绣着。(CB_2)
　　　　　　（小さな花がたくさん寝巻きに刺繍されている。）

c.＊朵朵小花绣在<u>睡衣上</u>。(CB₁)
　　　　（小さな花がたくさん寝巻きに刺繍された。）

"绣（刺繍する）"の類の動詞は、動作完了後、必ずある結果が生ずる動詞である。例えば、"绣（刺繍する）"という動作の結果、"小花（小さな花）"が生じるのである。このように、中国語では動作や行為によって生ずる目的語は、ＶＰの後ろにしか来られない。中国語の"ＮＰ＋方位詞＋Ｖ着＋ＮＰ"構造は、朝鮮語の「ＮＬ＋에e＋ＶＰ～여 있다(jyeo itta)」、日本語の「ＮＬ＋に＋ＶＰ（自動詞・受動詞）＋ている」構造と対応している。

　(98) a. <u>睡衣上</u>绣着朵朵小花。((CB₂)
　　　b. <u>잠옷에는</u> 작은 꽃송이들이 수놓여 있다. (KB₂)
　　　c. <u>寝巻きには</u>小さな花がたくさん刺繍されている。(JB₂)

　中国語の"绣（刺繍する）"の類の動詞は他動詞でもあり、自動詞でもある。この種の動詞は、自・他の二重性格をもつ点では、"挂（掛けられる）"の類の非対格動詞と似ている。しかも、ＶＰの基本的意味特徴からすれば、生成の意味を表すので、"长（生える）"類の非能格動詞とも似ている。

　朝鮮語と日本語では、中国語とは異なり、「생기다 saenggida/生える」の類の他動詞と共起したＮＬも「수놓이다 sunoida/刺繍される」の類の自動詞と共起したＮＬも結果位置になり得る。例えば、「顔にニキビができる」の「顔」を、「ニキビ」が「できて存在する」結果位置として考えるのである。

3．5　むすび

　結果位置の概念は、動作の背景場所だけではなく、移動の着点とも「近接性」のある空間概念である。つまり、結果位置と着点は、動作の目標空間という点では共通している。ただし、結果位置は動作の結果に視点を置いた事柄の存在空間であるのに対して、着点は移動物の空間移動に視点を置いた移動の到達空間である。なお、動作や事柄の発生を表す点では、背景場所も結果位置も共通している。ただし、背景場所は、動作主がある動作をするために設定した空間であるのに対して、結果位

置は、動作主が動作を完結するために必要とする空間である。このような結果位置の性質から、中国語では、背景場所と結果位置の標識を同一機能語"在"で表しているが、結果位置と着点は"在"と"到"で区別する。それに対して、日本語と朝鮮語では、結果位置の標識と着点の標識を同一機能語「に／에 e」で表し、背景場所は「で／에서 eseo」を用い、結果位置の「に／에 e」と区別する。

結果位置の意味特徴:
ⅰ. 他動詞構文での結果位置は典型性結果位置である。(3.3.4)
ⅱ. 他動詞構文での結果位置は動作の結果、客体の到達する位置である。(3.3.4)

他動詞構文における結果位置:
ⅰ. [−状態][＋結果]の動詞は動作完結後の<u>結果位置</u>を表す。(3.3)
　　例：壁にくぎを<u>打った</u>。／벽에 못을 <u>박았다</u>。／在墙上钉<u>了</u>钉子。
ⅱ. [＋状態][＋結果][＋制約]の動詞は動作完了後の<u>状態継続</u>を表す。(3.3)
　　例：口に薬を<u>含んだ</u>。／입에 약을 <u>물었다</u>。／(在)嘴里含着药片。
ⅲ. [＋継続]の動詞は<u>動的結果位置</u>を表す。(3.3)
　　例：a. 壁にペンキを<u>塗った</u>。b. ずっと壁にペンキを<u>塗った</u>。
ⅳ. [−継続]の動詞は<u>静的結果位置</u>を表す。(3.3)
　　例：a. 鞄の中に本をしまった。b. *鞄の中に本をずっとしまった。

自動詞構文における結果位置:
ⅰ. 動態副詞と共起した JB、KB、CB は結果位置を表す。(3.4.1)
　　静態副詞と共起した JB、KB、CB は結果状態を表す。(3.4.1)
ⅱ. 自動詞構文における結果位置の表現の基本文構造：
　　中国語：<u>ＮＬ（ＮＰ＋方位詞）</u>＋ＶＰ着＋ＮＰ
　　朝鮮語：<u>ＮＬ＋에 e</u>＋ＮＰ＋가 ka＋ＶＰ〜져 있다(jyeo itta)
　　日本語：<u>ＮＬ＋に</u>＋ＮＰ＋が＋ＶＰ（自動詞・受動詞）＋ている

第4章　移動経路の表現

4．1　問題の提起

　移動という事象には、移動、移動物、移動場所（起点・経路・着点）、移動標識、移動様態などの要素が関わっている。「移動概念と他の意味要素との組み合わせの可能性は、1つの言語の中で体系的に定まっている」（影山、1997：130）ため、各言語における経路概念の表現は必ずしも同じではない。

　経路に対する日朝中3言語の認知パターンは同じではない。したがって、概念範疇や言語表現に関わる統語構造にもそれぞれ独自の特徴が見られる。これまでの研究では、経路範疇に対する研究はあまりされていなかった。特に経路を一つの概念範疇とし、日朝中3言語をシステマチックに比較対照した研究の成果は無に近い。本章では、経路表現に関する先行研究を基盤に、経路に対する日朝中3言語話者の認知パターン、概念範疇および統語構造の特徴を見直し、比較対照的に体系化することを目的とする。

4．2　経路の基本概念

　経路とは、移動物がある位置から他の位置へ移動する際に経過する空間である。経路表現の基本構造として日本語では「ＮＬ＋を」、朝鮮語では「ＮＬ＋으로euro/로ro」（以下では「ＮＬ＋/로ro」で表す）、中国語では"从＋ＮＬ"が用いられる。

表1　日朝中空間経路概念の基本表現構造

表現構造：日本語：「ＮＬ＋を」
朝鮮語：「ＮＬ＋으로euro/로ro」
中国語："从＋ＮＬ"

　経路は、次のＡ、Ｂに示すように、大きく二つのパターンをとる。

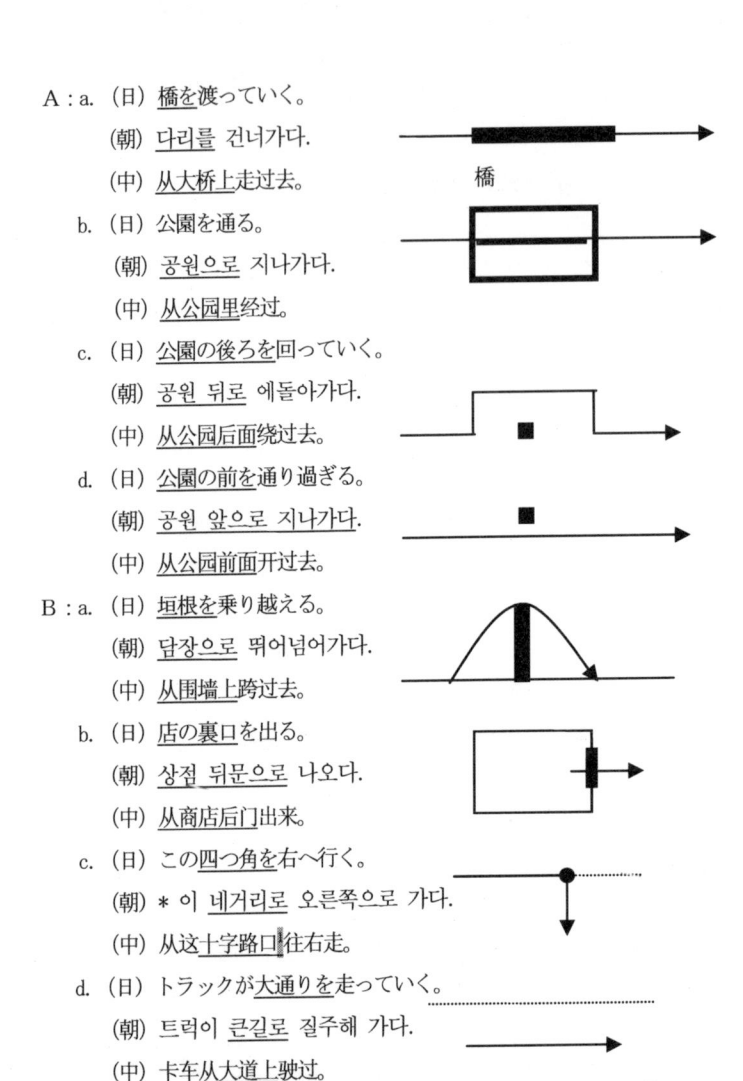

A : a. (日) 橋を渡っていく。
　　　(朝) 다리를 건너가다.
　　　(中) 从大桥上走过去。
　b. (日) 公園を通る。
　　　(朝) 공원으로 지나가다.
　　　(中) 从公园里经过。
　c. (日) 公園の後ろを回っていく。
　　　(朝) 공원 뒤로 에돌아가다.
　　　(中) 从公园后面绕过去。
　d. (日) 公園の前を通り過ぎる。
　　　(朝) 공원 앞으로 지나가다.
　　　(中) 从公园前面开过去。

B : a. (日) 垣根を乗り越える。
　　　(朝) 담장으로 뛰어넘어가다.
　　　(中) 从围墙上跨过去。
　b. (日) 店の裏口を出る。
　　　(朝) 상점 뒷문으로 나오다.
　　　(中) 从商店后门出来。
　c. (日) この四つ角を右へ行く。
　　　(朝) ＊ 이 네거리로 오른쪽으로 가다.
　　　(中) 从这十字路口往右走。
　d. (日) トラックが大通りを走っていく。
　　　(朝) 트럭이 큰길로 질주해 가다.
　　　(中) 卡车从大道上驶过。

上記のAグループは経路の基本カテゴリーの事例であり、Bグループは経路の家族的カテゴリーの事例である。A、Bの言語事象から経路の特徴になるものをまとめると、次のように定義づけられる。

---

[1] 中国語の"从"には、起点と経路の二つの意味が含まれているが、"从这十字路口往右走"の場合の"从"は起点の意味を表す。

ⅰ．線的な筋道が前提となっている移動の空間
　ⅱ．連続的に移動する空間
　ⅲ．１方向的移動の空間
　ⅳ．ある空間から他の空間へ移動する際の境界

　外部世界の客観存在と人間の認知の捉え方によって概念化された経路[2]は、日朝中３言語では、それぞれ異なる表現構造で表される。「線状」のイメージスキーマである経路の概念も、実際には「点状」、「面状」、「立体状」など、他の空間形状と関わり合っている。

　経路概念のイメージは、１）「経由点」、２）「軌道／軌跡」である。

　まず、「経由点」について考えてみよう。われわれは、「ある空間から他の空間へ移動する際に越えるべき経由地点－境界」を空間経路の一つの基準として仮定し、さらにその経路を空間形状と結びつけて認知し、表現することが可能である。

　[境界]を経路の基準にした場合、空間形状と経路の認知パターンは次の４つに分けられる。

　ⅰ．「点状」：ある空間から他の空間へ移動する際に経由する境界
　ⅱ．「線状」：ある空間から他の空間へ移動する際に必要な軌道
　ⅲ．「面状」：ある空間から他の空間へ移動する際に経由する場所
　ⅳ．「立体状」：「立体状」空間の内と外を隔てる境界

4.2.1 「点状」経路

　まず、経路の基本カテゴリーの一つである「点状」に関する３言語の空間認知モデルについて考えてみよう。

　(1) a．銃弾が頭上をかすめた。(『森』・124)
　　　b．총탄이 머리 위로 스쳐지나가다.
　　　c．枪弹从头上掠过。

---

[2] 経路のカテゴリーについての解釈は研究者それぞれの視点によって異なる。また、その呼び名も経路（影山太郎 1997、洪在星 1992、禹享植 1996))、経路位置（松本曜、1997)、経由点（崔健、1998)、経過点（森宏子、1998）などで、まちまちである。崔健(1998)の経由点には通過場所と軌道の二つの意味だけが含まれている。森(1998)の経過点には経由点、通過場所、経路(軌道)の三つの意味が含ませている。本書では、以上の先行研究を参照の上、経路を「線状」と「点状」に分ける。

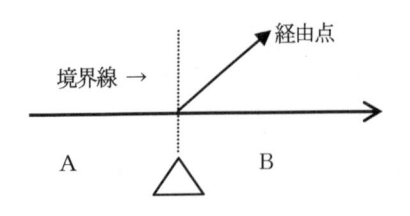

       図1　「点状」経路

　(1a, b, c)には、物理的境界線はないが、「頭上／머리 위／头上」は、それぞれ「銃弾が掠める」際の基準点となり、そこから線を延ばして境界線を見立てることができる。したがって、そこは「銃弾／총탄／枪弾」が通る境界線上の経由点であり、日朝中3言語で共通に「点状」として認知される。したがって、(1a, b, c)に示すように、経路標識として日本語では機能語「を」が、朝鮮語では機能語「로 ro」が、中国語では機能語"从"が用いられている。
　「点状」として捉えられている経路は、その経由点を境界として、ある空間から他の空間へ移動する連続運動の一点である。
　通常、境界になり得る「モノ名詞」、あるいは「モノ名詞＋方位詞」は「点状」経路になる。

　　　モノ名詞：　門、窓、垣根、バー、国境、境……
　　　方 位 詞：　前、後ろ、上、下、中、左、右、内、外……

4.2.2　「線状」経路

前節で述べたように、経路には「点状」として捉える経由点もあるが、「線状」として捉える経路もある。次の例を見てみよう。

　(2) a. 列車が鉄橋を通過する。(『森』・124)
　　　b. 열차가 철교로 지나간다.
　　　c. 列车从铁桥上开过去。

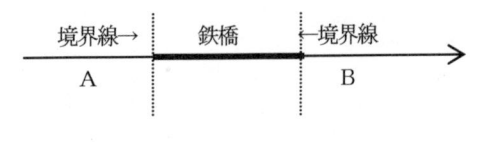

       図2　「線状」経路

(2a, b, c)は、移動主体の通過場所を〈線〉として捉える「線状経路」である。例えば、図2に示したように「鉄橋／철교 cheolgyo／铁桥上」は、移動主体の「汽車／열차 yeulcha／火车」がAという空間からBという空間へ移動する際の軌道である。「線状」経路は、経路の典型的カテゴリーであり、そのNLは通常、移動の軌道をイメージする「道、橋、川」などの名詞からなる。

3.2.3　「面状」経路

経路と言えば、最初に浮かんでくるイメージは、長い「線状」のものであるが、その経路は必ずしも長い「線状」をイメージする空間だけではない。前節で見た「点状」、「線状」の経路のほかに、また「面状」経路もある。「面状」と関わる経路は、「面状」空間を通りぬける移動物の軌道として、「面状」空間全体が経路になるのではなく、通りぬけた軌跡が経路になる。次の例を見てみよう。

(3) a. 私は毎日の通勤に<u>学校の庭</u>を通ります。
　　b. 나는 매일 통근할 때 <u>학교 정원으로</u> 지나갑니다.
　　c. 我每天上下班从<u>学校的院子里</u>经过。

(2)の各文は「線状」空間を含むのに対して、(3)の各文は「面状」空間を含んでいる。(3a, b, c)の「学校の庭／학교 정원 hakkyo jeongweon／学校的院子里」は、移動主体の「私／나 na／我」がAの空間からBの空間へ移動する際に経由する場所、つまり、面として捉えられている［面状］経路である。なお、「面状」経路は、図3に示すように、実際には「面状」の「学校の庭」全体ではなく、太線で示されている「線状」の部分である。したがって、移動のプロセスを表す「通る」は、実線の矢印でプロファイルされている。

図3　「面状」経路

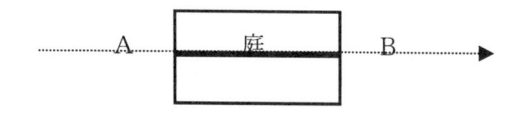

4.2.4　「立体状」経路

「点状」、「線状」、「面状」と関わる経路は、いずれもある空間から他の空間へ移動する際に通りぬける経由点であるが、「立体状」と関わる経路は、閉じた「立体

状」の空間を通りぬけるのではなく、その「立体状」空間の一部を経由点としている。次の例を考えてみよう。

(4) a. 店の<u>裏口を</u>出た。
　　b. 상점 <u>뒷문으로</u> 나왔다.
　　c. <u>从商店后门</u>出来了。
(4') a. <u>店を</u>出てから、すぐ家へ帰った。
　　b. <u>상점을</u> 나온 후 곧 집으로 돌아갔다.
　　c. <u>从商店</u>出来之后，立即回到家了。

(4)の各文で「店の裏口を」は、「店」という「立体状」の閉じた空間の一部を通過領域（移動範囲）としている。したがって、(4a)の表している経路は、図4aに示すように「点状」の経路に過ぎない。

なお、(4')の各文では、「学校」という「立体状」の閉じた空間全体をモノとして捉えているため、「出る」という位置移動の開始は中心部からではなく、境界に接した地点からである。(4)と(4')の違いを図で示すと、次の図4のようになる。

図4　「立体状」経路

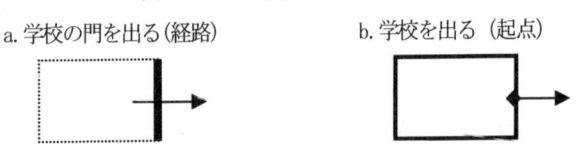

a. 学校の門を出る（経路）　　　b. 学校を出る（起点）

ア．「立体状」空間の一部を表す(4)は、境界上の経路であるのに対して、「立体状」空間の全体をを表す(4')は起点の目的語化である。
イ．(4)はモノを空間化しているのに対し、(4')は空間をモノ化している。

(4)のように「立体状」の閉じた空間の境界上にある経路（経由点）は、その通過範囲が「立体状」の中心部、あるいは内部地点に及ぶことはない。

経路表現において日朝中3言語はやや異なる。日本語の経路標識「NL＋を」は起点領域も包含しているが、朝鮮語の「NL＋로 ro」は、起点領域に包含されてい

---

[3] 朝鮮語の「로 ro」には、方向と経路の二つの意味が含まれている。(4'b)の「상점 sangjeom」は方向を表す文としては成り立つが、経路を表す文としては成り立たない。
[4] (4'c)の"从学校"は、経路ではなく、起点を表す。

る(ちなみに、経路と同一標識である方向成分は、着点範囲に包含されている)。したがって、(4'b)の「상점으로(shangjeom-euro) 나온 후 곧 집으로 돌아갔다(店へ出てからすぐ家に帰った)」は、経路としては非文である。もし、経路の「으로euro/로ro」を、起点の「에서 eseo」、対象の「을 eul/를 reul」に取り替えて「상점에서(eseo) / 을(eul) 나온 후」という文にすれば、日本語の「学校を出た後」の文と同じ意味の文になる。一方、中国語の"从＋NL"は日本語の「NL＋を」のように起点も経路も表すことができる。しかし、日本語の経路標識「NL＋を」は起点の意味も含んでいるのに対して、中国語の経路標識"从＋NL"は起点領域に含まれている。

　日本語の「裏口を出る」類の文は、起点の表現ではなく、経路の表現である。中国語の"从后门出去"も今までは、起点として記述され、経路の解釈は無視されていた。しかし、中国語の"从后门出去(裏口を出る)"構文には、起点だけでなく、経路(経由点)の意味も包含されており、むしろ経路の意味のほうが一次的であると、筆者は主張する。この種の事象は言語を問わず、共通に経験できる現象であり、いずれも「裏口」などを、移動の「境界」として認識するのが普通である(松本曜、1997：198～199を参照)。それゆえ、朝鮮語では「門」の類の名詞を移動の[境界]として「経路」の範疇に入れ、「뒷문으로 나오다 (裏口を出る)」のように、「로 ro」という経路標識で表す。日本語の「を」、中国語の"从"は、従来起点の意味として解釈されてきたが、朝鮮語との対照を通じて我々は「裏口を出る/从后门出去」の「を」と"从"は経路範疇に属するものという結論を出すことができる。

　空間移動の認知や表現において、日本語は「経路中心」、「プロセス中心」に表現するのに対して、中国語は「起点中心」、「開始中心」に表現し、朝鮮語は移動の各段階をそれぞれ細かく表現する。

4.2.5　無境界経路

　以上では、認知の視点から経路を空間形状と結び付けて観察した。その結果、空間形状の4種類と関わる「点状」と「線状」の2パターンの経路は、いずれも「境界」、あるいは「経由点」という属性をもっていることが明らかになった。本節では、さらに移動の[＋方向性]、[＋連続性]、[＋軌道性]を経路のもう一つの基準とした無境界経路表現について考察する。

次の例を考えてみよう。

(5)a. トラックが大通りを疾走していく。(『森』・122)
　　b. 트럭이 큰길로 질주해 간다.
　　c. 卡车从大街上驶过去。

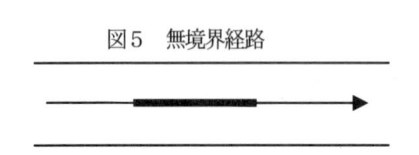

図5　無境界経路

「線的空間、連続的運動」を基本カテゴリーとした経路の表現では、[＋方向性] [＋連続性] [＋軌跡] を基準にしている。経路の種類は、点、線、面、立体の4つに分けられ、さらに、それらを「境界」のある無しに分けられるが、いずれも経路の概念構造には違反することなく、「ある距離・空間に渡っての直線的な道筋が前提となっていて、運動が必ず連続的に、一方向へ向かって行われるものである（下線は朴貞姫が加えたもの）」（久野すすむ、1973：50-60、森宏子、1998：122）。この概念に基づくと、次の(6)のような言語事実も経路の表現としてと捉えられる。

3.2.6　非直線経路

以上では、日朝中共通の空間経路の基本カテゴリー、および、その事例について考察分析した。主に3言語の共通点を中心に、概念化した経路概念のカテゴリーになり得る事象を洗い出した。そして、日朝中3言語における経路認知の基本パターンや認知モデルは共通していることを明らかにした。しかし、日朝中3言語は共通点をあるものの、実際の言語使用においては異なる事例が少なくない。

次の例を考えてみよう。

(6)a. 陸上選手がトラック［を/で］走っている。
　　b. 육상선수가 트랙 [?으로/을/에서] 달리고 있다.
　　c. 田径运动员 [*从 / 在] 跑道上跑着。

　　　　図6　非直線経路

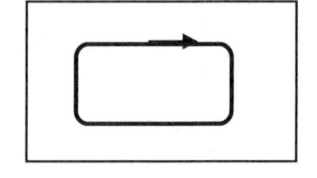

日本語では(6a)のように、直線ではなくても、[＋方向性][＋連続性][＋軌跡]のある空間は経路として捉え、「ＮＬ＋を」構造で表現するので、「ＮＬ＋で」は違う認識を表している。これに対して、朝鮮語と中国語では(6b)、(6c)のように「트랙/跑道（トラック）」を背景場所として捉えているので、経路標識の「ＮＬ＋로ro」や"从＋ＮＬ"を用いた表現は不自然である。もし、朝鮮語の「트랙으로 teuraegro（トラックを）」を「트랙에서 teuraegeseo（トラックで）」に、あるいは、中国語の"从跑道上（トラックから）"を"在跑道上（トラックで）"に変えれば、自然な表現になる。

　背景場所、経路という概念の間には[近接性]はあつものの、決して同一の概念ではない。例えば、

　　(7) a. 太郎がプールで泳ぐ。

　　　 b. ?太郎がプールを泳ぐ。

　　　 c. 太郎がプールを歩き回る。

を比べてみると、背景場所句の(7a)は「水泳専用の特定場所」という意味であるため、プールでの移動は必ずしも[＋方向性]ではない。これに対して(7b)は[＋移動性][＋方向性]を暗示する場所なので、「プール」を経路として捉えるのは不適切である。経路として捉えるなら、(7c)のように述語動詞を[＋移動性][＋方向性]動詞に変え、「プール」を経路空間にしなければならない。

4．3　経路表現の基本構造とＶＰとの共起関係

　経路の概念を表す表現構造として、日本語では通常「ＮＬ＋を」が、朝鮮語では「ＮＬ＋로ro」が、中国語では"从＋ＮＬ"が用いられている。これらの基本構造は、話者の主観によって目的語化した構造を取る場合もある。説明の便宜のため、基本構造をそれぞれ JA、KA、CA と呼び、目的語化構造を JB、KB、CB と呼ぶことに

---

[5]　朝鮮語では経路の表現として「ＮＬ＋로ro」と「ＮＬ＋를reul」の構造が用いられているが、日本語では「ＮＬ＋を」が朝鮮語の二つの構造と対応している。「ＮＬ＋로ro」構造は経路表現の基本構造であり、「ＮＬ＋를reul」構造は目的語の標識であるが、認知主体の視点により場所をモノとして捉える場合にも用いられる。

する（経路成分の目的語化についての詳論は、第7章を参照）。

4.3.1 VPと経路の種類

日本語の「NL＋を」は、移動動詞との共起によって様々な経路空間を表している。例えば、様態移動動詞構文[6]では「経路」、通過移動動詞構文[7]では「通過点」、出入り移動動詞構文[8]では「境界」、離発着移動動詞構文[9]では「起点包含経路」を表す。

日本語とは違って、朝鮮語の「로ro」は、1方向に向かって移動する経路、経由地の意味をもっており、「NL＋로ro」の示している空間は、経由点だけの部分的領域である（移動が行われる全領域を示す場合は、対象の意味をもつ「NL＋를reul」構造が用いられるのが普通である）。

中国語の"从"には、経路と起点の意味が含まれているが、一次的意味は、起点である。したがって、"从"は、ほとんどの場合、起点の意味に解釈され、経路の意味をもつには、"过（通る）"など通過の意味の動詞と共に用いられなければならない（以下、起点を表す"从"を"从₁"と呼び、経路を表す"从"を"从₂"とする）。

次の例を比べてみよう。

(8) a. 太郎が丸木橋を渡る。

b. 다로가 외나무다리로 건너간다.

c. 太郎从独木桥上走过去.

(9) a. 太郎が公園を通る。

b. 다로가 공원으로 지나간다.

c. 太郎从公园里走过去。

(10) a. 太郎が南口を出る。

b. 다로가 남쪽문으로 나간다.

c. 太郎从南门出去。／太郎出南门。

(11) a. 太郎が部屋を出る。

b. ＊다로가 방으로 나간다.

---

[6] 様態動詞：「歩く、走る、飛ぶ、駆ける、這う、滑る、転がる、泳ぐ、流れる…」
[7] 通過動詞：「通る、越える、渡る、過ぎる、抜ける、横切る、曲がる、回る…」
[8] 出入り動詞：「出る、入る」
[9] 離発着動詞：「着く、発つ、出発する、離れる、達する、至る、去る…」

　　　　c. 太郎从屋子里出来。
　(12) a. 太郎がバスを降りる。
　　　　b. *다로가 버스로 내린다.
　　　　c. 太郎从车上下来。
　(13) a. 太郎が東京を出発する。
　　　　b. 다로가 도쿄로 출발한다.[10]
　　　　c. 太郎从东京出发。

日本語の「ＮＬ＋を」は経路標識であるが、経路に起点領域も含まれている。これに対して、中国語の"从＋ＮＬ"は起点が一次的意味であり、そこに経路の意味も含まれている。したがって、経路の意味を表す際には、特定の述語動詞が用いられる。例えば、日本語の「ＮＬ＋を」は(8a)、(9a)のように、通過動詞構文では、プロトタイプの経路であり、(10a)～(13a)のように、出入り動詞や離発着動詞構文では、起点成分から[経路化]したバリエーションの経路である。これに対して朝鮮語の「ＮＬ＋로 ro」は、(8b)、(9b)のように通過動詞構文では経路を表すことが可能であるが、(10b)～(13b)のように出入り動詞や離発着動詞構文では経路を表すことがで不可能である。一方、中国語の"从＋ＮＬ"は、(8c)、(9c)のように通過動詞構文では経路を表すが、(10c)～(13c)のように、出入り動詞や離発着動詞構文では、起点を表す。ただし、出入り動詞が「門」類の「境界」を有しているＮＰと共起する場合は、(10a、b、c)に示すように日朝中３言語とも「経由点」を表す。

4.3.2　通過動詞と経路

　通過動詞と共起する日本語の「ＮＬ＋を」は[経路＝対象]の対象性経路であり、朝鮮語の「ＮＬ＋로 ro」は目標に達する手段としての経路であり、中国語の"从＋ＮＬ"は[軌道＝経由点]の経路である。
　日本語の場合、経路は移動動詞の意味によって示す領域が異なる。「ＮＬ＋を」が経路全体を表す場合は文法上目的語になる。つまり、ＶＰが通過移動動詞の場合、「ＮＬ＋を」は経路全体を表すので、「ＮＬ＋を」の表している領域と通過領域は

---

[10] 朝鮮語の「NL＋로 ro」の基本意味カテゴリーは方向である。よって、「다로가 도쿄로 출발하다(太郎が東京へ出発する)」は、経由点ではなく、方向・目標点になる。

一致し、移動動作の対象に目的語化されるのである。よって、通過動詞構文での日本語の「ＮＬ＋を」は、朝鮮語の「ＮＬ＋를 reul」、中国語の"Ｖ＋ＮＬ"と意味的に近い。要するに、通過動詞構文では日朝中３言語の「ＮＬ＋を」、「ＮＬ＋를 reul」、"Ｖ＋ＮＬ"構造のいずれも意味的には経路を、統語的には目的語の振る舞いをしている。次の例を見てみよう。

　　　(14)a. 太郎は<u>丸木橋を</u>渡ってきた。(JA)
　　　　　b. 다로는 <u>외나무다리로</u> 건너왔다. (KA)
　　　　　b`. 다로는 <u>외나무다리를</u> 건너왔다. (KB)
　　　　　c. 太郎从<u>独木桥上走过</u>来了。(CA)
　　　　　c`. 太郎<u>走过独木桥</u>了。(CB)
　　　(15)a. 列車は<u>静岡を</u>通って行く。(JA)
　　　　　b. 열차는 <u>시즈오카로</u> 지나간다. (KA)
　　　　　b`. 열차는 <u>시즈오카를</u> 지나간다. (KB)
　　　　　c. 列车<u>经过静岗</u>. (CA)
　　　　　c`. 列车<u>从静岗经过</u>. (CB)

(14a)(15a)に示すように、日本語の「丸木橋」、「静岡」は、いずれも通過動詞「渡る」、「通る」の経路でもあり、目的語でもある。したがって、その空間の経路位置関係は「ＮＬ＋を」に完全に含まれている。これに対して、朝鮮語の「ＮＬ＋로ro」は(14b)(15b)に示すように、<u>移動の部分空間である経路</u>だけを表し、「ＮＬ＋를 reul」は(14b`)(15b`)に示すように、<u>移動の全過程と関わっている行路</u>を表す。一方、中国語の"从＋ＮＬ"は(14c)(15c)に示すように、空間性に視点をおいた経路の表現に用いられ、"Ｖ＋ＮＬ"は(14c`)(15c`)に示すように、対象性に視点をおいた経路の表現に用いられる。要するに、通過動詞構文における経路のJAは、[経路]の意味も[対象]の意味ももっているので、KAともKBとも対応しており、CAともCBとも対応している。通過動詞の例としては次のようなものが挙げられる。

　　通過動詞：(日) 通る　　　渡る　　　過ぎる　　越える　　経由する …
　　　　　　 (朝) 지나다　　건너다　　지나다　　넘다　　　경유하다 …
　　　　　　 (中) 过/经过　　渡/过　　 过　　　 越过　　　经由/经过 …

4.3.3　出入り動詞と経路

　ＮＬが「境界」をイメージする「立体状」の一部分（門、出入口、窓など）であ

る場合、出入り動詞と共起する「ＮＬ＋を」、「ＮＬ＋로 ro」、"从₁＋ＮＬ"は、いずれも境界上の経路を表している。しかし、ＮＬが「立体状」の閉じた空間全体(部屋、学校、教室など)である場合は、3言語には違いが見られる。

　日本語の出入り動詞や離発着動詞構文では、空間領域と「ＮＬ＋を」の意味領域は一致していない。次の「入る」と「出る」の経路表現の例を見てみよう。

　　(16) a. *洞穴を入った。　　　　cf: a'. 洞穴に／へ入った。
　　　　 b. 동굴[로/을] 들어갔다[11].
　　　　 c. *从洞里进去。　　　　　cf: c'. 进洞里去。
　　(17) a. 洞穴の入り口を入った。
　　　　 b. 동굴입구로 들어갔다 。
　　　　 c. 从洞口进去。
　　(18) a. 洞穴の入り口を1歩入った。
　　　　 b. 동굴입구로 한보 들어갔다.
　　　　 c. *从洞口进了一步。　　　cf: c'. 从洞口往里进了一步。
　　(19) a *洞穴の入り口を奥まで入った。
　　　　 b. 동굴입구로 해서 굴속까지 들어갔다.
　　　　　(洞穴の入り口を経由して奥まで入った。)
　　　　 c. 从洞口进到里边。

「入る」動詞は、着点動詞であり、場所名詞と一緒に到着点を表すのが普通であるが、「入り口」のように空間の一部であるモノ名詞と共起する場合に限っては、経路(通過点)を表す。(16)の「洞穴」類のような[立体状]の空間全体は、移動の目標にはなり得るが、移動の経路にはなりにくい。日本語の「ＮＬ＋を」は移動動詞文では経路の意味しかもたない。よって、(16a)に示すように「部屋を入る」は非文である。これに対して、朝鮮語の「ＮＬ＋로 ro」には経路だけでなく、方向の意味もある。したがって、(16b)に示すように「동굴로 들어가다 (洞穴に入る)」は経路表現ではなく、方向表現として正しい文である。なお、中国語の"从＋ＮＬ"

---

[11] 「동굴로 (ro) 들어가다 (洞穴へ入る)」は、経由点ではなく方向を表し、「동굴을(eul) 들어가다 (*洞穴を入る)」は、方向表現の目的語化表現である。「동굴로 들어가다 (洞穴へ入る)」は、経由点ではなく方向を表し、「동굴을 들어가다 (*洞穴を入る)」は、方向表現の目的語化表現である。

にも方向の意味はないので、(16c)は非文である。

　同じ「入る」動詞構文であっても(17a, b, c)の「入り口」のように「立体状」の閉じた空間の一部である場合は、移動の経由点になり得る。ただし、日本語の場合、この種の経路は(18a)に示すように境界上の経由点としては成立するが、(19a)に示すように長さのある経路としては成立しにくい。しかし、朝鮮語の「ＮＬ＋로 ro」は(18b)のように境界上の経由点としても、(19b)のように長さのある経路としても成立する。中国語では、着点成分と共起した"从＋ＮＬ"は起点を表す。そして、(17c)～(19c)に示すように起点成分は必ず着点成分と共起して現れる。

　次は「出る」動詞と経路の表現に関して考えてみよう。

(20) a. 店を出る。
　　 b. 상점으로 나가다[12].　　　b´. 상점을 나가다.
　　 c. 从商店出去[13]。　　　　　c´. 离开商店。

(21) a. 裏口を一歩出る。
　　 b. 뒷문으로 한 걸음 나가다.　b´. 뒷문을 한 걸음 나가다.
　　 c. 从后门往外走出一步。　　　c´. 走出后门往外走一步。

日本語の場合、(20a)のように「店」などの「立体状」の空間は、起点包含経路として捉え、(21a)のように「裏口」などの「立体状」の1部分は、内と外を隔てる境界—経由点として捉える。さらに、「を」格には「静的」位置を「動的」空間に変える機能があるので、(21a)のように、「裏口」など、内と外を隔てる「静的」位置を、「一歩」と結合することによって連続可能な「動的」経路に組み替え、距離のある経路を表すことも可能である。中国語の場合、(20c)のように"商店"など「立体状」空間を"从＋ＮＬ"で表現しているが、"商店"はあくまでも起点である。起点の表現は(20c´)のように"Ｖ＋ＮＬ"で表現するほうがより自然である。"从＋ＮＬ"は(21c)のように数量成分"一歩"と結合して起点を表すこともあるが、必ず着点・方向成分と同時に現れなければならない。朝鮮語の「ＮＬ＋로 ro」は、経路も方向も表すが、(20b)では方向を表し、(21b)では経路を表す。

---

[12] 「상점으로(euro) 나가다 (店へ出る)」は起点や経路の意味を表すことはできないが、「店へ出る」の意味で目標点や着点を表すことはできる。なお、「상점을(eul) 나가다 (店を出る)」の示している場所は経路ではなく対象である。なお、「상점을 나가다 (店を出る)」の示している場所は経路ではなく起点である。

[13] "从"は経路ではなく、起点である。

要するに、出入り動詞構文において、日本語の「NL＋を」は起点包含の経路を表し、朝鮮語の「NL＋로 ro」は経路だけでなく、文脈によって着点や方向も表し、中国語の"从₁＋NL"は起点だけを表す（出入り動詞構文における日朝中3言語の表現の違いについては、図7、8を参照）。

出入り動詞構文における起着点と経路の表現を図式化すると、次の図7、8のようになる。

図7　「入る」動詞構文における着点と経路のイメージ

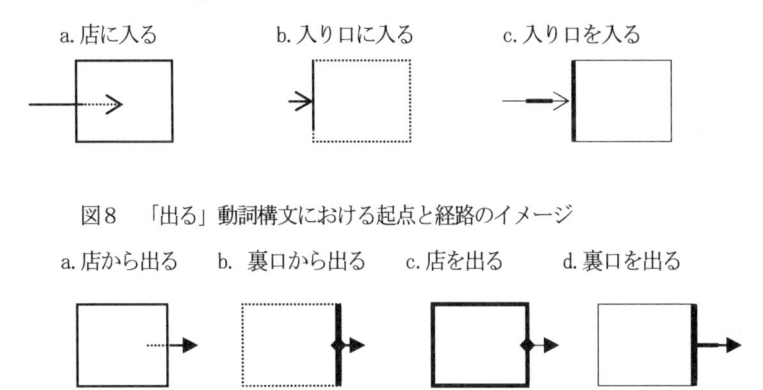

a. 店に入る　　　b. 入り口に入る　　c. 入り口を入る

図8　「出る」動詞構文における起点と経路のイメージ

a. 店から出る　b. 裏口から出る　c. 店を出る　　d. 裏口を出る

注：点線は背景化を、太線はプロファイルを、矢印は移動方向を、二重矢印線は移動プロセスを表す。

4.3.4　移動動詞と経路

日本語の「NL＋を」構造は、全ての移動動詞構文において「ある空間領域から他の空間領域へ移動する」という［経由性］をもっている。［＋様態］、［＋方向］の移動動詞は［＋通過］と共に経由性をもつ動詞であり、「NL＋を」と共起して経路を表す（岡田幸彦、2001を参照）。

経路の表現において肝要なのは、経路標識だけでなく、空間名詞（NL）と述語動詞（VP）との統語関係である。この節では［＋様態］、［＋方向］の移動動詞構文における経路の表現について考察する（移動動詞の例は表3を参照）。

次の(22)～(24)の例から移動動詞文における日朝中の表現特徴を考えてみよう。

　　(22) a. 水夫や漁夫は両頬を抑えながら、<u>甲板を</u>走った。（『蟹』・39）

  b. 수부랑 어부들은 양볼을 싸쥐고 갑판 위에서/를 뛰어다녔다.

  c. 水夫和渔民捂着双脸在甲板上跑来跑去了。

(23) a. … 小屋根の上を一羽の雀がピョンピョン跳ねていた。(『青』・238)

  b. … 지붕 위에서/를 한마리의 참새가 퐁퐁 뛰고 있었다.

  c. … 在小屋顶上, 有一只麻雀一蹦一蹦地跳了。

(24) a. お恵は店先をうろうろしている見慣れない男を見ると、寒気を感じた。

(『三』・126)

  b. 오케이는 상점 앞에서/을 배회하고 있는 낯선 남자르 보자 한기를 느꼈다.

  c. 惠子看到有个陌生的男人在商店门前徘徊, 感到寒冷。

(22a)～(24a)のVP「走る、跳ねる、うろうろする」「뛰어다니다、뛰다、배회하다」、"跑、跳、徘徊"という動作は、いずれもNLの示す場所範囲の中で行われている。したがって、「NL＋を」の意味は、背景場所における経路である。要するに、この種の経路は、客観的背景場所が話者によって[経路化]された主観的経路である。(22a)～(24a)に示すように、日本語では「NL＋を」の意味機能によって動作の背景場所を経路化し、移動のプロセスとその軌道を暗示する。これに対して、朝鮮語では(22b)～(24b)に示すように、「갑판(甲板)」などの空間を「뛰어다니다 (走る)」などの動作の背景場所として捉え、背景場所標識の「NL＋에서 eseo」で表したり、あるいは、目的語標識の「NL＋를 reul」で対象化したりする。一方、中国語では、(22c)～(24c)に示すように、"甲板"などは動作の背景場所のみを表すので、"在＋NL"が用いられる。

 このように移動移動動詞構文では、背景場所と経路の間に隣接関係が存在し、両概念の間の境界線ははっきりせず、3言語の表現もそれぞれ異なる。

表3　日朝中 [＋方向] [＋様態] 動詞の比較対照表

A	日	行く、来る、戻る、登る、上がる、降りる、下る、回る、曲がる
	朝	가다, 오다, 되돌아오다, 오르다, 내리다, 돌다, 굽다
	中	去、来、回、登、上、上、下、降、下、转、拐、曲
B	日	歩く、走る、這う、駆ける、泳ぐ、飛ぶ、滑る、急ぐ
	朝	걷다, 뛰다/달리다, 기다, 달리다, 헤엄치다, 날다, 미끌다, 서두르다
	中	走(步)、跑(步)、爬、跑、游泳、飞、滑、赶(路)
C	日	転がる、彷徨う、ぶらつく、うろつく、舞う、跳ねる
	朝	굴러가다, 방황하다, 어슬렁거리다, 배회하다, 춤추다, 뛰다
	中	滚/滚转、彷徨、溜达、徘徊、飞舞、跳、蹦蹦跳跳

第4章 移動経路の表現

　A、Bは、真理条件は同じであるが、話者の視点によって、プロファイルされるものが異なる。Aの場合は「を」格の性質によって、二通りの解釈が可能である。一つは、場所空間を対象として捉える場合であるが、この場合は、「川、湖、海」などが「泳ぐ」などの動作の対象になって、文全体は「何をする」に答える焦点になる。もう一つは、経路として捉える場合であるが、この場合は、「どこを」と「どうした」に答える文であり、焦点は二つになる。ただ、移動動詞構文における「を」格は、対象格ではなく、経路格であり、「を」格によって示される空間は「1方向移動の経路空間」とその移動のプロセスを暗示している。言い換えれば、Aが問題にするのは［＋方向性］［＋過程性］であるが、Bが問題にするのは、［＋目的性］［＋累積性］であるので、その移動には必ずしも1方向性は求められていない。

表4　日朝中経路の表現の比較対照表

日本語	中国語	朝鮮語
川を泳ぐ	*从河里游	*강으로 헤엄치다
湖を泳ぐ	*从湖里游	*호수로 헤엄치다
海を泳ぐ	*从海里游	*바다로 헤엄치다
空を飛ぶ	*从空中飞	*하늘로 날다
公園を散歩する	*从公园散步	*공원으로 산보하다
砂漠を行く	*从沙漠上漫游	사막으로 가다[14]
繁華街を歩く	*从繁华街走	번화가로 걷다
海を航行する	*从大海航行	바다로 항행하다

表5　日朝中背景場所表現の比較対照表

日本語	中国語	朝鮮語
川で泳ぐ	在河里游泳	강에서/을 헤엄치다
湖で泳ぐ	在湖里游泳	호수에서/를 헤엄치다
海で泳ぐ	在海里游泳	바다에서/를 헤엄치다
？空で飛ぶ	在空中飞	하늘에서/을 날다
公園で散歩する	在公园里散步	공원에서/을 산보하다
*砂漠で行く	在沙漠上漫游	사막*에서/을 가다
繁華街で歩く	在繁华街上走[15]	번화가에서/를 걷다
海で航行する	在大海航行	바다에서/를 항행하다

4．4　日本語の経路表現の特徴

---

[14] 朝鮮語の「사막으로 가다」には「砂漠へ行く」と「砂漠を行く」の二つの意味がある。
[15] "从繁华街走"は、起点を表す文としては成り立つ可能性があるが、経路にはなり得ない。

4.4.1 状況の経路的表現

移動動詞と共起するNLは、場所を示すものに限られるわけだが、そうでない場合もある。日本語では、自然現象や状況を表す非空間性名詞が「…の中を」、「…の上を」、「…の間を」、「…の下を」などの空間方位詞により空間化の処理を受けて、抽象的な空間経路を表すことも可能である（奥田靖夫、1982：140 を参照）。

(25) a. ぼくはこの本屋の店を後ろに、人ごみの中を歩いていった。（『歯』・47)
　　 b. 나는 이 책방을 등지고 붐비는 사람들 속을 걸어 갔다.
　　 c. 我离开这个书店后，就走进了人海里。

(26) a. 三吉は曽根に別れを告げて、霧の中を停車場の方へと急いだ。（『家』・132)
　　 b. 미요시는 소녀와 작별을 고하고 안개 속을 주차장으로 서둘러갔다.
　　 c. 三吉跟曽根告别后，就在雾中往停车场方向赶路了。

(25a)、(26a)の「人ごみ」や「霧」は、いずれも非空間名詞である。しかし、これらの非空間名詞は「…の中」「…속」"里/中"という方位詞と結合することによって空間化され、空間的イメージが与えられる。したがって、移動動詞と共起して、「空間の中を通って行く」という的空間経路を表す。非空間的な自然現象を空間化する表現は、日朝中3言語に共通しているが、日本語ではそれを空間移動の経路として捉え、朝鮮語ではその空間を対象として捉え、中国語では、背景場所として捉えている。日朝中3言語の状況表現の構造は次のようである。

表6　　　　日朝中状況の空間的表現の構造

```
日本語：[N（非空間名詞）＋の中を（空間化）＋V（移動動詞）]
朝鮮語：[N（非空間名詞）＋속을(空間化)＋V（移動動詞）]
中国語：[在＋N（非空間名詞）＋里/中（空間化）＋V（移動動詞）]
```

4.4.2 数量成分の経路的表現

次の(27)、(28)は、いずれも数量詞の空間化した経路表現である。

(27) a. 約小1里を…私はアンパンを摘み食いして行ったものだ。（『放』・11)
　　 b. 약1리를 … 나는 팥소빵을 집어먹으며 갔다.
　　 c. 我是边吃豆沙包，边走了一里左右。

(28) a. われわれは約三百メートルを[sic]走って、信号所を占領した。（『世』・268)
　　 b. 우리는 약 300미터를 뛰어서 신호소를 점령했다.

c. 我们跑了大约三百米，就占领了发信站。

(27a)、(28a)に示すように、日本語では、数量成分「約小１里」、「約三百メートル」が経路標識の「を」、および、移動動詞「行く」、「走る」によって空間化され、経路の振る舞いをする。これに対して、朝鮮語では(27b)、(28b)に示すように、数量成分を動作の対象として捉え、完全に目的語化して対象の扱いをしている。ただし、意味上では経路の意味を表している。一方、中国語では数量詞の後ろにＮＬを付加するのが普通であるが、(27c、c`)、(28c、c`)に示すように移動動詞と共起することによって数量成分を空間化することも可能である。日朝中の数量詞成分の空間的表現構造は次の表７のようである。

　　　　表７　　　　日朝中数量詞の空間的表現の構造

日本語：［数量詞＋を（経路標識）＋Ｖ（移動動詞）］
朝鮮語：［数量詞＋를 reul（対象標識）］＋Ｖ（移動動詞）］
中国語：［Ｖ（移動動詞）＋数量詞＋ＮＬ］

4.4.3　出来事の経路的表現

　移動経路を表す動詞は、原則的には［＋移動性］の移動自動詞でなければならないが、(29a)に示すように移動性をもたない動詞であっても空間を示す「ＮＬ＋を」と共起することによって、移動のプロセス、および、その移動経路を表すことが可能である。

　　(29) a. 倫は長道を[sic]車に乗るのが嫌だった。(『女』・181)

　　　　b. 린은 먼 길을 차를 타는 것이 싫었다.

　　　　c. 伦不喜欢坐长途。

　(29)は、出来事を表す非移動動詞文であるが、日本語では、非移動動詞構文においても「ＮＬ＋を」構造の意味機能によって経路を表すことができる。つまり、(29a)に示すように、「長道を」という［＋空間性］の経路と共起することによって、その背後には「車に乗って長距離を移動する」という移動のプロセスが暗示されている。日本語に対して朝鮮語と中国語では(29b,c)に示すように「먼 길」、"长途"を目的語化して「ＮＬ＋를 reul」、［Ｖ＋ＮＬ］構造で表現している。

　非移動動詞構文における日朝中の空間的表現構造は次の表８のようである。

表8　　日朝中非移動動詞構文の空間的表現の構造

>   ・　　日本語：[NL＋を（経路標識）＋V（非移動動詞）]
>   ・　　朝鮮語：[NL＋를 reul（対象標識）＋V（非移動動詞）]
>   ・　　中国語：[V（非移動動詞）＋NL]

4.4.4　時間の経路的表現

　日本語の「を」格に非空間的なものを空間化する機能があることは、既に述べた。したがって、空間名詞のNLも、移動動詞も現れていない文においても、次の(30a)、(31a)に示すように時間成分を「を」格と結合して空間経路を表すことができる。

　　(30) a. <u>娘の時代を</u>こんな<u>男の自由になっていた</u>ことが悲しくさえあった。

　　　　　　　　　　　　　　　　　　　　　　　　　　　　　　(『渦』・126)

　　　　b. <u>처녀시절을</u> 그런 <u>남자의 순종품이 되었던</u> 것이 슬프기까지 했다.

　　　　c. <u>年轻时候，被一个那样的男人随意摆布</u>，真令人感到悲哀了。

　　(31) a. 大阪までの<u>1時間あまりを</u>、千代子は……<u>窓際に立っていた</u>。（『渦』・29)

　　　　b. 오사카까지 <u>1 시간가량을</u>, 지요코는 … <u>창가에 서 있었다</u>.

　　　　c. (坐车) 到大阪前的<u>一个多小时里，千代一直站在车窗前</u>。

(30a)、(31a)のように、非移動動詞構文でも「を」格の経路指示の機能によって時間の流れを経路的に捉えて表現するのは、日本語の「を」格に独有の意味機能であり、他の言語と区別される特徴である。日本語の「を」格は、対象性より空間性が強いので、移動動詞ではない動詞、つまり変化・状態動詞とも共起することが可能である。例えば、(30a)、(31a) の「娘の時代」、「1 時間あまり」は、いずれも時間名詞であり、VPは「男の自由になっていた」、「窓際に立っていた」のように移動を表していない。しかしながら、「を」格の機能によって空間的なイメージが与えられ、「NT＋を＋VP」構文によって、時間の流れの痕跡を空間移動の経路として表している。要するに、(30a) の「娘の時代を…男の自由になっていた」は「を」格の機能によって「娘の時代を」という時間概念を空間化し、時間の流れを空間の移動に喩えて表現した経路の表現である。(31a) も (30a) と同じ解釈ができる。このような「NT＋を＋VP」の構文による空間表現は<u>「AとBが結合し、新たなゲシュタルトを構成する」</u>という認知言語学の基本的な考え方の反映でもある。

(河上誓作、2000:169-172を参照)。

朝鮮語では「時間名詞＋를reul＋非移動動詞」構文を空間経路として捉えて表現することができない。朝鮮語の「를 reul」格には、場所補語の［目的語化(objectivization)］と共に［トピック(topic)化］する機能がある[16]。例えば、(30b)、(31b)の「처녀시절(娘の時代)」、「오사카까지의 1시간가량(大阪までの1時間あまり)」は、もともとは「그런 남자의 순종품이 되었다(こんな男の自由になっていた)」、「창가에 서 있었다(窓際に立っていた)」というＶＰの補語であるが、「를reul」格によって目的語化、トピック化している。

さらに、中国語では、時間名詞句が非移動動詞と共起した構文においても、時間を空間背景場所的に捉え、(30c)、(31c)のように場所標識の"在"、あるいは、場所化標識の方位詞"里"などで表現するのが普通である。日朝中の非移動動詞構文における時間成分の空間的表現構造は次の表9のようである。

表9　　日朝中非移動動詞構文の空間的表現の構造

- 日本語：[NT＋を（経路標識）＋ＶＰ（非移動動詞）]
- 朝鮮語：[NT＋를 reul（目的語標識）＋ＶＰ（非移動動詞）]
- 中国語：[在＋NT＋ＶＰ（非移動動詞）]

4.5　朝鮮語の経路表現の特徴

4.5.1「ＮＬ＋로 ro」の意味

朝鮮語の経路標識「ＮＬ＋로 ro」には、(32)～(42)に示すように［軌道］の意味と(32)～(35)に示すように［経由点］の意味が含まれている。

　　(32) 그들은 대교로 지나갔다.　　（彼らは大橋を歩いて渡った。）
　　(33) 자동차는 터널로 빠져나왔다.　（車はトンネルを抜けた。）
　　(34) 남수는 층계로 내려왔다.　　（南洙は階段を下りてきた。）

---

[16]　［'를reul'の主題化］については、金勇錫(1979:43)、任洪彬(1972:25)、金英姫(1978:39-43)を参照。

(35) 그는 정문으로 들어갔다.　　　(彼は正門を入った。)(『남』・225)

(32)～(34)の「대교로（大橋を）」、「터널로（トンネルを）」、「층계으로（階段を）」は、「移動物の移動軌道」(以下NL₁とする)を表し、(35)の「정문으로（正門を）」は、「移動物の経由点」(以下NL₂とする)である。軌道と経由点をイメージする名詞としては次のようなものが挙げられる。

NL₁ (軌道をイメージするNL)：
　　ⅰ. 道類：길(道)、대교(大橋)、터널(トンネル)、지하도(地下道)、
　　　　　　　육로(陸路)、계단(階段)、하수도(下水道)、굴뚝(煙突)
　　ⅱ. 庭類：운동장(運動場)、마당(庭)、정원(庭園)

NL₂ (経由点をイメージするNL)：
　　ⅰ. 地名：북경(北京)、서울(ソウル)、도쿄(東京)、상해(上海)、연길(延吉)
　　ⅱ. 機関：학교(学校)、도서관(図書館)、상점(商店)、우체국(郵便局)
　　ⅲ. 建物：방(部屋)、집(家)、교실(教室)、객실(居間)、기숙사(寄宿舎)
　　ⅳ. 門類：정문(正門)、출이구(出入り口)、문턱(上り框)
　　ⅴ. 方位詞：위(上)、아래(下)、안/속(中)、앞(前)、뒤(後ろ/裏)、왼쪽(左)、
　　　　　　　오른쪽(右)

NL₁は[+空間的長さ]という意味特徴があるが、NL₂には[+境界][+通過点]という意味特徴がある。ここで説明すべきは、NL₁の「道」類の名詞や「庭」類の名詞からは、[+空間の長さ]の意味特徴が読み取れる。逆にNL₂(북경(北京)、학교(学校)、교실(教室)などの名詞)は、ある程度[+空間の長さ]はあるが、認識上は移動物の経由点にすぎないということである。言い換えれば、NLに[+空間の長さ]の意味があるかどうかは、客観事物そのものによって決まるのではなく、客観世界を認知する話者の主観的心理によって決められるのである。

4.5.2 「NL＋로 ro」の統語規則

ⅰ. 方位詞との共起関係

NL₁とNL₂の意味上の違いは、統語上にも反映される。例えば、NL₁の場合は、次の(35a, b)、(35a`, b`)に示すように後ろに方位詞を付加しないのが普通である。NL₂の場合は、(35c)、(35c`)に示すように、境界の意味を表す「門」類の名詞と地名を表す「북경(北京)」類の名詞は方位詞を付加しない。

　　NL₁：(35)a. 그는 지하도로 기어 나갔다.

第4章 移動経路の表現

　　　　（彼は地下道を這い出た。）
　　a`. 그는 지하도 앞/밖으로 기어나갔다.
　　　　（彼は地下道の前/外へ這い出た。）
　　b. 열차가 터널로 빠져나왔다.
　　　　（列車はトンネルを抜けた。）
　　b`. 열차가 터널앞/밖으로 빠져나왔다.
　　　　（列車はトンネルの前/外へ抜けた。）
　　c. 그는 뒷문으로 나갔다.
　　　　（彼は裏口を出た。）
　　c`. *그는 뒷문안/옆으로 나갔다.
　　　　（*彼は裏口の中/傍を出た。）

ＮＬ₁の場合、方位詞を加えると、(35a`b`)に示すように経路の意味が方向の意味に変わるか、あるいは、(35b`)に示すように非文になる。

　ＮＬ₂の場合は、次の(36a, b, c)、(36a`, b`, c`)に示すように後ろに方位詞を付加しなければならない。

ＮＬ₂: (36) a. 버스가 상점 앞/안/뒤로 지나갔다.
　　　　（バスが店の前/中/後ろを通った。）
　　a`. *버스가 상점으로 지나갔다.
　　　　（*バスが店を通った。）
　　b. 승용차가 교실 앞/안/뒤로 지나갔다.
　　　　（乗用車が教室の前/中/後ろを通った。）
　　b`. *승용차가 교실로 지나갔다.
　　　　（*乗用車が教室を通った。）
　　c. 영희가 집 앞/안/옆으로 지나갔다.
　　　　（英姫家の前/傍を通った。）
　　c`. *영희가 집으로 지나갔다.

---

[17] ＮＬ₁に方位詞[앞/밖]などを加えた「지하도 앞/밖으로(地下道の前/外へ)」は方向を表す。

103

(?英姫が家を通った。)

NL₂の場合は、(36a, b, c)のように場所句が経由点となるので、そこに方位詞を付加することによって経由点をはっきりすることができるが、(36a`, b`, c`)のように方位詞を用いないと、不自然な文になってしまう。

また、方位詞を付加していない(36a`, b`, c`)は、「상점(商店)」、「교실(教室)」、「집(家)」などの建物を「突き通って行く」意味の文に読み取ることも可能である。

ⅱ. 経由の意味を表す接辞「-해서(通って)」との共起関係

経路の「NL₁+로 ro」と、経由点の「NL₂+로 ro+해서 haeseo(経由して)」は異なる。「로 ro」格は手段・道具を表す具格であるが、場所名詞との結合によって経路(あるいは方向)を表す。つまり「NL₁+로 ro」の基底には手段の意味があるので、接辞「-해서 haeseo(経由して)」と共起すると、次の(37)～(39)のように経路を表す。

(37) 그는 서울로 해서 돌아왔다.
　　　(彼はソウルを経由して帰った。)
(38) 그는 교실로 해서 갔다.
　　　(彼は教室を経由して行った。)
(39) 철수는 이 길로 해서 학교에 다닌다.
　　　(哲洙はこの道を経由して学校に通う。)

ただし、通過動詞構文では次の(40)～(45)に示すように「NL₂+로 ro」が「-해서 haeseo(経由して)」と共起すると、不自然になる。

(40)?그는 지하도로 해서 기어나왔다.
　　　(彼は地下道を経由して這い出た。)
(41)?그는 뒷문으로 해서 나갔다.
　　　(彼は裏口を経由して出ていった。)
(42)?그는 정문으로 해서 들어갔다.
　　　(彼は正門を経由して入った。)
(43)?그들은 대교로 해서 지나갔다.
　　　(彼らは大橋を+経由して渡った。)
(44)?자동차는 터널로 해서 빠져나왔다.
　　　(車はトンネルを経由して抜けた。)

(45)?남수는 층계로 해서 내려왔다.

(南洙は階段を経由して下りてきた。)

「NL$_2$+로 ro」は通過する[軌道]を表すので、同じ意味の「-해서 haeseo（経由して）」を付加すると、不自然になる。しかし、「NL$_1$+로 ro」には通過する経路の一つの「経由点」なので、「-해서 haeseo（経由して）」を付加したほうがより自然である。

なお、「-해서 haeseo（経由して）」と結合した「NL$_1$+로 ro」は、次の(46)～(49)に示すように着点成分とも共起できる。

(46) 그는 서울로 해서 부산에 돌아왔다.

(彼はソウルを経由してプサンに帰って来た。)

(47) 그는 교실로 해서 도서관에 갔다.

(彼は教室を経由して図書館に行った。)

(48) 철수는 이 길로 해서 학교에 다닌다.

(哲洙はこの道を経由して学校に行く。)

(49) 남수는 계단으로 해서 1층에 내려왔다.

(南洙は階段を経由して1階に下りてきた。)

4.5.3 「NL+로 ro」の二つの意味を判別する基準

朝鮮語の「NL+로 ro」は、経路の他に方向を表すこともあるが、「NL+로 ro」が方向を表すか経路を表すかは、述語動詞との共起によって判別できる。

つまり、(1)経路を表す「NL+로 ro」は[+移動][+通過]の動詞(以下、V$_1$と標記する)と共起する。(2)方向を表す「NL+로 ro」は[±移動][−通過]動詞(以下、V$_2$と標記する)と共起する。(3)両方を表す「NL+로 ro」は[+移動][±通過]動詞(以下、V$_3$と標記する)と共起する。

V$_1$：[+移動][+通過]の動詞

지나가다　날아가다　뛰어넘다　건너가다　가로지르다 …

(通る　飛んで行く　跳び越える　渡る　横切る …)

V$_2$：[±移動][−通過]の動詞

기울다　쏠리다　향하다　돌아서다 …

(傾く　向く　向かう　背を向ける …)

V₃:[＋移動][±通過]の動詞

오다　가다　뛰다　걷다　떠나가다　몰려가다　오르다 …
(来る　行く　走る/跳ぶ　歩く　離れていく　押し寄せる　登る …)

では、次の例から「ＮＬ＋로ro」の二つの側面について考えてみよう。

(50) a. 그는 <u>외나무다리로</u> 지나갔다.　　　［経路］
　　　　(彼は丸木橋<u>を</u>/*<u>へ</u>渡っていった。)
　　 b.*그는 외나무다리로 해서 지나갔다.
　　　　(*彼は丸木橋を<u>経由して</u>渡っていった。)

(51) a. 나무가 한쪽<u>으로</u> 기울었다.　　　　［方向］
　　　　(樹が<u>片っ方へ</u>/*<u>を</u>傾いている。)
　　 b.*나무가 한쪽으로 해서 기울었다.
　　　　(*樹が<u>片っ方を経由して</u>傾いている。)

(52) a. 그는 서울로 갔다.　　　　　　　　［方向・経路］
　　　　(彼はソウル<u>へ</u>/<u>を経由して</u>行った。)
　　 b. 그는 서울로 해서 갔다.
　　　　(彼はソウルを経由して行った。)　　［経路］
　　 c. 그는 서울로 해서 부산에 갔다.
　　　　(彼はソウルを経由して釜山に行った。)［経路］

(50)と(51)に示すように「ＮＬ＋로 ro」がV₁あるいは、V₂と共起する場合は、経路か方向かがはっきりしている。しかし、V₃と共起する場合は、経路の意味にも方向の意味に捉えられ兼ねないので、(52)に示すように「…해서 haeseo (経由して)」を付加することによって経路の意味を取り立て、方向と区別している。

ちなみに、朝鮮語の経路表現には、「ＮＬ＋로 ro」(KA) 構造の他に「ＮＬ＋를 reul」(KB) という構造がある。「ＮＬ＋를 reul」(KB) 構造の「를 reul」格は、対象格として移動の全行路を表しているのに対し、「ＮＬ＋로 ro」は、起点から着点に至る間の部分的経路を表す。「ＮＬ＋로 ro」は客観的経路であるのに対して、「ＮＬ＋를 reul」は客観的経路を主観的に目的語化した表現である（目的語化に関する詳論は第７章を参照）。

第4章　移動経路の表現

4.6　中国語の経路表現の特徴

中国語の"从＋NL"は、起点と経路として使われているが、経路を表す場合の"从＋NL"は、日本語の「NL＋を」や朝鮮語の「NL＋로 ro」とは異なって、軌道の意味を表す場合に使われることが多く、経由点を表す経路の場合は、他の標識を用いることが多い。

4.6.1　"从＋NL"の意味

まず、次の例から始めよう。

(53) 軌道の意味を表す経路(CA)

　　他从地下道爬出来了。　　　（彼は地下道を這い出た。）
　　他从大桥走过来了[18]。　　　（彼は大橋を歩いて来た。）
　　他从小路走过来了。　　　　（彼は小道を歩いて来た。）

(54) 経由点の意味を表す経路(CB)

　　他经过北京回去了。　　　　（彼は北京を経由して帰った。）
　　他取道上海回来了。　　　　（彼は上海を経由して帰ってきた。）
　　他路过商店了。　　　　　　（彼は店を経由してきた。）

(53)は軌道としての経路を表し、(54)は経由点としての経路を表す。(53)の"地下道、大桥、小路"のように、軌道の意味を表すためには、"从＋NL"のNLは〈長くて細いイメージ〉の性質をもたなければならない。なお、〈長くて細いイメージ〉の性質をもたないNLの場合は、経由点の意味を表すので、(54)のように、一般に直接通過動詞"经、取道、路过"などを用いて経由点を表す（呂叔湘、1982：201 を参照）。したがって、(54)の各文は"V_1＋NL＋V_2"の二重動詞構文（「連動文」）である。（"V＋NL"構造（場所目的語）の詳細については第7章を参照）。

4.6.2　"从＋NL"統語規則

"从＋NL"は、NLや方位詞（以下「方」とする）と共起する際に制約がある。

---

[18] 中国語の"从大桥走过来了"には起点と経路の二つの意味が共存している。この例文の"大桥"に"上"を付け加えると、経路の意味にしかならない。これに対応する日本語は経路の解釈にしかならないことに要注意。

次の各グループの例を見てみよう。

 CA： A₁：[線状]NL

  他从地下道爬出来。 （彼は地下道を這い出る。）
  他从大桥走过来。 （彼は大橋を歩いて来る。）
  他从楼梯走下来。 （彼は階段を下りる。）

  A₂：[線状]NL+方

  他从地下道里爬出来。 （彼は地下道の中*を／から這い出る。）
  他从大桥上走过来。 （彼は大橋の上を歩いて来る。）
  他从楼梯上走下来。 （*彼は階段の上を下りる。）

  B₁：[面状]NL

  *他从图书馆走过去。 （彼は図書館を通る[19]。）
  *他从学校跑过去。 （彼は学校を通る。）
  *他从公园走过去。 （彼は公園を通る。）

  B₂：[面状]NL+方

  他从图书馆**前边**走过去。 （彼は図書館の前を通る。）
  他从学校**后边**跑过去。 （彼は学校の後ろを通る。）
  他从公园**前边**走过去。 （彼は公園の前を通る。）

ⅰ．"从+NL"は［線状］、［面状］、［立体状］のNLと共起できる。
ⅱ．"从+NL"と共起する［線状］のNLは、方位詞の制約を受けないが、［面状］、［立体状］のNLは、方位詞を付加しなければならない。

4.6.3 "从+NL"の二つの意味の判別基準

 "从+NL"が起点と経路の二つの意味を表すことは、既に上で触れた。起点か経路かは一般に共起するNLやVPによって区別するが、両方に解釈される場合もある。次の例を考えてみよう。

 (55) 他从地下道溜走了。 [起点・経路]

  a. 彼は地下道から逃げた。

---

[19] 「図書館を通る」、「学校を通る」は方位詞を付加しないと、建物としての「図書館」や「学校」を「通り抜ける」という意味の特定文になる。「彼は公園を通る」は一般的な事象なので、方位詞を付加してもしなくても構わない。

b. 彼は地下道を通って逃げた。

(56) 他从山洞逃出去了。　　　　［起点・経路］

　a. 彼は洞穴から逃げた。

　b. 彼は洞穴を通って逃げた。

(57) 他从电梯跑了[20]。　　　　　［起点・経路］

　a. 彼はエレベーターから逃げた。

　b. 彼はエレベーターを通って逃げた。

(55)〜(57)のＮＬは、いずれも［＋長さ］の軌道であるが、ＶＰは［＋移動］［＋通過］の動詞ではなく、"溜、逃、跑(逃げる)"などの［＋移動］［－通過］の動詞である。したがって、(55 a,b)〜(57 a,b)のように起点にも経路にもなり得る。それゆえ、経路や起点の意味をはっきりするには、ＮＬの意味やＶＰの意味に頼らなければならない。次の例を考えてみよう。

(58) 他从东京溜走了。　　　（彼は東京から逃げた。）

(59) 他从家里逃出去了。　　（彼は家から逃げた。）

(60) 他从监狱里跑了。　　　（彼は刑務所から逃げた。）

(58)〜(60)に示すように"溜、逃、跑（逃げる)"など［＋移動］［－通過］の動詞が"东京"、"家里"、"监狱里"などのように［－長さ］のＮＬと共起した場合は"从＋ＮＬ"は経路ではなく、起点を表す。

表10　　　"从"の統語構造と意味

| 経路の表現構造："从＋［＋空間の長さ］ＮＬ＋［＋通過］ＶＰ" |
| 起点の表現構造："从＋［－空間の長さ］ＮＬ＋［±通過］ＶＰ" |

4.7　むすび

以上で、「ＮＬ＋を」、「ＮＬ＋로ro」、"从＋ＮＬ"構造を中心に、日朝中経路表

---

[20] "他从电梯跑了"では、"电梯（エレベーター)"は"跑（逃げる)"ルートとして考えられる。つまり、"电梯（エレベーター)"自体は［＋長さ］の空間ではないが、その移動とともに軌道が生じるので、［＋長さ］の空間になり得る。

現について考察した。その結果、従来の主張と本稿での主張の違い、本研究の新しい主張の妥当性が明らかにされた。

経路のパターン：
  ⅰ．軌道―連続的に一方向へ向かっての運動を可能にする「線状」経路
  ⅱ．経由点―ある空間から他の空間に渡る際に経由すべき「点状」経路

日朝中経路標識の「ＮＬ＋を」、「ＮＬ＋로 ro」、"从＋ＮＬ"の意味と機能は同じではない。移動動詞構文における日本語の「ＮＬ＋を」の基本意味カテゴリーは経路である。これに対して、朝鮮語の「ＮＬ＋로 ro」には、方向と経路の二つの意味カテゴリーが含まれている。一方、中国語の"从＋ＮＬ"には、起点と経路の二つの意味カテゴリーが含まれている。

第5章　移動方向の表現

5．1　基本概念と構造

　移動の主体がもとの所在地を離れるとき、必ずある方向へ移動する。本章では、日朝中3言語における移動方向概念およびその表現について考察する。

> **基本構造：**
> 　　日本語：「ＮＬ＋へ」　（JA）　　　「ＮＬ＋に向かって」（JB）
> 　　朝鮮語：「ＮＬ＋로 ro」（KA）　　「ＮＬ＋를 향해 reul hyanghae」（KB）
> 　　中国語："往＋ＮＬ"　（CA）　　　"向/朝＋ＮＬ"（CB）

　移動方向の表現において日本語では「NL＋へ」、「NL＋に向かって[1]」が、朝鮮語では「NL＋로 ro」、「ＮＬ＋를 향해 reul hyanghae[2]」が、中国語では"往＋ＮＬ"、"向/朝＋ＮＬ"が用いられる。

(1) a. 彼は駅へ走って行った。（JA）
　　b. 彼は駅に向かって走って行った。（JB）

(2) a. 그는 역으로 뛰어 갔다.（KA）
　　b. 그는 역을 향해 뛰어 갔다.（KB）

(3) a. 他往车站跑去。（CA）
　　b. 他向/朝车站跑去。（CB）

　説明の便宜のため、「NL＋へ」をJA、「NL＋に向かって」をJB、「NL＋로 ro」をKA、「ＮＬ＋를 향해 reul hyanghae」をKB、"往＋ＮＬ"をCA、"向/朝＋ＮＬ"をCBと呼ぶことにする。それらの意味範疇および対応関係は複雑であるが、各構造の基本的意味は、図1のように表すことができる。

---

[1] 日本語には「NL＋へ」「NL＋に向かって」のほかにも「NL＋へと」、「NL＋に」、「NL＋に向けて」などがあるが、「NL＋へと」、「NL＋に」は「NL＋へ」のカテゴリーに含め、「NL＋に向けて」は「NL＋に向かって」のカテゴリーに含めて扱うことにする。

[2] 朝鮮語には「NL＋로 ro」、「ＮＬ＋를 향해 reul hyanghae」のほかに「NL＋에로 ero」、「NL＋한테로 hantero」などもあるが、「NL＋로 ro」のカテゴリーに含めて扱うことにする。

図1　　　方向表現構造のイメージ・スキーマ

a. JA／KA／CA（CB／CC）　　　b. JB／KB／CB（JA／CC）

図1で、Xは移動物、Yは移動方向ないし到達目標である。図1aでは移動のプロセスと目標点がプロファイルされ、図1bでは移動方向だけがプロファイルされている。つまり、図1bでは移動の方向は予期しているが、必ずしも到達するとは限らず、途中で変えられることも可能である。

　言語の普遍性から見ると、上記の構造はいずれも移動方向を表しているが、表現の仕方は3言語で必ずしも一致してはいない。膠着語の日本語や朝鮮語では、語順がかなり自由であり、方向成分（ＰＰ）が文頭にも文中にも生じることが可能である[(4a`b`)、(5a`b`)のように]。これに対して、孤立語の中国語では、語順が文法的に機能するので、語順制限が厳しく、方向成分（ＰＰ）は、主語の前の位置に生じることが不可能である[(4c`)、(5c`)のように]。

(4) a.　彼は<u>東の方へ</u>歩いて行った。　　　（JA）
　　 b.　그는 <u>동쪽으로</u> 걸어 갔다.　　　（KA）
　　 c.　他往<u>东边</u>走去。　　　（CA）
　　a`.　<u>東の方へ</u>彼は歩いて行った。　　　（JA）
　　b`.　<u>동쪽으로</u> 그는 걸어 갔다.　　　（KA）
　　c`.　*<u>往东边</u>他走去。　　　（CA）

(5) a.　彼は<u>東の方に向かって</u>歩いて行った。（JB）
　　 b.　그는 <u>동쪽을 향하여</u> 걸어 갔다.　　　（KB）
　　 c.　他<u>向/朝・・</u>走去。　　　（CB）
　　a`.　<u>東の方に向かって</u>彼は歩いて行った。（JB）
　　b`.　<u>동쪽을 향하여</u> 그는 걸어 갔다.　　　（KB）
　　c`.　*<u>向/*朝东边</u>他走去。　　　（CB）

5．2　構造の意味と機能

本節では、3言語における各表現構造の意味と機能について別々に考察する。

5.2.1　日本語の場合

現代日本語には、方向標識として「へ」という標識があり、その統語規則はかなり固定している。ほかに、方向動詞「向かう」から文法化した「に向かって」という標識もあり、補助的に移動方向の表現に用いられている。

◆「NL＋へ」と「NL＋に」の比較

語源を探ると、JA「NL＋へ」の「へ」の成立は奈良朝から平安朝にかけてであり、「へ」は名詞「辺」が文法化したものであるという説もある。古代における「へ」の使用について此島正年(1988：86)は次のように述べている。

　　　古代の「へ」はその使われ方がきわめて少なく、万葉集の用例数は総索引によれば
　　　２９例に過ぎない。そうして、その受ける語を検すると、…全て「方所」に関する名
　　　詞である。

上記のように、もともと「方所名詞」を飾っていた方向助詞「へ」は、時代の流れと共に変遷し、室町時代にはほぼ現代と同様になった。したがって、現代語における「へ」の用法も広くなった。現代語における「へ」は「に」と意味カテゴリーはほぼ同じである。両者の違いは、此島正年(1988：91)が述べたように「に」は「なんとなく固い感じのする」「文語風のもの言い」であり、「へ」は「なんとなく軟らかい感じのする」「口語風のもの言い」である、という口語風と文語風の違いの程度である。

通時的に見ると、「へ」のもとの姿は名詞「辺」の可能性が高いが、「に」はもともと助詞として文法的に機能したことが分かる。したがって、現代日本語の「へ」と「に」は、統語的機能が全く同じではなく、次の例(6)、(7)に示すようにその違いがはっきり見られる。

(6) a.　船は静かな海を岸へ漕ぎ戻る。　　　　　　　　　（『坊』・120）
　　b.　船は静かな海を岸に漕ぎ戻る。
　　a'.　船は静かな海を岸へと漕ぎ戻る。
　　b'.＊船は静かな海を岸にと漕ぎ戻る。

(7) a.　もっと賑やかなほうへ引き返そうかとも思ったが、…（『坊』・156）
　　b.　もっと賑やかなほうに引き返そうかとも思ったが、……
　　a'.　もっと賑やかなほうへと引き返した。

b´.＊もっと賑やかなほうにと引き返した。

　(6a´)、(7a´)に示すように「へ」は名詞的性質を持っているため、他の格助詞「と」との共起が可能であるが、(6b´)、(7b´)に示すように「に」はそれが不可能である。

　日本語の「へ」と「に」の意味役割は、朝鮮語や中国語と比較対照してみると、区別がはっきりしてくる。3言語の対応関係は次のようである。

A：方向：東へ/に行く　　　山へ/に行く　　　私のところへ/に来る
　　　　　동쪽으로 가다　　산으로 가다　　　나한테로 오다
　　　　　往/向/朝东走　　往/向/朝山上去　　往/向/朝我这儿来
　着点：東京へ/に着く　　　部[へ/に入る　　　椅子へ/に腰掛ける
　　　　　동경에 도착하다　방에 들어가다　　　의자에 앉다
　　　　　到东京　　　　　　进到屋里　　　　　坐到椅子上
B：方向：駅の方へ/?に走る　山の方へ/?に歩く　東の方へ/?に飛ぶ
　　　　　역쪽으로/＊에 달리다　산쪽으로/＊에 걷다　동쪽으로/＊에 날다
　　　　　往/向/朝车站方向跑。往/向/朝山上走。　往/向/朝东方飞。
　位置：辞書は机の上＊へ/に(置いて)ある　　東京＊へ/に住んでいる
　　　　　사전은 책상 위에 놓여 있다　　　　도쿄에 살다
　　　　　词典放在桌子上　　　　　　　　　　住在东京

方向と着点は、移動の方向が同じく、近隣している、境界のはっきりしていない概念である。したがって、Aのように方向と着点の表現では、日本語は方向標識の「へ」も着点標識の「に」も用いられ、カテゴリーがはっきりしていない。しかし、Bから見ると、空間表現における「へ」と「に」の基本カテゴリーは異なるもので、「へ」の基本意味カテゴリーは方向であり、「に」の基本カテゴリーは位置(着点)であることが明らかである。「へ」格には存在のカテゴリーがないため、存在動詞と結びつく文法的機能がない。したがって、Bの「辞書は机の上へ(置いて)ある」、「東京へ住んでいる」は非文であることは、理論的にも、言語事実からも明らかである。「に」の示す意味について奥田靖雄(1983：291)は、次のように指摘している。

　　　方向性をもった移動動詞が、「に」格の名詞と組み合わさると、そこには行く先の結びつきができる。かざりになる名詞［「に」や「へ」の前の名詞のこと――筆者］は空間的なニュアンスをもった具体名詞であって、動詞との関係において行く先を示し

ている。

「に」格の名詞と組み合わせられる方向性動詞には次のようなものがある。

　　　来る、行く、帰る、戻る、出る、入る、登る、降りる、向かう、進む、
　　　上がる、落ちる、移る、回る、出向く、遠ざかる、寄る…

　また、Aでは「へ」と「に」の区別はどうも分かりにくいが、中国語と朝鮮語と比較対照すると、「へ」と「に」の境界がはっきり見えてくる。つまり、A，Bで、中国語は方向を表すときは方向標識の"往/向/朝"が用いられ、着点や位置を表すときは着点標識の"到"、位置標識の"在"が用いられている。さらに、朝鮮語も方向を表すときは「로ro」、着点・位置を表すときは「에e」が用いられている。

　以上述べてきたことから見ると、「NL＋へ」と「NL＋に」の違いは、此島（1985）が言っているように単なる文体的な違いだけではなく、意味的にも統語的にもそれぞれ違うカテゴリーに属する標識であることが明らかである。「NL＋へ」と「NL＋に」の意味関係は次の図2のように表すことができる。

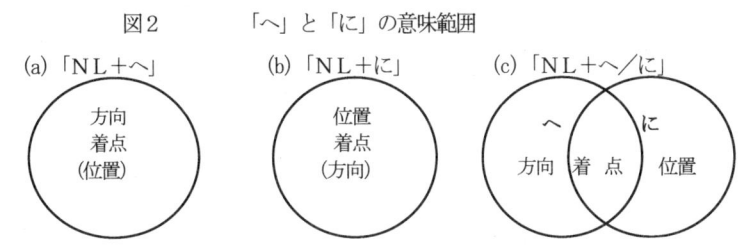

　　　　　図2　　　　「へ」と「に」の意味範囲
(a)「NL＋へ」　　　(b)「NL＋に」　　　(c)「NL＋へ／に」

　　方向　　　　　　　位置　　　　　　　へ＼／に
　　着点　　　　　　　着点　　　　　　方向／着点＼位置
　　(位置)　　　　　　(方向)

　図2cに示すように、「NL＋へ」と「NL＋に」は、意味的に相似している部分と相違している部分がある。重なり合う部分は「着点」の意味であり、はみ出している部分は「方向」と「位置」である。なお、「着点」の意味で「NL＋へ」と「NL＋に」が重なり合っても、全く同じではない。「NL＋へ」構文には移動のプロセスが暗示されているが、「NL＋に」構文は着点そのもののみを表す。

　　　　　図3　　「NL＋へ」と「NL＋に」のイメージ・スキーマ

(a)　東京へ着いた　　　　　　　(b)　東京に着いた
　X　→　Y　　　　　　　　　　　　X　→　Y

図3aのように「東京へ着いた」構文では、「着く」までの移動のプロセスが前景化されているのに対し、図3bように「東京に着いた」構文では、「着く」結果としての着点が前景化されている。

以上観察してきた「NL＋へ」と「NL＋に」の違いは、次の表1のようにまとめることができる。

表1　　「NL＋へ」と「NL＋に」構造の意味役割

	方向指示	着点指示	存在位置	移動暗示
「NL＋へ」	＋	＋	－	＋
「NL＋に」	－	＋	＋	－

◆「NL＋へ」と「NL＋に向かって」の比較

ⅰ．「NL＋に向かって」は目標格の「に」と方向動詞「向かう」が結合してできた機能語である。したがって、述語動詞の方向指示として用いられ、「へ」と同様、機能語の振舞いをしている（盧 2000：137を参照）。

(8) a. 夕日に向かって浜辺を駆けて行く。（『盧』・140)
　　b. こっちも負けんくらいな声を出して、廊下を向こうに向かって駆け出した。
　　c. うらなり君が突然おれの隣から立ち上がって、そろそろ女のほうに向かって歩き出したんで、少々驚いた。
　　d. 飛行機は日本に向かって飛んでいる。

(8a)の「NL＋に向かって」は、述語として出来事を表すだけで、文法的関係は示さない。これに対して(8b、c、d)の「NL＋に向かって」は、機能語としてそれぞれ「駆け出した」、「歩き出した」、「飛んでいる」という動作の方向を示している。

ⅱ．JAの場合は単なる方向を表すのに対して、JBの場合は方向性が必須のものではなく、補助的なものであり、その構造には述語性がまだ残っている。次の例を見てみよう。

(9) a. 夕日に向かって浜辺を駆けて行く。（JB）　（『盧』・140)
　　b. *夕日へ浜辺を駆けて行く。　　　　　（JA)
(10) a. こっちも負けんくらいな声を出して、廊下を向こうに向かって駆け出した。（JB）

b. こっちも負けんくらいな声を出して、廊下を向こうへ駆け出した。(JA)

　　　　　　　　　　　　　　　　　　　　　　　　　　(『坊』・96)

(11)a. うらなり君が突然おれの隣から立ち上がって、そろそろ女のほうに向かって歩き出したんで、少々驚いた。(JB)

　　　b. うらなり君が突然おれの隣から立ち上がって、そろそろ女のほうへ歩き出したんで、少々驚いた。(JA)　　(『坊』・174)

(12)a. 飛行機は日本に向かって飛んでいく。(JB)

　　　b. 飛行機は日本へ飛んでいく。(JA)　　(『盧』・135)

(13)a. ??単独にあまり上等ではない場所に向かって行くのはよしたい。(JB)

　　　b. 単独にあまり上等ではない場所へ行くのはよしたい。(JA)　　(『坊』・152)

(9)のように記述性の強い「ＮＬ＋に向かって」は「ＮＬ＋へ」との置き換えが不可能であるが、(10)〜(12)のように文法関係を表す「ＮＬ＋に向かって」は「ＮＬ＋へ」との置き換えが可能である。ただし、(13a)のように着点だけを表す文では「ＮＬ＋に向かって」の使用は不自然になる。

ⅲ．JA、JB は、移動方向指示という同じ意味カテゴリーに属しているが、JA の主たる意味は着点を含んだ到達目標であり、JB の主たる意味は移動方向で、着点指示は含まれていない。したがって、必ずしも目標に到達するとは限らず、途中で方向を変えることも可能である。次の(14)と(15)を見てみよう。

(14)a. 彼は公園へ行った。(JA)

　　b. 彼は公園に向かって行った。(JB)

(15)a. 彼は駅の方へ駆けて行った。(JA)

　　b. 彼は駅の方に向かって駆けて行った。(JB)

JA と JB の意味合いは、図4のように表すことができる。

　　　　図4　　JA、JB のイメジ・スキーマ

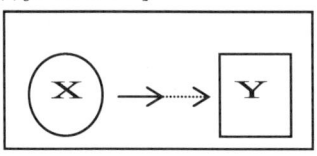

(a) JA「ＮＬ＋へ」　　　　　　　(b) JB「ＮＬ＋に向かって」

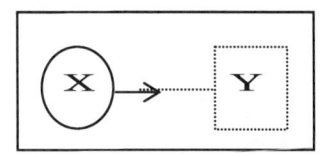

JA構造の意味合いをイメージする図4aでは、移動物Xが目標・着点Yへ移動することを意味するので、移動プロセスと目標点がプロファイルされている。JB構造の意味合いをイメージする図4bでは、移動物Xと移動方向だけを表す意味で、移動の目標点Yは点線で背景化されている。

◆「NL＋に向かって」と「NL＋に向けて」の比較

日本語には、JB「NL＋に向かって」と同じ補助的な方向範疇の構造として、「NL＋に向けて」がある。次に両者の区別について見てみよう。

(16) a. 飛行機は東に向かって飛んでいる。

b. 飛行機は機首を東に向けて飛んでいる。

(17) a. ?東に向かって車を走らせた。

b. 東に向けて車を走らせた。

「NL＋に向かって」は自動詞「向かう」からできた表現構造である。したがって、移動動詞文でしか方向を表せない［(17a)が不自然なのは述語動詞が他動詞であることに起因する］。対して「NL＋向けて」は他動詞「向ける」からできた表現構造なので、(17b)のように「走らせる」類の他動詞文に用いられ、「機首を」などの目的語をもつのは普通である。

「NL＋向けて」は、主体の意図性が強く、目標や着点指示が取り立てられる。(16b)の「NL＋に向けて」は機能語ではなく、「機首」の受け手として述語的役割を果たしている。これに対して(17b)の「NL＋に向けて」は、方向を表す機能語として「走らせる」の方向を示し、「走らせる」のように動詞の使役の形で意図性を強調している。

図5　「に向かって」と「に向けて」のイメージ・スキーマ

(a)　「に向かって」　　　　　(b)　「に向けて」

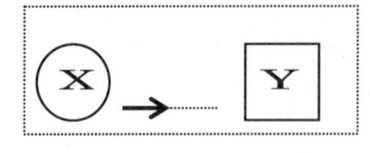

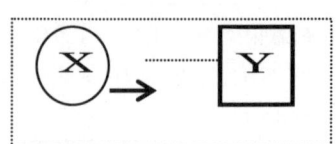

図5aでは、移動物XがYへ移動するときの方向が太線の矢印でプロファイルされているが、図5bでは、方向の矢印と目標のYの双方がプロファイルされている。

なお、「NL＋に向かって」、「NL＋に向けて」は、物理的空間方向指示に止ま

るのではなく、次に例示するように抽象的方向指示へと拡大し、メタファー的表現にも多く用いられる。

   未来に向かって   社会に向けて

   勝利に向かって   世界に向けて

「に向かって」と「に向けて」の意味と機能の違いを表でまとめると、次の表2のようになる。

  表2 「に向かって」と「に向けて」の意味機能の比較

	NL＋に向かって	NL＋に向けて
意図性	－	＋
非意図性	＋	－
方向明示	＋	＋
着点明示	－	＋

◆ JA、JBにおけるNLの性質

 前節では、JA、JBの意味機能について考察した。続いて、本節では、JAとJB構造を作るNLの性質について考察する。まず、次の例文を考えてみよう。

 (18) a. <u>山麓へ</u>歩いて行った。（JA）

   b. <u>山麓に向かって</u>歩いて行った。（JB）

 (19) a. 彼は<u>駅へ</u>走って行った。（JA）

   b. 彼は<u>駅に向かって</u>走って行った。（JB）

 (20) a. ＊私は気にせずに<u>彼へ</u>歩いて行った。（JA）

   aʹ. 私は気にせずに<u>彼のほうへ</u>歩いて行った。

   b. 私は気にせずに<u>彼に向かって</u>歩いて行った。（JB）

 (21) a. ＊彼は<u>机へ</u>這って行った。（JA）

   aʹ. 彼は<u>机のほうへ</u>這って行った。（JA）

   b. 彼は<u>机に向かって</u>這って行った。（JB）

(18)、(19)に示すように［＋空間性］名詞はJA構文でもJB構文でも方向標識の「へ」、「に向かって」と直接共起できる。しかし、JA構文の示す方向には到達点という場

所の意味も含まれているため、(20a)、(21a)に示すようにヒト名詞やモノ名詞など［−空間性］名詞の場合は、方向標識の「へ」とは直接共起できない。つまり、［−空間性］名詞はその後ろに「ほう」、「ところ」などの方位詞を付加して空間化しなければならない。JA に対して JB は「に向かって」自体に方向性が含まれているため、(20b)、(21b)に示すようにヒト名詞やモノ名詞と共起することが可能である。

以上の所見を表にまとめると、次の表3のようである。

表3　　　JA と JB の統語機能の比較

	場所詞	ヒト名詞	人称代名詞	モノ名詞	方位詞
NL＋へ	＋	−	−	−	＋
NL＋に向かって	＋	＋	＋	＋	＋

◆JA、JB と動詞との共起関係

移動を前提とする方向表現の JA、JB は、当然、移動動詞と共起する。なお、JB 構文では移動動詞のほかに非移動とも共起が可能である。

まず、JA、JB と動詞との共起関係について見てみよう。

(22) a. 彼は、分かったと言い、ベランダへ出て行った。

　　 b. 彼は、分かったと言い、ベランダに向かって出て行った。

(23) a. 大きな人影が一つこちらへ歩いてくる。

　　 b. 大きな人影が一つこちらに向かって歩いてくる。

(24) a. ＊彼は部屋へ叫んだ。

　　 b. 彼は部屋に向かって叫んだ。

(25) a. ＊太郎は庭へ指差した。

　　 b. 太郎は庭に向かって指差した。

(22a, b)、(23a, b)に示すように「出て行く」、「歩いてくる」などの［＋移動性］のＶＰは JA とも JB とも共起できるが、(24a)、(25a)に示すように JA は［−移動性］ＶＰとは共起できない。JA に対して JB は、まだ文法化過程にある機能語として出来事の描写性、記述性をもっている。したがって、(24b)、(25b)に示すように［−移動性］のＶＰ動詞とも共起できるのである。

5.2.2　朝鮮語の場合

第5章　移動方向の表現

　ここでは、朝鮮語のKAとのKB二つの方向表現についてその意味と機能を別々に考察し、二つの構造の違いを明確にする。

◆「NL+로ro」の意味と機能

　KAの機能語「로ro」の基本的意味カテゴリーは、方向と経路の二つである。次の(26)～(28)からKA「로ro」の意味を考えてみよう。

(26) 한강대교로 갔다．［方向・経路］

　　（彼はハンガン大橋へ行った。／彼はハンガン大橋を通って行った。）

(27) 그는 큰길로 갔다．　　　［方向・経路］

　　（彼は大通りへ来た。／彼は大通りを通って来た。）

(28) 그는 나는듯이 오솔길로 달려갔다．［方向・経路］

　　（彼は飛ぶように小道へ走っていった。／彼は飛ぶように小道を走って行った。）

(26)～(28)に示すように、KAの「NL+로ro」は方向にも経路にも解釈できる。つまり、(26)の「한강대교hangangdeagyo」は「ハンガン大橋へ」のように方向を表すことも「ハンガン大橋を」のように経路を表すこともできるし、(27)の「큰길로keungillo」は方向を表す"大通りへ"とも、経路を表す"大通りを"とも解釈できる。そして、(28)の「오솔길로osolkkillo」は「小道へ」、「小道を」のように方向にも経路にも解釈できる。このように「NL+로ro」の意味は構造だけでは明確でないので、共起するNLとVPの性質や文脈で把握しなければならない。

◆「NL+를 향해 reul hyanghae」の意味と機能

　KBの「NL+를 향해 reul hyanghae」は，目的格「를 reul」と漢語「향하다 hyanghada」が結合してできた複合形式である。「를 reul」は方向格「로/ro」のシフト形式であり、「향해 hyanghae」は、動詞「향하다 hyanghada」から文法化したもので、「NL+를 향하다 reul hyanghayeo」構造全体は方向を表すもう一つの標識として用いられる（禹享植、1996:15を参照）。つまり、朝鮮語では方向概念を「NL+로ro」(KA)と「NL+를 향해 reul hyanghae」(KB)の二つの標識で表すのである。

(26`) 한강대교를 향해 갔다．　　［方向］

　　　（彼はハンガン大橋に向かって行った。）

(27`) 그는 큰길을 향해 갔다．　　［方向］

(彼は大通りに向かって行った。)

(28`) 그는 나는듯이 오솔길을 향해 달려갔다. ［方向］

(彼は飛ぶように小道に向かって走って行った。)

◆ KAとKBの統語上の違い

KAとKBの違いについては未だに問題視されておらず、両者の区別についての先行研究もあまりなされていない。実際にKAとKBの意味カテゴリーは必ずしも同じわけではない。KAの基本意味カテゴリーは移動物の到達目標であるのに対して、KBの基本意味カテゴリーは動作の向かう方向である。

ⅰ. KAとKBはNLとの共起条件が異なる。

(29) a. 열차가 서울로 달린다. (KA)

(列車はソウルへ走る。)

b. 열차가 서울을 향해 달린다. (KB)

(列車はソウルに向かって走る。)

(30) a. 그는 역으로 뛰어갔다. (KA)

(彼は駅へ走っていった。)

b. 그는 역을 향해 뛰어갔다. (KB)

(彼は駅に向かって走っていった。)

(31) a. *그는 나로 뛰어왔다. (KA)

(*彼は私へ走ってきた。)

b. 그는 나를 향해 뛰어왔다. (KB)

(彼は私に向かって走ってきた。)

(32) a. *그는 책상으로 기어갔다. (KA)

(*彼は机へ這っていった。)

b. 그는 책상을 향하여 기어갔다 . (KB)

(彼は机に向かって這っていった。)

(31a)、(32a)に示すように、KAの「NL＋로 ro」は、ヒト名詞やモノ名詞とは直接共起できないが、(31b)、(32b)に示すようにKBの「NL＋를 향해 reul hyanghae」はこのような制限がない。KAの機能語「로 ro」は、意味上方向や目標を表すため、統語上においても共起する名詞は［＋空間性］名詞でなければならない。もし、ヒ

第5章 移動方向の表現

ト名詞やモノ名詞に、次の(31ˋa)、(32ˋa)に示すように［＋空間性］名詞を付加して空間化の処理を行えば、文は成立する。

(31ˋ) a. 그는 내[쪽/앞/있는데]로 뛰어왔다. (KA)
　　　　（彼は私の[方/前/ところ]へ走ってきた。）
　　　b. 그는 내[쪽/앞/있는데]를 향해 뛰어왔다. (KB)
　　　　（彼は私の[方/前/ところ]に向かって走ってきた。）
(32ˋ) a. 그는 책상[쪽/앞/있는데]로 기어갔다. (KA)
　　　　（彼は机の[方/前/ところ]へ這っていった。）
　　　b. 그는 책상[쪽/앞/있는데]를 향해 기어갔다. (KB)
　　　　（彼は机の[方/前/ところ]に向かって這っていった。）

①空間名詞：(朝)　쪽　　가　　녘　　방향　　방면
　　　　　　(日)　側　　側　　方　　方向　　方面
　　　　　　(中)　側　　边　　方/边　方向　　方面
②存在場所詞：있는곳／ところ／这边／那边
③方位詞：　(朝)　옆　　　곁　　　앞　뒤
　　　　　　(日)　横/隣　傍/脇　前　後ろ　上　下　下
　　　　　　(中)　旁/边　旁边　　前　后　　上　下　底下

　このような現象は朝鮮語のみに存在する言語現象ではなく、日本語にも中国語にも共通に見られる言語現象である。次の(33a, b)、(33'a, b)、(34a, b)、(34ˋa, b)の日本語と中国語の事例は、上記の(31a)、(31aˋ)、(32a)、(32aˋ)の朝鮮語の事例と全く同じである。

(33) a.＊彼は私へ走ってきた。　　　b.＊他往我跑来。
(34) a.＊彼は机へ這っていった。　　b.＊他往桌子爬去。
(33ˋ) a. 彼は私のところへ走ってきた。　b. 他往我这边跑来。
(34ˋ) a. 彼は机のところへ這っていった。b. 他往桌子那边爬去。

　また、朝鮮語では、次の(35a)、(36a)に示すようにヒト名詞の場合は上記のような空間化処理を行わなくても、与格機能語「에게 ege/한테 hante」の後ろに KA の「로 ro」を付けた「에게로 egero/한테로 hantero」の形で空間的に表現することもできる。ただし、(35b)、(36b)に示すように KB の「를 위하여 reul hyanghayeo」

123

の場合はそれが不可能である。

(35)a. 그는 나한테로/에게로 뛰어왔다.　(*彼は私へ走ってきた。)

　　　b.?그는 나한테/에게를 향해 뛰어왔다.　(彼は私に向かって走ってきた。)

(36)a. 어찌되었든 빨간 셔츠한테로/에게로 가서 거절하고 오지 않으면…

　　　(とにかく赤シャツへ行って断わってこなくちゃ……)

　　　b.*어찌되었든 빨간 셔츠한테/에게를 가서 거절하고 오지 않으면…

　　　(*とにかく赤シャツに向かって行って断わってこなくちゃ……)

　朝鮮語の与格助詞「에게 ege/한테 hante」は日本語の与格助詞「に」と対応しているが、「に」とは異なって「에게 ege/한테 hante」には場所的意味が含まれている。したがって、「오다 oda(来る)／가다 kada(行く)」の動詞述語構文では、[－空間性]のヒト名詞であっても(37a)、(38a)のように「에게 ege/한테 hante」と共起して到達点や方向を表すことができる。

(37)a. 어찌되었든 빨간 셔츠한테/에게 가서 거절하고 오지 않으면…

　　　b.*とにかく赤シャツに行って、断わってこなくちゃ……

　　　b´.とにかく赤シャツへ行って、断わってこなくちゃ……（『坊』・）

(38)a. 교장한테 두번 빨간셔츠한테 한번 가서 담판해 보았으나 어쩔 수 없었다.

　　　b.*校長に2度、赤シャツに1度行って、談判してみたが、どうすることもできなかった。

　　　b´.校長へ2度、赤シャツへ1度行って、談判してみたが、どうすることもできなかった。

ⅱ. KAの「NL＋로 ro」は、方向格「로 ro」の前に着点格「에 e」を挿入することが可能であるが、KBはそれが不可能である。次の例文を考えてみよう。

(39)a. 그들은 중국에로 진출했다.　(彼らは中国へ進出した。)

　　　b.*그들은 중국에를 향해 진출했다.

　　　(?彼らは中国に向かって進出した。)

(40)a. 사람들은 광장에로 몰려갔다.　(人々は広場へ押しかけた。)

　　　b.*사람들은 광장에를 향해 몰려갔다.

---

[3] 現代の用法では、「赤シャツのところへ行って」というのが普通である。
[4] 現代の用法では、「赤シャツのところへ一度行って」というのが普通である。

(人々は広場に向かって押しかけた。)
(41)a. 그는 새로운 생활에로 뛰어들었다. (彼は新しい生活へ飛び込んだ。)
   b.*그는 새로운 생활에를 향해 뛰어들었다.
   (*彼は新しい生活に向かって飛び込んだ。)

(39a)～(41a)に示すようにKAは着点格「에e」を挿入しても文は成立するが、(39b)～(41b)に示すようにKBはそれが不可能である。任洪彬(1974)が指摘したように、KAの「NL+로ro」は、「NL+를reul(目的格)/에e(着点格)+로ro(方向格)」の融合体から変化したものである。周知の如く、移動の方向は移動の着点と密接な関係がある。つまり、移動は常に到達点－目標を前提としているため、移動の行為が終わると、必ずある位置に到達するのである。この点に関して、禹享植(1996:135)は、「方向成分は着点成分の変化したものある」と指摘している。目標と着点の間にはそもそも因果関係が存在する。目標は着点の原因であり、着点は目標の結果である。よって、方向標識の「NL+로ro」は、「NL」と「로ro」の間に着点格の「에e」を挿入しても自然である。着点格「에e」と方向格「로ro」が結合すると着点指示と方向指示が同時に強調される。KAに対して、KBの「를 향해 reul hyanghae」では、方向表現がプロファイルされており、この方向は移動着点と必ずしも繋がっているとは限らない。よって、KBの「NL」と「를 향해 reul hyanghae」の間に着点格の「에e」を挿入すると、(39b)～(41b)のように文は不自然である。

5.2.3 中国語の場合

中国語では、方向指示に一般に"往＋NL＋V"(CA)と"向/朝＋NL＋V"(CB)構造が用いられる。

◆ "往＋NL"の意味カテゴリーと統語上の制約

"往＋NL"には、移動と方向の二つの意味が含まれている。したがって、"往＋NL"は動的方向を表す最も基本的な表現構造である。"往＋NL"は動的イメージが強く、移動動詞の機能をかなりもっているので、VPとの共起はかなり制約されている。

i．"往＋NL＋V" (CA)：NL→ 方位詞/場所詞/場所詞＋方位詞、
                    V → 音節の制限なし、[＋移動]動詞

NLが方位詞あるいは「場所詞+方位詞」の場合は、"往+NL"は、前置補語として用いられる。

　　(42) a. 他往车站跑去。　　　　(彼は駅へ走って行った。)
　　(43) a. 他往东走去。　　　　　(彼は東へ歩いて行った。)
　　(44) a. *他往我走来。　　　　(*彼は私へ歩いてきた。)
　　　　b. 他往我这儿走来。　　(彼は私のところへ歩いてきた。)
　　(45) a. *他往椅子爬去。　　　(*彼は椅子へ這っていった。)
　　　　b. 他往椅子那儿爬去。　(彼は椅子のところへ這っていった。)

方向を表す機能語"往"には、移動の意味が含まれているため、共起する名詞は"上、下、前、后、里、外、左、右、东、西、南、北"などの方位詞や場所性名詞に限られる。"往"は共起するNPに場所性を要求する。したがって、(44a)、(45a)に示すようにヒト名詞"我"やモノ名詞"椅子"などの非場所名詞と共起すると、非文になる。ヒト名詞やモノ名詞が方向標識"往"と共起するには、必ず(44b)、(45b)に示すように"这儿""那儿"などの場所名詞を付加して場所化処理を行わなければならない。

　一般的にCAでは単音節動詞が多く用いられるが、"往+NL+V"構造のように前置補語の場合は音節の制限はない。なお、動詞との共起関係においては、普通、移動動詞(V_1)、[+移動性]動作動詞(V_2)と共起して、移動や動作の方向を表す。

| V_1(移動動詞):开[(乗り物が)走る]　飞(飛ぶ)　驶(疾走する)　赶(急ぐ) |
| 　　　　　　　跑(走る)　　走(歩く)　　逃(逃げる)　移(移る) |
| V_2(動作動詞):发(出す/送る)　贩(販売する)　运(運ぶ)　买(買う)　送(送る) |
| 　　　　　　　寄(出す/郵送する)　转(渡す)　调(移す)　搬(運ぶ) |

例えば、次のような例が考えられる。
　　(46) 两个人就挑上担子,连夜往回赶。　　　(『候』・566)
　　　　(二人は荷物を担いで、その夜に元のところへ引き返した。)

---

[5] 本稿では、中国語伝統文法の"状語"を前置補語と呼び、"補語"を後置補語と呼ぶ。

(47) 请问往王府井怎么走? 　　　　　　(『候』・566)

　　(すみません、王府井へはどうやって行きますか。)

(48) 往椅子上坐。 　　　　　　　　　　(『候』・566)

　　(椅子へ坐る。)

(49) 往嘴里塞东西。 　　　　　　　　　(『候』・566)

　　(口の中へ物を入れる。)

上の例で、(46)、(47)は移動様態動詞構文であり、(48)は状態動詞構文であり、(49)は動作動詞構文である。そして、4つの"往＋ＮＬ"はいずれも移動や動作の向かう方向を表している。しかし、4つの文における"往＋ＮＬ"の意味は必ずしも同じではない。(46)、(47)のように移動動詞文では、"往＋ＮＬ"は移動の方向を表しているが、(48)、(49)のように状態・動作動詞文では、動作の帰着点の意味合いが強い。

　なお、次の(50)、(51)のように、ＮＬが「モノ名詞＋方位詞」の場合は、"往＋ＮＬ"はＶＰ"打"や"瞧一下儿"の目的語として取られる。つまり、形式上では方向標識"往＋ＮＬ"が用いられているが、意味上ではＶＰの対象を示している。よって、前置補語形式(往＋ＮＬ＋Ｖ)の(50)と(51)は(50`)と(51`)のように目的語形式(Ｖ＋ＮＬ)で表現できる。ただし、両者は「全体」と「部分」などの意味上の違いがある。

(50) 往屁股上打。『候』　　(お尻を殴った。)

(51) 你往背后瞧一下儿。　　(後ろのほうをちょっと見てご覧。)

(50`) 打屁股。　　　　　　← 往屁股上打。

　　 (お尻を殴った。)　　　(お尻に向かって／を殴った。)

(51`) 你瞧一下儿背后。　　　← 你往背后瞧一下儿。

　　 (後ろをちょっと見てご覧。)(後ろに向かって／をちょっと見てご覧。)

ⅱ．"Ｖ＋往＋ＮＬ"（CA_1）： ＮＬ→場所詞、

　　　　　　　　　　　　　　　Ｖ→単音節、[＋移動]動詞

"Ｖ＋往＋ＮＬ"（CA_1）は、"往＋ＮＬ＋Ｖ"（CA）と類似しているが、CA_1の意味カテゴリーは、CAと全く同じわけではない。1) CAは目標に到達するまでの移動プロセスを暗示しているが、CA_1は移動動作の完了後到達すべき目標を暗示

127

している。統語機能においてもCA₁はCAとは異なって様々な使用制限がある。2）CA₁ではNLが場所詞であり、述語動詞は単音節動詞であるが、CAではNLが方位詞、場所詞＋方位詞であり、述語動詞は必ずしも単音節動詞とは限らない。3）CA₁、CAともに共起する動詞は移動動詞（V₁）の場合が多いが、[＋移動性]動作動詞（V₂）との共起が可能である。

　　A：　V₁動詞構文
　　(52) a. 列车开往昆明。（CA₁）（列車は昆明へ走っている。）
　　　　 b. 列车正往昆明开去。（CA）（列車は昆明へ／に向かって走っている。）
　　(53) a. 大雁飞往南方。（CA₁）（雁は南の方へ飛んでいる。）
　　　　 b. 大雁往南方飞去。（CA）（雁は南の方へ／に向かって飛んでいる。）
　　(54) a. 货轮驶往香港。（CA₁）（貨物船は香港へ航行している。）
　　　　 b. 货轮正往香港行驶。（CA）（貨物船は香港へ／に向かって航行している。）
　　(55) a. 咸丰帝逃往热河。（CA₁）（咸豊皇帝は熱河へ逃げた。）
　　　　 b. 咸丰帝往热河逃去。（CA）（咸豊皇帝は熱河へ／に向かって逃げた。）

　　B：V₂動詞構文
　　(56) a. 版画已寄往巴黎。（CA₁）（版画をもうパリへ郵送した。）
　　　　 b. 版画已往巴黎寄去。（CA）（版画をもうパリへ／向けて郵送した。）
　　(57) a. 此包裹寄往日本。（CA₁）（この小包を日本へ送る。）
　　　　 b. 此包裹往日本寄去。（CA）（この小包を日本へ／に向けて送る。）
　　(58) a. 这些河蟹送往江南。（CA₁）（これらの河蟹は江南へ送る。）
　　　　 b. 这些河蟹往江南送。（CA）（これらの河蟹は江南へ／に向けて送る。）

AグループはV₁構文であり、BグループはV₂構文である。(52a)～(55a)に示すように、一般に後置補語をもつVPは音韻的に単音節動詞が多く、NLは場所詞である。要するに、VPが単音節動詞で、NLが場所名詞である場合は"V＋往＋NL"（CA₁）を用いるのが普通である。これに対して前置補語の"往＋NL＋V"（CA）はVPに音節の制限はないが、(52b)～(55b)に示すように２音節動詞のほうが単音節動詞より多く用いられる。

6　"咸丰帝逃往热河"は文語である。口語では"咸丰帝逃倒热河那边去了"というのが普通である。

第5章　移動方向の表現

すでに触れたように、機能語"往"には移動の意味が含まれているので、方向と移動を表すのが基本的な意味役割である。次の例を考えてみよう。

　　　　　　　CA_1　　　　　　CA
(59) a. *坐往沙发上。　b. 往沙发上一坐…　（椅子へ座ると…）
(60) a. *站往东。　　　b. 往东一站…　　　（東に向かって立つと…）
(61) a. *站往这边儿。　b. 往这边儿一站…（ここに向かって立つと…）

(59b)～(61b)に示すように[－継続]の自動詞構文では、"往＋NL＋V"構造によって、動作の方向を示すのが普通であり、(59a)～(61a)のように"V＋往＋NL"構造によって動作が終わった後の方向を示すことは不可能である。

◆ "向＋NL"の意味カテゴリーと統語上の制約

　"向＋NL＋V"：　NL→[＋空間名詞/－空間名詞]
　　　　　　　　　V　→移動動詞、動作・状態動詞

ⅰ．"向＋NL"構造はVPを修飾する前置補語（"状語"）になるのが普通である。次の例文を考えてみよう。

　　(62)他向车站跑去。　（彼は駅に向かって走っていった。）
　　(63)他向我走来。　　（彼は私に向かって歩いてきた。）

(62)、(63)の述語動詞はいずれも移動動詞である。方向標識の"向"は"往"とは違って(62)、(63)に示すように"车站(駅)"等の[＋空間]名詞とも、"我(わたし)"等の[－空間]名詞とも共起が可能である。

ⅱ．"向＋NL"の指示範囲はかなり広く、"往＋NL"のようなVPの性質に関わる制約も厳しくない。"往＋NL"は動的方向指示だけに用いられるが、"向＋NL"は動的移動の方向だけでなく、静的状態の方向も表すことができる。したがって、"向＋NL"は次の(64)、(65)に示すように移動動詞と共起するだけでなく、(66)、(67)に示すように[±移動]の動作動詞や状態動詞とも共起が可能である。

　　(64) a. 飞机向北京飞去。(CB)　　b. 飞机飞向北京。(CB_1)
　　　　（飛行機は北京［へ／に向かって］飛んでいった。）
　　(65) a. 救护船向小岛开来。(CB)　b. 救护船驶向小岛。(CB_1)
　　　　（救急船は小島［へ／に向かって］疾走してきた。）
　　(66) a. 他向东站着。（CB）　　　b. *他站着向东。(CB_1)

129

(彼は東のほう［に向いて］立っている)

(67) a. 他向我招手。(CB)　　　　　b. *他招手向我。(CB_1)

(彼は私［へ／に／に向かって］手を振る。)

　(66)の"站着(立っている)"は動作後の状態を表し、"向东站着"は「東に向かって立っている」という状態の方向を表している。なお、(67)の"招手(手を振る)"は［－移動］の動作動詞であり、関わるNPは"我(わたし)"のように［－空間］名詞である。このように"向＋NL"は対象を方向として捉え、表現する方向指示の機能ももっている。

　ⅲ．"向＋NL＋V"(CB)は具体的方向を示す際に多く用いられ、"V＋向＋NL"(CB_1)は抽象的、メタファー的方向を示す際に多く用いられる。次の例文を考えて見よう。

　　　　　CB_1 "V＋向＋NL"　　　　　CB "向＋NL＋V"

(68) a. 走向未来 (CB_1)　　　　　b. ?向未来走去 (CB)

　　　(未来に向かって進む)　　　　(*未来へ歩いて行く)

(69) a. 走向光明 (CB_1)　　　　　b. ?向光明走去 (CB)

　　　(光明に向かって進む)　　　　(*光明へ歩いて行く)

(70) a. 走向富強 (CB_1)　　　　　b. ?向富強走去 (CB)

　　　(富国強兵に向かって進む)　　(*富国強兵へ歩いて行く)

(71) a. 走向文明 (CB_1)　　　　　b. ?向文明走去 (CB)

　　　(文明に向かって進む)　　　　(*文明へ歩いて行く)

(72) a. 走向新世紀(CB_1)　　　　　b. ?向新世紀走去(CB)

　　　(親しい世紀に向かって進む)　(*新しい世紀へ歩いて行く)

　(68a)〜(72a)は"V＋向＋NP"(CB_1)構文であり、(68b)〜(72b)は"向＋NP＋V"(CB)構文である。(68b)〜(72b)に示すようにCBは通常［＋空間］名詞と共起して具体的空間の移動方向を表すが、(68a)〜(72a)に示すようにCB_1は［－空間］の抽象名詞などと共起して抽象的、メタファー的空間を表す。このように非空間的名詞（抽象名詞）と共起するCB_1はCB構造のバリエーションと言えよう。おもしろいのは、対応する日本語のほうにも中国語と似たような現象が現れていることである。(68)〜(72)の日本語訳に示すように、CBはJAと対応しており、CB_1はJBと対

応している。JA には抽象的空間の意味は含まれていないが、JB には具体的空間の意味も抽象的空間の意味も含まれている。

◆ "朝＋NL" の意味カテゴリーと統語上の制約

"朝＋NL"（CB）も方向指示に用いられる表現構造であり、"向＋NL"（CB）と代用することが多いので、同質の CB として扱うことにする。機能語 "朝" も "往" や "向" と同様に方向指示の動詞から文法化した機能語であるが、まだ、元の動詞の性質が残っている。したがって、その方向指示は必ずしも移動に限らず、非移動物の方向を示すことも可能である。要するに、"朝＋NL" は、意味上は具体性をもち、統語上は動詞として機能する場合が多い。

ⅰ．"朝＋NL" は "往＋NL" や "向＋NL" とは違って、前置補語という成分にしかなれない［(73b〜77b)］。ＶＰと共起する場合も制約を受けない。次の例を考えてみよう。

(73) a. 朝女人走去。　　　　　（女の人に向かって歩いていく。）
　　 b.＊走朝女人去。
(74) a. 汽车朝大桥开去。　　　（自動車は橋に向かって行った。）
　　 b.＊汽车开朝桥上去。
(75) a. 舰队朝海岛驶去。　　　（艦隊は島に向かって進んで行く。）
　　 b.＊舰队驶朝海岛去。
(76) a. 他朝河里扔了一个小石头。（彼は河に向けて小石を１つ放った。）
　　 b.＊他扔朝河里一个小石头了。
(77) a. 他朝东站着。　　　　　（彼は東に向かって立っている。）
　　 b.＊他站着朝东。

"朝＋NL" はＶＰとの共起において、(73a)〜(75a) に示すように移動動詞と共起して主体の移動方向を表し、(76a) に示すように目的語をもつ［＋移動］の動作動詞と共起して客体 "小石头（小石）" の移動方向を表し、(77) に示すように "站着（立っている）" 類の状態動詞と共起して状態の向いている方向を表すことも可能である。

ⅱ．"朝＋NL" は、NL との共起に制約がなく、「方位詞／場所詞／普通名詞」など、あらゆる名詞と共起が可能である。上の (73a)〜(77a) をもう一度 (73´)〜

(77')として示しておく。

 (73') <u>朝女人</u>走去   （女に向かって歩いていく）
 (74') 汽车<u>朝大桥</u>开去。 （自動車は橋に向かって行った。）
 (75') 舰队<u>朝海岛</u>驶去。 （艦隊は島に向かって進んで行く。）
 (76') 他<u>朝河里</u>扔了一个小石头。（彼は河に向けて小石を１つ放った。）
 (77') 他<u>朝东</u>站着。   （彼は東に向かって立っている。）

(73')～(77')のＮＬを見ると、(73')の"女人（女の人）"はヒト名詞であり、(74')～(76')の"大桥（大橋）"、"海岛（島）"、"河里（河）"は場所名詞であり、(77')の"东（東）"は方位詞である。

◆中国語の方向表現の特徴

 ⅰ．上述したように、"往＋ＮＬ"、"向＋ＮＬ"、"朝＋ＮＬ"は、ＮＬとの共起条件が異なる。"往"は[－空間]名詞とは直接共起できないが、"向"や"朝"はこのような制約はない。次のＡ～Ｆから"往"、"向"、"朝"の異同を考えてみよう。

	A	B
往：	他往车站跑去。	他往车站方向跑去。
向：	他向车站跑去。	他向车站方向跑去。
朝：	他朝车站跑去。	他朝车站方向跑去。

	C	D
往：	＊他往我跑来。	他往我这儿跑来。
向：	他向我跑来。	他向我这儿跑来。
朝：	他朝我跑来。	他朝我这儿跑来。

	E	F
往：	＊他往椅子爬去。	他往椅子那儿／跟前爬去。
向：	他向椅子爬去。	他向椅子那儿／跟前爬去。
朝：	他朝椅子爬去。	他朝椅子那儿／跟前爬去。

上記のＣ、Ｅに示すようにように"往"は、[－空間]名詞と直接共起はできないので、Ｄ、Ｆに示すように[－空間]名詞に"那儿（そこ／あそこ）／这儿（ここ）"などの場所名詞や"跟前／方向"などの方位詞を付加することによって非場所を場所化する。

ⅱ．"往＋ＮＬ"、"向＋ＮＬ"、"朝＋ＮＬ"はいずれも移動方向に用いられる構造であるが、構造に含まれている意味や機能は決して同じではない。"往＋ＮＬ"には目標としての移動方向の意味合いが強く、"向＋ＮＬ"には行為、事態、事物の方向指示が強調されており、"朝＋ＮＬ"には移動の有無よりは物事の双方向性や対面性の意味合いが強い。3構造と動詞との共起関係をまとめると、次の表6のようになる。

表6　CA、CBと動詞との統語関係

		V_1 移動動詞	V_2 姿勢動詞	V_3 動作動詞
往	往＋ＮＬ＋Ｖ	＋	＋	＋
	Ｖ＋往＋ＮＬ	±	－	－
向	向＋ＮＬ＋Ｖ	＋	±	＋
	Ｖ＋向＋ＮＬ	＋抽象的		＋具体的
朝	朝＋ＮＬ＋Ｖ	＋	－	＋
	Ｖ＋朝＋ＮＬ	－	－	－

5．3　日朝中方向表現の比較対照

以上では、日朝中3言語における方向表現構造について別々に考察した。それを元に本節では、3言語の各表現構造を比較対照して、これらの構造の対応関係を考察する。

5.3.1　意味上の対応関係

方向表現の基本構造として、日本語では「ＮＬ＋へ」(JA)と「ＮＬ＋に向かって」(JB)が用いられ、朝鮮語では「ＮＬ＋로 ro」(KA)と「ＮＬ＋를 향해 reul hyanghae」(KB)が用いられ、中国語では"往＋ＮＬ"(CA)と"向/朝＋ＮＬ"(CB)が用いられていることは、前節で別々に述べた。本節では、3言語の各構造を横に並べて、各構造間の意味上の対応関係について考察して、その異同を探り、各言語の特徴を明らかにする。

ⅰ．JA, KA, CA はいずれも移動の目標が前景化され、移動の到達点が背景化され

ている。まず、次の例を見てみよう。

(78) a. 彼は<u>駅へ</u>走っていった。

b. 그는 <u>역으로</u> 달려갔다.

c. 他<u>往车站</u>跑去。

JA, KA, CA は、いずれも(78 a, b, c)の「駅へ／역으로／往车站」のように、NPは方向であると同時に到達点にもなり得るので、必ず[＋空間性]の名詞を要求している。したがって、機能語「ヘ／로ro／往」は、いずれも次の(79a, b, c)、(80a, b, c)に示すように「順子／순자 sunja／順子」と「机／책상 chaekssang／桌子」のような[－空間性]の名詞とは共起できない。ただし、(79`a, b, c)、(80`a, b, c)に示すように「ところ／있는데 inneunde／那儿」などの空間名詞を付加すれば、[－空間性]名詞が空間化され、自然な文として成り立つ。

(79) a. *彼は<u>順子へ</u>走っていった。

b. *그는 <u>순자로</u> 뛰어갔다.

c. *他<u>往順子</u>跑去。

(80) a. *彼は<u>机へ</u>這っていった。

b. *그는 <u>책상으로</u> 기어갔다.

c. *他<u>往书桌</u>爬去。

(79`) a. 彼は<u>順子のところへ</u>走っていった。

b. 그는 <u>순자한테로</u> 뛰어갔다.

c. 他<u>往順子那儿</u>跑去。

(80`) a. 彼は<u>机のほうへ</u>這っていった。

b. 그는 <u>책상쪽으로</u> 기어갔다.

c. 他<u>往书桌方向</u>爬去。

ⅱ. JB, KB, CB は移動の方向だけをプロファイルし、しかもその方向は必ずしも到達点に繋がっているとは限らない。次の例文を考えてみよう。

(81) a. 彼は<u>駅に向かって</u>走っていった。

b. 그는 <u>역을 향해</u> 뛰어갔다.

c. 他<u>向／朝车站</u>跑去。

(82) a. 彼は<u>順子に向かって</u>走っていった。

b. 그는 순자를 향해 뛰어갔다.

　　　c. 他向／朝顺子跑去。

(83) a. 彼は机に向かって這っていった。

　　　b. 그는 책상을 향해 뛰어갔다.

　　　c. 他向／朝书桌爬去。

JB、KB、CB 構文は、JA、KA、CA とは異なって、到達点とは必ずしも繋がっていない移動方向を表す。したがって、(81a. b. c)〜(83a. b. c)に示すように「順子／순자 sunja／順子」と「机／책상 chaekssang／桌子」のような［−空間性］の名詞とも共起が可能である。

　ⅲ. JA／KAは、意味上、CAだけでなく、CBとも対応する場合がある(次の(78ʼa, b, c)に示すように)。

　　　(78ʼ) a. 彼は駅へ走っていった。(JA)

　　　　　b. 그는 역으로 뛰어갔다. (KA)

　　　　　c. 他往/向 / 朝车站跑去。(CA/CB)

(78ʼa, b, c)のようにＶＰが移動動詞である場合は、日本語の JA 構造と朝鮮語の KA 構造は、中国語のCA、CB、CCのいずれとも対応する。

　日朝中３言語の方向表現をまとめると、次の表７のようになる。

　　表７　　　　日朝中３言語の方向表現構造の対照

	場所名詞	ヒト名詞	モノ名詞
JA　へ	＋	−	−
JB　に向かって	＋	＋	＋
KA　로	＋	−	−
KB　를 향하여	＋	＋	＋
CA　往	＋	−	−
CB　向/朝	＋	＋	＋

5.3.2　対応のずれ

　JA、KA、CA や JB、KB、CB/CC の関係は、完全な対応関係にあるわけではない。３言語は移動方向の表現において類似点があるものの、実際の言語事実は非常に複雑で、各言語の仕組みや統語制約の違いによってずれが生じる場合もある。以下では、これらの構造の対応のずれについて考察する。

ⅰ. JA、KA は移動方向の表現であるが、そこには移動到達点の意味が含まれている。したがって、JA の「ヘ」、KA の「로 ro」は移動動詞文にも用いられるが、中国語の CA、CB には、移動到達点の意味が含まれていない。そして、機能語"往/向/朝"には未だ移動動詞の機能が残っている。よって、次の(84c)～(86c)に示すように"往/向/朝"は方向も着点も表せる移動動詞文には用いられない。

(84) a. 私は夜9時に家へ帰った。
  b. 나는 저녁 9 시에 집으로 돌아갔다.
  c. *我晚上九点钟往/向/朝家回。

(85) a. 彼らは居酒屋へ集った。
  b. 그들은 선술집으로 모여들었다.
  c. *他们往向/朝简易酒店里聚。

(86) a. 彼は河辺へ出た。
  b. 그는 강가에 나갔다.
  c. *他往向/朝河边来。

(84)～(86)の各例文は、方向も着点も表す。日本語と朝鮮語では、移動目標と移動着点の間には必然的因果関係があり、移動過程が終わると、必ず着点成分の指示範囲に至ると見なしている。それゆえ、日本語の方向標識「NL＋ヘ」や朝鮮語の方向標識「NL＋로 ro」は、着点標識の「NL＋に」や「NL＋에 e」で置き換えることが可能である。もちろん、方向指示と着点指示の真理条件は同じであっても両者の意味カテゴリーは同じではない。ここには、客観事物に対する話者の認知的視点が働き、認知の捉え方にによって、着点標識の「NL＋に」、「NL＋에 e」と方向標識「NL＋ヘ」と「NL＋로 ro」のどちらかが選ばれるのである。「NL＋ヘ」、「NL＋로 ro」では目標と方向がプロファイルされるが、「NL＋に」、「NL＋에 e」では着点がプロファイルされる。つまり、方向指示の「NL＋ヘ」、「NL＋로 ro」も着点指示の「NL＋に」、「NL＋에 e」も使用は可能であるが、二者の意味合いは決して等価ではない。これに対し、中国語では方向と着点をはっきり区別し、別の領域と見なす。(84a, b)～(86a, b)は、形式上は方向標識「NL＋ヘ」、「NL＋로 ro」が使われているが、意味上は着点を示す文である。中国語では(84c)～(86c)に示すように、このような着点指示文に方向標識を用いることはできない。着点を表すに

第5章　移動方向の表現

は次の(87c)〜(89c)に示すように着点標識の"到＋ＮＬ"を用いなければならない。

(87) a. 私は夜9時に家へ/に帰った。
　　 b. 나는 밤 9시에 집으로/에 돌아갔다.
　　 c. 我晚上九点钟回到家。
(88) a. 彼らは居酒屋へ/に集った。
　　 b. 그들은 선술집으로 모여들었다.
　　 c. 他们聚到简易酒店里。
(89) a. 彼は河辺へ/に出た。
　　 b. 그는 강기슭으로/에 나왔다.
　　 c. 他来到河边。

(87a, b, c)〜(89a, b, c)の文は、内容的に完全に等価であり、いずれも移動の着点を表している。

　ⅱ．日本語と中国語では、「帰る」類の動詞が単独に用いられるが、朝鮮語では不可能である。(87)〜(89)の述語動詞「帰る/回/돌아 오/가다 tora o/gada/回」「入る/들어 오/가다 teureo o/kada/进」「出る/出/나 오/가다 na o/gada」は、いずれも着点を必要とする移動動詞である。この種の動詞は、日本語と中国語では完全動詞として単独に用いられるが、朝鮮語では不完全動詞（朝鮮語では「불구동사 pulgudongsa(不完全動詞)」と言う）である。したがって、これらの不完全動詞は後ろに「가다 kada/오다 oda（行く/来る）」の動詞を附加しないと、単独では構文の資格をもつことができない。よって、次の(90b)〜(92b)に示すように「가다 kada/오다 oda（行く/来る）」が付加されていない「돌다 tolda(帰る)」、「들다 teulda(入る)」、「나다 nada(出る)」などの不完全動詞を述語にすると、非文になる。

(90) a. 私は夜9時に家へ[帰った/帰って来た]。
　　 b. 나는 밤 9시에 집에 [*돌았다/돌아왔다].
　　 c. 我晚上九点钟[回到家了/回到家里来了]。
(91) a. ミンスは仕方なく部屋に[入った/入って行った]。
　　 b. 민수는 하는 수 없이 방으로 [*들었다/들어갔다].
　　 c. 敏洙没有办法只好[进到屋里了/进到屋里去了]。

137

(92) a. 彼は河辺に[出た／出てきた]。
　　 b. 그는 강기슭에 [*났다／나왔다]．
　　 c. 他来[到河边了／到河边来了]。

　朝鮮語に対して日本語と中国語では、(90a)〜(91a)、(90c)〜(91c)に示すように移動動詞の後ろに「行く／来る」を附加してもしなくても文が成り立つ。

　iii. すでに触れたように中国語の"往"、"向"、"朝"は、いずれも方向を表す機能語であるが、日本語「へ」や朝鮮語「로 ro」とは異なって、完全に文法化しておらず、移動動詞の機能が未だ残っており、移動のプロセスを示している。したがって、次の(93)〜(95)に示すように結果や方向の意味を表す"来／去"との共起は不自由である。

(93) *我晚上九点钟往／向／朝家回。
(94) *他们往／向／朝简易酒店里聚。
(95) *他往／向／朝河边来。

　上述した理由で、中国語では移動方向や移動結果(着点)を同時に表さなければならないときは、次の(96)、(97)に示すように、この二つの概念を二つの異なる動作として使い分けるのが普通である。

(96) a. [S_1]眼瞧着这花子往南跑着跑着往东一拐，[S_2]就进了胡同儿啦。
　　 b. *眼瞧着这花子往南跑着跑着往东一拐进了胡同儿拉。
　　 (あっという間にこの乞食は南へ走って東へと曲がって路地に／へ入った。)

(97) a. [S_1]刚一抬手，鹦哥儿一抿翅膀，[S_2]往下一落，正落在阿宝的手里。
　　 b. *刚一抬手，鹦哥儿一抿翅膀，往下正落在阿宝的手里。
　　 (手を挙げたかと思うと、オウムが翼をすぼめて下の阿宝の掌に／へと下りた。)

(96)では方向成分の"往东一拐"と着点成分の"进了胡同儿"が別々に表現され、(97)では方向成分の"往下一落"と着点成分の"落在阿宝的手里"が別々に表現されている。

　iv. JAの「NL＋へ」、KAの「NL＋로 ro」は、目的関係を表す構文にも用いられるが、CAの"往＋NL"はそれが不可能である。次の例を考えてみよう。

(98) a. 太郎は市場へ野菜を買いに行った。
　　 b. 다로는 시장으로 야채사러 갔다.

c.＊太郎往市场买菜去了。

　　　c`．太郎到市场买菜去了。

　(99) a. 恵子は図書館へ勉強に行った。

　　　b. 게이코는 도서관으로 공부하러 갔다.

　　　c.＊惠子往图书馆学习去了。

　　　c`．惠子到图书馆学习去了。

　(100) a. 母は病院へ見舞いに行った。

　　　b. 어머니는 병원으로 문병을 갔다.

　　　c.＊母亲往医院探病去了。

　　　c`．母亲到医院探病去了。

(98)～(100)に示すようにJAの「NL＋へ」、KAの「NL＋로ro」は、移動の目標だけでなく、もうすぐ行き着く目的場所の意味も含んでいる。(98a)～(100a)、(98b)～(100b)のように、JA、KAは移動の目標であると同時に到達場所でもある。これに対して、中国語のCAは"来／去"動詞と同じ文法的役割を果たす。文の内容から見ると、(98)～(100)は、それぞれ"买菜／野菜を買う"、"学习／勉強する"、"探病／見舞いをする"という出来事と、"到市场／市場へ行く"、"到图书馆／図書館へ行く"、"到医院／病院へ行く"という、二つの出来事を記述しているが、"买菜／野菜を買う"、"学习／勉強する"、"探病／見舞いをする"という動作はある空間場所がなければ実現できない。それゆえ、必ず"到市场／市場へ行く"、"到图书馆／図書館へ行く"、"到医院／病院へ行く"という出来事を前提とするのである。このような出来事の順番は各言語の規則にも反映されているが、中国語では、語順の配列が出来事の順番なので、語順によって文の意味が把握できるのである。上記の各例文では、CAの"往＋NL"とV₁（"到／去／来"）の表している意味は相互に抵触しているので、(98ｃ)～(100ｃ)に示すようにCAの表現は不自然である。なお、上記のように目的格と目標格が同時に現れる場合、中国語では方向指示の"往＋NL"ではなく、目標着点指示の"到＋NL"で表現するのが普通である。そして、場所目的語を表す"到＋NL＋VP₁＋NP＋VP₂"では、二つの出来事をその実

---

[7] この種の構文を中国語では"連動文"と名づけている。"連動文"とは同一主体に二つ以上の動作が関

139

現の順に従って別々に表す。さらに、(98c`)〜(100c`)に示すように着点標識"到＋NL"は方向標識"往＋NL"とは異なって、目標の指示も到達点の指示も可能である。

　ⅴ．KAは［−移動］の動詞とは共起不可能であるが、JAとCAはそれが可能である。次の例文を考えてみよう。

(101)　a. 人<u>往</u>沙发上一坐，录音机就自动唱歌。　　(《婚礼集》・)
　　　　b. 人がソファー<u>へ</u>坐ると、カセットデッキから歌が流れる。
　　　　c.＊사람이 쏘파<u>로</u> 앉으면 녹음기에서 노래가 절로 나온다.
(102)　a. 小伙子就势<u>往</u>炕上一躺，长长地吁了一口气。(《小说选刊》1982第1期)
　　　　b. 青年はそのままオンドル<u>へ</u>横たわると、長々とため息をついた。
　　　　c.＊젊은이는 그 바람<u>으로</u> 온돌<u>로</u> 눕더니 길게 한숨을 내쉬는 것이었다.
(103)　a. 他<u>往</u>我身上一靠就睡着了。
　　　　b. 彼は私の体<u>へ</u>凭れると、すぐ寝込んだ。
　　　　c.＊그는 내 몸<u>으로</u> 기대더니 곧 잠들었다.

　(101a)〜(103a)に示すように、CA"往＋NL"と共起する"坐(座る)、躺(横になる)、靠(凭れる)"類の動詞は、移動のプロセスはないが、移動の意味はもっている。つまり、"往"は移動の意味をもっているので、"坐、躺、靠"などの状態動詞でも移動の意味を表すことが可能である。この場合、方向標識の"往＋NL"と着点標識の"V＋到＋NL"は意味的に等価である。

　JAもCAと同じ解釈ができる。「坐る、横たわる、凭れる」などの姿勢動詞は着点を必要とする動詞であり、着点標識の「NL＋に」で表すのが普通であるが、JAの機能語「へ」には移動の意味が含まれているので、「坐る、横たわる、凭れる」などの［−移動］動詞構文でも移動の意味を表すことが可能である。したがって、(101b)〜(103b)は着点標識の「NL＋に」と置き換えても真理的条件や客観事実は等価である。ただし、「NL＋へ」は動的で移動のプロセスに視点が置かれているのに対して、「NL＋に」は静的で動作の結果に視点が置かれている。

　CA、JAとは異なってKAの「로 ro」には静的状態を動的プロセスに表現する機能

わる文を指している。

が含まれていない。朝鮮語では、静的結果状態は「에 e」で、動的プロセスは「로 ro」で表す。状態動詞（非移動動詞）と共起する場所成分は、意味上移動の方向ではなく、結果位置である。したがって、(101c)～(103c)に示すように方向標識「로 ro」による表現は不自然である。言い換えれば、朝鮮語では、静的なものと動的なものは両立できない概念であり、表現の際に使い分けがなされる。これは、概念の境界を明確に区別する朝鮮語の特徴と朝鮮語話者の認知の仕方の反映であろう。以上の分析から見ると、KAの述語動詞の適用範囲はCA、JAより狭いことが明らかである。

以上見たのは、[－移動]の自動詞構文の事例であるが、3言語の違いは次の(104)～(106)に示すように[－移動]の他動詞構文でも見られる。

(104) a. 日本人来…往墙上贴标语。　(CA)　《小说选刊》1986年第2期）
　　　b. 日本人は来て…壁へ標語を張った。(JA)
　　　c.*일본사람들은 … 벽으로 표어를 붙였다. (KA)
　　　c`. 일본사람들은 … 벽에 표어를 붙였다.

(105) a. 她往额头上扎银针。　(CA)　　　　　《小说选刊》1986年第7期）
　　　b. 彼女は額へ針灸を刺した。(JA)
　　　c.*그녀는 이마로 침을 찔렀다. (KA)
　　　c`. 그녀는 이마에 침을 찔렀다.

(106) a. 他往手背上写了答案。　(CA)
　　　b. 彼は手の甲へ答案を書いた。
　　　c.*그는 손등으로 답안을 썼다.
　　　c`. 그는 손등에 답안을 썼다.

CA、JAの指示範囲は他動詞文においてもKAより大きい。CA、JAは(104a, b)～(106a, b)に示すように"贴, 扎, 写"、「貼る、刺す、書く」などの[－移動]の他動詞構文にも用いられる。これに対して、KAは(104c)～(106c)に示すように「붙이다(貼る), 찌르다(刺す), 쓰다(書く)」などの[－移動]の他動詞構文には用いることができない。

---

8 (106)は、結果位置を表す"在"と置き換えて"在手背上写了答案"にしたほうがより自然である。
9 「그는 손등으로 답안을 썼다」は、結果位置や着点の表現としては間違っているが、手段の表現としては正しい文である。

141

以上では、方向標識と述語動詞との共起関係について考察した。そして、［－移動］の動詞構文(状態自動詞と動作他動詞)では、CA と JA は用いられるが、KA は用いられないことが明らかになった。CA、JA、KA のこのような違いをもたらす原因は、各言語における機能語の意味と機能の違いにある。要するに、CA の"往"には"去(行く)"という移動動詞の痕跡が残っていて空間移動性が強く、JAの「へ」も元の意味の「辺」の痕跡が残っていて場所性が強い。だから、［－移動］の動詞構文にも用いられる。これに対して、KA の「로 ro」には場所性が含まれていないので、それが不可能である。

　vi　動作の結果を表す文では、JA は［－場所性］名詞とも共起できるが、KA、CA はそれが不可能である。

　まず、KA の「로 ro」が［－移動］動詞と共起しにくいもう一つの理由は、共起する名詞の性質とも関係がある。KA の「로 ro」それ自体には移動性も場所性もないので、共起する名詞が［＋場所性］名詞でないと、［－移動］動詞とは共起不可能であることは、すでに上で繰り返し述べた。KAの「로ro」が「앉다 (坐る)」類の自動詞や「붙이다 (貼る)」類の他動詞と共起するには、
次の(107), (108)に示すように、ＮＰに場所成分を附加して空間化しなければならない。

　　　(107) a. *그는 소파로 앉았다.
　　　　　 b. 彼はソファ<u>へ</u>坐った。
　　　　　 c. *他<u>往</u>沙发上坐了下来。
　　　(108) a. *그는 창문<u>으로</u> 표어를 붙이다.
　　　　　 b. 彼は標語を窓<u>へ</u>貼った。
　　　　　 c. *他<u>往</u>窗户贴了标语。

日本語の JA の場合は機能語「へ」に静態的意味も動態的意味も含まれているので、ＶＰの性質が［＋移動］であろうが、［－移動］であろうが、自由に共起できる。したがって、(107b), (108b)に示すように［－移動］の「座る」類の動詞と共起しても文は自然である。

　なお、日本語と朝鮮語は(109a, b), (110a, b)に示すようにＰＰとＶＰ（日本語は「<u>ＮＬ＋へ＋ＶＰ</u>」、「<u>ＮＬ＋로 ro＋ＶＰ</u>」）の間に移動動詞「行く／来る」を挿入

第5章　移動方向の表現

(109)a. 그는 소파쪽으로 [가] 앉았다．
　　 b. 彼はソファの近くへ [行って] 座った。
　　 c. *他往沙发那儿 [去] 坐了。
　　 c'. 他往沙发那儿 [去]，坐了下来。
(110)a. 그는 표어를 창문 쪽으로 [가] 붙였다．
　　 b. 彼は標語を窓の方へ [行って] 貼った。
　　 c. *他往窗户那边 [去] 贴了标语。
　　 c'. 他往窗户那边 [去]，贴了张标语。

　中国語では、「一つの動詞は一つの成分としか共起できない」という"表面構造法則"がある。(109c), (110c)は"来／去"と"坐（座る）／躺（横になる）／貼（張る）"の二つの述語動詞からなっている複合文である。"往＋NL"は「表面構造規則」によって二つの述語動詞の中の1つとしか関わることができない。よって、二つの述語動詞と関わっている(109c), (110c)は不自然である。もし、二つの動詞の間にポーズを入れれば、場所補語の"往＋NL"は前の述語動詞"来／去"としか関係をもたないので、(109c'), (110c')に示すように文は成り立つのである(史有為先生のご教示による)。

　上で既に述べたが、方向と着点は近隣空間概念であり、したがって、標識の互換使用も可能である。例えば上の(109), (110)は、次の(109`), (110`)のように着点標識「NL＋に／NL＋에 e／到＋NL」に置き換えることが可能であり、その真理条件は等価である。

(109`)a. 그는 소파쪽에 [가] 앉았다
　　 b. 彼はソファの近くに [行って／来て] 座った。
　　 c. 他到沙发那儿去，坐了下来。
(110`)a. 그는 표어를 창문 쪽에 [가] 붙였다．
　　 b. 彼は標語を窓の方に [行って／来て] 貼った。
　　 c. 他到窗户边儿去，贴了张标语。

方向を表す「へ」、「로 ro」、"往"は、[＋移動] 動詞構文では、いずれも着点標識の「に」、「에 e」、"到"と置き換えることが可能である。ただし、3言語の意味は

143

全く同じではない。朝鮮語の歴史文献の記載[10]から見れば、KAの「로ro」は、JAともCAとも違って、方向の意味も道具の意味も含意し、その二つの意味は完全に分離されてはいない。道具格から方向格へと発展した「로ro」は〔＋移動〕動詞としか共起できず、〔＋移動〕動詞構文に限って着点格の「에e」と置き換えられる。それゆえに、KA「로ro」は、JA「へ」、CA"往"とは意味上やや異なる特徴をもっているのである。

　vii. CA、CBでは、目的語を空間化して方向標識で表す場合があるが、JAとKA、JBとKBには対応する表現の文法機能がない。

　　　(111)a. 他…偷偷地往屋中撩了一眼。(CA)　（《骆驼祥子》 46）
　　　　　b.*彼は…こっそり部屋の中へ覗き込んだ。(JA)
　　　　　c.*그는 몰래 방안으로 들여다 보았다. (KA)
　　　(112)a. 王红眼向院子里扫了一眼。(CB)　（《高宝玉》 17）
　　　　　b.*赤目の王は庭の中へ見回した。(JA)
　　　　　c.*눈빨갱이는 뜰안으로 휘둘러 보았다. (KA)
　　　(113)a. 小学生们一个个扭头朝后看。(CB)　（《高宝玉》 41）
　　　　　b.*小学生たちは、みんな振り向いて後ろへ見た。(JA)
　　　　　c.*소학생들은 모두 머리를 돌려 뒤로 보았다. (KA)

(111a)～(113a)のように中国語のCA、CBは、日本語のJAとも朝鮮語のKAとも対応せず、JB、KBとも対応しにくい。

　　　(111`)a. 他……偷偷地往屋中撩了一眼。(CA)
　　　　　b.??彼は……こっそり部屋の中に向かって覗き込んだ。(JB)
　　　　　c.??그는 몰래 방안을 향해 들여다 보았다. (KB)
　　　(112`)a. 王红眼向院子里扫了一眼。(CB)
　　　　　b.??赤目の王は庭の中に向かって見回した。(JB)
　　　　　c.??눈빨갱이는 뜰안을 향해 휘둘러 보았다. (KB)
　　　(113`)a. 小学生们一个个扭头朝后看。(CB)
　　　　　b.??小学生たちは、みんな振り向いて後ろに向かって見た。

---

[10] 詳しくは、許雄 (1975)、廉宗訥 (1980)、崔允甲 (1987)、李得春 (1996) を参照。

c.??소학생들은 모두 머리를 돌려 뒤를 향해 보았다.

(111a)〜(113a)は、方向標識"往、向、朝"が用いられているが、それらの構造が表しているのは動作主の働きかけを受ける客体であり、その基底の文法的意味は目的語である。つまり、上記の(111a)〜(113a)は、次の(114b, c)〜(116b, c)のように"Ｓ＋ＮＰ（目的格）＋ＶＰ"構造と対応している。

(114) a. 他偷偷地撩了一眼屋中。

　　　b. 彼はこっそり部屋の中を覗き込んだ。

　　　c. 그는 몰래 방안을 들여다 보았다.

(115) a. 王红眼扫了一眼院子。

　　　b. 赤目は庭の中を見回した。

　　　c. 눈빨갱이는 뜰안을 휘둘러 보았다.

(116) a. 小学生们一个个扭头看后边。

　　　b. 児童たちは、みんな視線を換えて後ろを見た。

　　　c. 소학생들은 모두 머리를 돌려 뒤를 보았다.

このように、同じ客観事実であっても話者の視点によっては表現も異なり、プロファイルされる対象も異なる。(111)〜(113)では、話者の意図が視線の方向移動にあるので、"撩、扫、看"などの動作(視線移動)の方向がプロファイルされているのに対し、(114)〜(116)では、"撩、扫、看"などの動作と"屋中、院子、后边"などの対象の関係がプロファイルされている。

ⅷ. CA、CBが記述性述語として動作の向く方向を表す時はJB、KBと対応し、JA、KAとは対応しない。

(117) a.　他往屋里喊了一声。(CA)

　　　b.　彼は部屋に向かって叫んだ。(JB)

　　　b`.??彼は部屋へ叫んだ。(JA)

　　　c.　그는 방안을 향해 고함질렀다. (KB)

　　　c`.??그는 방안으로 고함질렀다. (KA)

(118) a.　他向院中指了指。(CB)

　　　b.　彼は庭に向かって指を差した。(JB)

　　　b`.??彼は庭へ指を差した。(JA)

  c. 그는 뜰안을 향해 손가락질 했다. (KB)
  cˋ.*그는 뜰안으로 손가락질 했다. (KA)
(119) a. 王红眼朝屋外咕噜了一句。(CB)   （《高玉宝》・39）
  b. 赤目の王は外に向かって何か言った。(JB)
  bˋ.*赤目の王は外へ何か言った。(JA)
  c. 눈빨갱이는 바깥쪽을 휘둘러 보았다. (KB)
  cˋ.*눈빨갱이는 바깥쪽으로 휘둘러 보았다. (KA)

 (117a)～(119a)のＶＰ"喊了一声"、"指了指"、"咕噜了一句"は、いずれも［一移動］の動作動詞が結びついてできた記述性述語である。この種の CA、CB は、記述的機能を持っている JB、KB とは対応するが、(117bˋ, cˋ)～(119bˋ, cˋa)のように目標指示の意味も含む JA、KA とは対応しにくい。

 ix. CA、JA、KA は、方向指示で対応しているが、それぞれの意味機能は異なるため、使用において、ある条件が満たされることを前提としている。

 姿勢動詞状態文では、JA は使用できるが、KA、CA は使用しにくい。次に示すように場所表現を含まないAの文では、3言語ともに成立する。これに対してBのように場所表現を伴う場合は、JA は可能であるが、CA、KA は不自然か不可能である。

A：

彼は坐っている。	他在坐着。	그는 앉아있다.
彼は立っている。	他在站着。	그는 서있다.
彼は横になっている。	他在躺着。	그는 누워있다.
彼は跪いている。	他在跪着。	그는 꿇앉다.

B：

彼は椅子へ坐っている。	?他往椅子上坐着。	*그는 걸상으로 앉아있다.
彼は入り口へ立っている。	?他往門口站着。	*그는 문어구로 서있다.
彼はベッドへ横たわっている。	?他往床上躺着。	*그는 침대로 누워있다.
彼は地べたへ跪いている。	?他往地上跪着。	*그는 땅으러 꿇앉다.

 JA の「へ」の意味カテゴリーには、方向と着点が含まれているので、「坐る」類の動詞の結果状態を表す状態文にも用いられる。これに対して、CA の"往"には、まだ元の「移動する」という意味と動詞的機能が残っており、状態の持続と相互に

抵触する。よって、"坐着"類の状態文ではCA文は不自然である。また、KAの「로ro」にも移動の意味があるので、「앉아/어 있다 anja/eo itta」のような状態持続文とは相入れない。よって、上記のBグループのようにKAは、「앉다antta」類動詞の状態文では使用できない。

　他動詞動作進行状態文では、3言語の対応関係が異なって、CAとJAは使用が可能であるが、KAは不可能である。次の例を考えてみよう。

　　　(120) a. 他往腿上扎着针（呢）。(CA)
　　　　　 b. 彼は足へ針を刺している。(JA)
　　　　　 c. *그는 다리로 침을 놓았다. (KA)
　　　(121) a. 他往伤口上涂着药（呢）。(CA)
　　　　　 b. 彼は傷口へ薬を塗っている。(JA)
　　　　　 c. *그는 상처로 약을 바르고있다. (KA)

(120c), (121c)に示すように朝鮮語では[－移動]の他動詞の進行状態文にはKAを用いることが不可能である。前節でも述べたが、KAは、そもそも道具の意味から派生した表現なので、[＋移動]の動詞構文でしか方向や着点の意味をもたないからである。しかし、(120a, b)、(121a, b)は動作の結果位置を表す文ではあるが、視点を移動方向に置き、移動方向や移動プロセスの連続走査をプロファイルしている。なお、"涂"、「塗る」類の他動詞文では、CA"往＋ＮＬ"、JA「ＮＬ＋へ」は、結果位置の"在＋ＮＬ"、「ＮＬ＋に」と置き換えることが可能である［次の(120`a, b)、(121`a, b)に示すように］。しかし、朝鮮語では、(120c)、(121c)に示すように「바르다pareuda(塗)」類の他動詞文では、KA「ＮＬ＋로ro」で表現すると不自然になるが、(120`c)、(121`c)に示すように結果位置の「ＮＬ＋에 e」にすると、自然になる。

　　　(120`) a. 他在腿上扎着针（呢）。(CA)
　　　　　　b. 彼は足に針を刺している。(JA)
　　　　　　c. 그는 다리에 침을 꽂고있다. (KA)
　　　(121`) a. 他在伤口上涂着药（呢）。(CA)
　　　　　　b. 彼は傷口に薬を塗っている。(JA)
　　　　　　c. 그는 상처에 약을 바르고있다. (KA)

x．CA、CA_1、CB、CB_1の意味機能およびJA、JBとKA、KBとの対照

既に上で触れたが、中国語の方向表現構造CA、CBには、いずれも対応する構造CA_1、CB_1をもっている。説明の便宜のための以下では、"往＋ＮＬ＋V"構造をCA、"V＋往＋ＮＬ"構造をCA_1、"向＋ＮＬ＋V"構造をCB、"V＋向＋ＮＬ"構造をCB_1と呼ぶことにする。

CA＝"往V"："往＋ＮＬ＋ＶＰ"	CA_1＝"V往"："ＶＰ＋往＋ＮＬ"
CB＝"向V"："向＋ＮＬ＋ＶＰ"	CB_1＝"V向"："ＶＰ＋向＋ＮＬ"

以下にその例を幾つか再掲する。

CA: (122) a. 飞机正往北京飞
   b. 飛行機は北京へ飛んでいる。（JA）
   b`. 飛行機は北京に向かって飛んでいる（JB）
   c. 비행기는 북경으로 날고있다. (KA)
   c`. 비행기는 북경을 향해 날고있다. (KB)

(123) a. 火车正往边境开。
   b. 列車は国境へ走っている。（JA）
   b`. 列車は国境に向かって走っている（JB）
   c. 열차는 국경으로 달리고있다. (KA)
   c`. 열차는 국경을 향해 달리고있다. (KB)

CA_1: (122`) a. 飞机正飞往北京。
   b. 飛行機は北京へ飛んでいる。（JA）
   b`. 飛行機は北京に向かって飛んでいる。（JB）
   c. 비행기는 북경으로 날고있다. (KA)
   c`. 비행기는 북경을 향해 날고있다. (KB)

(123`) a. 火车正开往边境。
   b. 列車は国境へ走っている。（JA）
   b`. 列車は国境に向かって走っている。（JB）
   c. 열차는 국경으로 달리고있다. (KA)
   c`. 열차는 국경을 향해 달리고있다. (KB)

上記の日本語や朝鮮語の対応例から明らかなように、CAとCA_1は、統語的に"往

"＋ＮＬ"がＶＰの前に来ると方向に関する情報伝達を優先し、"往＋ＮＬ"がＶＰの前に来ると動作に関する情報を優先する。しかし、真理的条件は同じである。ただし、CAに対してCA₁は使用範囲が狭く、CA₁を可能にさせる述語動詞は非常に限られている。《現代漢語八百詞》では、CA₁文を成立させる述語動詞は、

  开(運転する・車などが走る) 迁(引っ越す・移動する)、
  飞(飛ぶ)   逃(逃げる)
  送(送る)   运(運ぶ)
  寄(郵送する)   通(開通)

など、幾つかの［＋移動］動詞に限られていると指摘されている。しかし、最近では、実際の言語生活の事例においては、CA₁構文に参与できる動詞は徐々に増加しつつある。我々の集めた言語資料では、次に示すような動作動詞もCA₁の構文に参与可能である（具体例は2.3.1節を参照）。これは時代とともに言語も発展・変化していくことを示唆している。

  解(解く・外す) 押(護送する) 调(移動する)
  转(回る・回転する) 驶(疾走する) 带(持っていく)
  伸(伸ばす・伸びる) 顶(載せる)   售(販売する)
   拖(引く・延長する) 拉(引っ張る・運ぶ)

次に、CB、CB₁の使用状況についてJA、JBとKA、KBとを対照してその特徴と使用条件を検討する。

CB＝"向＋ＮＬ＋ＶＰ"   CB₁＝"ＶＰ＋向＋ＮＬ"

ＣＢ ：他们向广场走来。 (彼らは広場[へ/に向かって]歩いて来た。)
   飞机向上海飞去。 (飛行機は上海[へ/に向かって]飛んでいった。)
   人们向大街涌来。 (人々は大通り[へ/に向かって]殺到した。)
ＣＢ₁：他们走向广场。   (彼らは広場[へ]歩いて来た。)
   飞机飞向上海。   (飛行機は上海[へ]飛んでいった。)
   人们涌向大街。   (人々は大通り[へ]殺到した。)

 CB、CB₁は類似表現である。ただし、両者の強調点は異なる。CBでは移動プロセスに視点をおき、"向＋ＮＬ"を移動の方向として捉えているのに対し、CB₁では"向＋ＮＬ"を到達目標として捉えている。よって、上記のCBグループの"广场、上

海、大街"は移動方向を強調し、CB_1グループの"广场、上海、大街"は到達目標を強調している。CBとCB_1の意味の違いをイメージ・スキーマで表すと次の図8のようである。

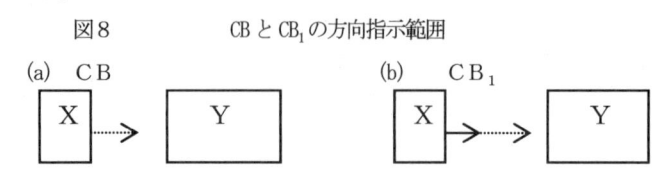

図8　　　　　CBとCB_1の方向指示範囲

(a)　CB　　　　　　　　　　　　(b)　CB_1

```
X ···▸  Y              X ──▸··· Y
```

Xは移動物であり、Yは方向/目標である。

CB、CB_1は上述のような意味上の違いにより、統語上の違いも出てくる。

（ⅰ）CBではNLが単純方位詞でも文に参与できるが、CB_1では制限がある。

CB	CB_1
向山上爬。(山の上へ/に向かって登る。)	*爬向上。
向下流。(下へ/に向かって流れる。)	*向下流。
向外跑。(外へ/に向かって走り出る。)	*向外跑。

（ⅱ）CBではNLが方向を表す他の成分と共起できるが、CB_1は次の例から分かるようにそれが不可能である。

CB：他们向广场[方向/这儿]走来。

　　　（彼らは広場の[方/ところ]へ/向かって歩いてきた。）

　　　汽车向车站[方向/那儿]驶去。

　　　（車は駅の[方へ/ところ]へ/向かって走っていった。）

　　　人们向大街[方向/这儿]涌来。

　　　（人々は大通りの[方/ところ]へ/向かって殺到してきた。）

CB_1：?他们走向广场[方向/这儿]。

　　　（彼らは広場の[方/ところ]へ歩いてきた。）

　　　?汽车驶向车站[方向/那儿]。

　　　（車は駅の[方へ/ところ]へ疾走していった。）

　　　?人们涌向大街[方向/这儿]。

　　　（人々は大通りの[方/ところ]へ殺到してきた。）

（ⅲ）CBは移動の距離を表す成分を加えるなど、拡張が可能であるが、CB_1はそれ

が不可能である。次に例を見てみよう。

 ＣＢ：他们刚刚向学校方向跑几十米，就・・・。
  （彼らは<u>学校のほうに向かって</u>１０メートルばかり走ったかと思うと…。）
  他们向市场方向没走几步，就……。
  （彼らは<u>市場の方に向かって</u>歩き始めて間もなく……。）
  汽车向车站方向驶几百米，就……。
  （車は<u>駅の方に向かって</u>数百メートルぐらい走ったかと思うと……。）
 ＣＢ$_1$：*他们刚刚跑向学校方向几十米，就……。
  （彼らが<u>学校のほうへ</u>１０メートルばかり走ったかと思うと……。）
  *他们走向市场方向没几步，就……。
  （彼らが<u>市場の方へ</u>歩き始めて間もなく……。）
  *汽车驶向车站方向几百米，就……。
  （車が<u>駅の方へ</u>数百メートルぐらい走ったかと思うと……。）

CBとCB$_1$の統語上の違いは両構造の意味の違いに起因する。つまり、移動のプロセスに視点をおいているCBは、それと関連している全ての成分と共起できるが、移動の過程の完了に視点をおいているCB$_1$は他の成分との共起においても制限が厳しい。例えば、"方向／那儿／这儿"などの方向成分、"几十米／几百米／几步"などの距離成分などは、いずれも移動のプロセスと関連付けられる成分であり、CA構造との共起も可能である。

 (ⅳ)CBの機能語"向"は、状態を表す"着"と共起できるが、CB$_1$は不可能である。例えば、次に示すとおりである。

 ＣＢ：他们向着学校跑去。 ＣＢ$_1$：*他们跑向着学校。
  他们向着市场走去。   *他们走向着市场。
  飞机向着东京飞去。   *飞机飞向着东京。

 CB"向＋ＮＬ＋Ｖ"はアスペクト助詞"着"と共起して移動過程を記述することが可能であるが、移動の完了を表すCB$_1$文ではそれが不可能である。

 ちなみに、"向着"における"着"は、状態アスペクト助詞としての機能がかなり薄れていて、アスペクト的にはほとんど機能しないので、動詞弁別のアスペクト助詞とは言いにくい。むしろ、"向着"という機能語の形態素と見なしたほうが、

より説得力があるだろう[11]。

他動詞構文でも同じことが言えよう。

A：他向河里扔石头(CB)　　（彼は河へ/に石を投げる）

　　他向锅里倒水(CB)　　　（彼は鍋へ/に水を入れる）

B：他把石头扔向河里(CB1)（彼は石を河へ/に投げる）

　　他把水倒向锅里(CB1)　（彼は水を鍋へ/に入れる

C：*他扔向河里石头

　　*他倒向锅里水

上記のA、B、Cの例から分かるように、他動詞構文でも、客体の"石头"、"水"をAのように動詞のすぐ後ろに置くことも、Bのように"V＋向＋NL"の前に置くこともできるが、Cのように"V＋向＋NL"の後ろに置くことはできない（李臨定、1986、111頁を参照）。

5．4　むすび

以上で、日朝中3言語の空間移動方向表現について考察した。そして、3言語の表現は大まかには対応しているが、個々には、言語使用者の経験や認知の仕方の違いによりかなりの差があることが明確にされた。

日本語では、方向標識としてJAの「NL＋へ」とJBの「NL＋に向かって」がある。その他にJAから派生された「NL＋へと」と、JBと同類の「NL＋に向けて」があるが、使用頻度が低く、使用条件も限られている。朝鮮語にはKAの「NL＋로ro」とKBの「NL＋를 향해 reul hyanghae」が代表的に使われているが、KAの方がKBより使用頻度が高い。中国語にはCAの"往＋NL"、CBの"向＋NL"と"朝＋NL"が使われている。なお、CAはVPの前にも後にも置くことができるが、文の位置によって意味も機能もやや異なる。3言語のこれらの構造は、次の表6のような対応関係をなしている。

---

[11] 侯学超(1998、《现代汉语虚词词典》)では"向着"、"朝着"を介詞（機能語）扱いしているが、筆者も同感である。

第5章 移動方向の表現

表6　日朝中方向表現構造の対応関係

日本語	朝鮮語	中国語
(JA) NL＋へ	(KA) NL＋로(ro)	(CA) 往＋NL
(JB) NL＋に向かって	(KB) NL＋를 향해 reul hyanghae	(CB) 向＋NL
		朝＋NL

5.4.1　日本語の特質

　日本語の方向標識の「へ」は、動態場所の意味も静態場所の意味もあるので、VPに関する性質の制約がない（例：「東京へ住んでいる/*도쿄로 살고있다/*住东京住」、「東京へ着く/*도쿄로 도착하다/*住东京到」、「椅子へ腰掛ける/*/*<u>住椅子坐</u>」、「東京へ行く/도쿄로 가다/住东京去」）。

5.4.2　朝鮮語の特質

　朝鮮語では「坐る、横になる、立つ…」類の動詞と共起するNLを静的状態場所と見なし、その動作の帰着点は静的着点標識の「에 e」で表す。そもそもKAの「로 ro」は道具格であるが、方向や経路の表現にも使われているので、方向や経路を「着点に到達する為に必要な手段」として捉えることも可能である。したがって、「로 ro」格と共起するNLが非空間性のモノ名詞（椅子、ベッドなど）であったり、あるいは、VPが［−移動］動詞である場合、KAは道具の意味しか表せない。よって、［−移動］動詞構文における KA の方向指示は不自然である（例：*걸상으로 앉다 /？<u>往椅子上坐</u>/ <u>椅子へ坐る</u>）。

5.4.3　中国語の特質

　（ⅰ）CA には目的語を空間場所化する機能があるが、JA、KA にはそのような機能はない。例えば"撩了一眼屋中"の"屋中"はVOの目的語である。これは日本語の「部屋を覗き込んだ」に相当している。中国語ではこの文を"往屋中撩了一眼"のように方向を表すCA"往＋NL"構造にすることができる。これに対して、日本語と朝鮮語では、「NL＋へ」、「NL＋로ro」構造で目的語を表すことができない。つまり、「部屋を覗き込んだ」を「*部屋へ覗き込んだ」、あるいは、「*部屋に向かって覗き込んだ」のように方向的に表すことができない。KA の「NL＋로 ro」も同じである（4.3.2節を参照）。

153

(ⅱ)CAの"往"は、完全に文法化されておらず、元の動詞の"去（行く）"という意味がまだ残っている。それゆえ、"到（着く）、回（帰る）、出（出る）"類の動詞とは共起しにくい。これに対して、JAの「へ」、KAの「로(ro)」は完全に文法化した機能語として「帰る、着く」類の動詞と共起が可能である（例えば、시골로 돌아오다/田舎へ戻る/ * 往家乡回）。つまり、JA、KAには着点の意味が含まれているが、CAにはそれが含まれていはない。

第6章 移動起点の表現

6．1 問題の提起

　空間移動の起点とは、ある物が移動する際の出発点(開始点)となる空間である。移動物は主体の場合も客体の場合もあり、その起点には物事の順序や動作の開始なども含まれる。本章では、起点の概念と関わる日朝中３言語の表現構造について考察する。

6．2 起点の概念と基本構造

　起点を表す基本構造として、日朝中３言語では次の表のような構造が用いられる。

起点表現構造	日本語：	「NL＋から」
	朝鮮語：	「NL＋에서 (부터) eseo(buteo)」
	中国語：	"从＋NL"

　日本語では「NL＋から」が起点の基本構造として用いられる[1]。朝鮮語では起点標識として「NL＋에서(부터)eseo(buteo)」が用いられる。「NL＋에서(부터) eseo (buteo)」の「에서 eseo」は背景場所の「에서 eseo」と形が同じである。したがって、起点の「에서 eseo」には背景場所の意味合いも含まれている。なお、「에서(부터) eseo(buteo)」は、空間を表す「에서 eseo」格と開始点を表す「부터 Puteo」格の結合体であり、空間移動の起点だけでなく、空間移動に正比例する時間の起点の意味合いも含まれている。そして、中国語では、起点標識として"从＋NL"が用いられる[2]。

---

[1] 他に「NL＋を」で起点を表したりするが、それは「NL＋から」の目的語化/経路化した表現である(目的語化/経路化については、第7章で詳しく論じる)。
[2] 他に"打＋NL"、"由＋NL"、"自＋NL"、"于＋NL"などもある。"从＋NL"は、話し言葉にも書き言葉にも用いられるが、"打＋NL"は、話し言葉に多く用いられ、"由＋NL"、"自＋NL"、"于＋NL"などは書き言葉に多く用いられる。

日本語の「ＮＬ＋から」、朝鮮語の「ＮＬ＋에서（부터）eseo(buteo)」、中国語の"从＋ＮＬ"は、起点を表す主な標識として言語一般に見られる普遍性をもっている。しかし、3言語の起点標識には、意味と機能において異なる部分もある。
　まず、次の例の観察から始めよう。

　Ａ：(一)自動詞構文の場合(有生主体の移動起点)

　　(1) a. 太郎は<u>洞窟から</u>這出てきた。(JA)
　　　　b. 다로는 <u>동굴에서</u> 기어나왔다. (KA)
　　　　c. 太郎<u>从山洞里</u>爬出来了。(CA)
　　(2) a. 太郎は<u>学校から</u>走ってきた。(JA)
　　　　b. 다로는 <u>학교에서</u> 뛰어왔다. (KA)
　　　　c. 太郎<u>从学校</u>跑来了。(CA)
　　(3) a. 太郎は<u>樹から</u>滑り降りてきた。(JA)
　　　　b. 다로는 <u>나무(위)에서</u> 미끄러 내려왔다. (KA)
　　　　c. 太郎<u>从树上</u>滑下来了。(CA)

　　(二)自動詞構文の場合(無生主語の移動起点)

　　(4) a. 船が<u>港から</u>離れた。(JA)
　　　　b. 배가 <u>항구에서</u> 떠났다. (KA)
　　　　c. 船<u>从港口</u>离开了。(CA)

　B_1：他動詞構文の場合(主体による客体の移動起点)

　　(5) a. 太郎は<u>鞄(の中)から</u>本を取り出した。(JB)
　　　　b. 다로는 <u>가방(안)에서</u> 책을 꺼냈다. (KB)
　　　　c. 太郎<u>从书包里</u>拿出了书。(CB)
　　(6) a. 彼は<u>2階から</u>ものを投げ出した。(JB)
　　　　b. 그는 <u>2층에서</u> 물건을 던졌다. (KB)
　　　　c. 他把东西<u>从二楼</u>扔出去了。(CB)

　B_2：他動詞構文の場合(主体と客体の移動起点)

　　(7) a. (彼は) <u>下から</u>湯飲みに水を入れて持ってきた。(JB)
　　　　b. 그는 <u>아래에서</u> 찻잔에 물을 담아 가져왔다. (KB)
　　　　c. 他<u>从楼下</u>端来了一杯水。(CB)

　(1)〜(4)は、主体の移動の出発点を表し、(5)〜(7)は、主体の動作による主体

あるいは客体の移動起点を表す。説明の便宜のために、主体の移動を表す日朝中の自動詞構文をそれぞれ JA、KA、CA と呼び、主体による客体の移動を表す日朝中の他動詞構文をそれぞれ JB、KB、CB と呼ぶことにする。

AとBの表す起点の意味合いをイメージ化すると、次の図1～3のようになる。

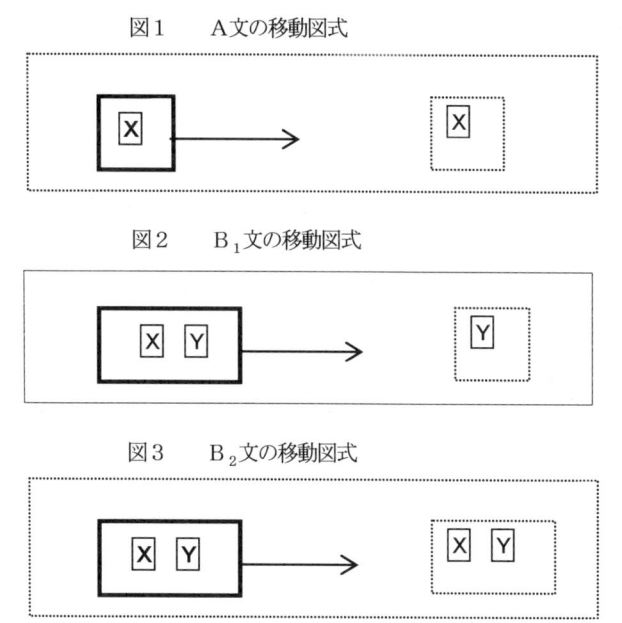

図1　A文の移動図式

図2　B_1文の移動図式

図3　B_2文の移動図式

Xは主体を、Yは客体を、矢印は移動方向を、太線はプロファイルされていることを意味する。

6．3　日本語の起点の表現

起点を表す「から」格の意味は、渡辺義夫（1983：353-354）が指摘したように次の9つに細別できる。

- ⅰ．時間的出発点・起点、
- ⅱ．空間的出発点・出どころ、
- ⅲ．経由、
- ⅵ．理由・根拠・原因・動機、
- ⅶ．原料・材料、
- ⅷ．受身作用の出どころ、

ⅳ．時空以外の抽象的基点・出どころ、　ⅸ．聞く・教わる動作の相手
　　ⅴ．開始順序・発端、

　「から」格は、移動物が主体か客体かによって統語関係も変わってくる。つまり、「から」の意味は移動物が主体か客体かによって

　　ア．主体の移動起点、
　　イ．主体と客体の移動起点
　　ウ．客体だけの移動起点

の３つのパターンに分けられる。さらに、これらのパターンは主語あるいは述語との共起関係によって異なる意味の起点を表す。

6.3.1　起点の種類

　起点標識「ＮＬ＋から」は、主語あるいは述語との共起関係によって、さまざまな意味を表す。まず、移動物とＶＰとの共起関係によって起点を６種類に分類し、自動詞構文と他動詞構文における起点の表現を考察する。

自動詞構文	１．有生物主語（意志的）の移動起点
	２．無生物主語（無意志的）の移動起点
	３．動作の開始場所
他動詞構文	１．主体の作用による客体の移動起点
	２．主体と客体の移動起点
	３．動作の開始場所

◆主体の移動起点

　移動には移動物が必要であり、移動があれば、起点がある。参与者が主体だけの自動詞文では、主語が［＋有生］であろうが［－有生］であろうが、移動物になり得る。まず、次の例を考えて見よう。

　　(8) a. 太郎は部屋から出て来た。(JA)
　　　　b. 다로는 방에서 나왔다. (KA)
　　　　c. 太郎从屋里出来了。(CA)
　　(9) a. 旅客船が横浜から出発した。(JA)
　　　　b. 여객선이 요코하마에서 출발했다. (KA)
　　　　c. 客船从横浜出发了。(CA)
　　(10) a. 涙が目から零れてきた。(JA)

b. 눈물이 눈에서 흘러나왔다..(KA)

c. 眼泪从眼睛里掉下来了。(CA)

(11) a. 本が一冊本棚から落ちた。(JA)

b. 책한권이 선반에서 떨어졌다.(KA)

c. 有一本书从书架上掉下来了.(CA)

　(8)〜(11)の「部屋から/横浜から/目から/棚から」は、いずれも主語の移動起点である。(8)の「太郎」は［＋有生］の主語であり、「部屋から」は主語「太郎」が「出てくる」〈移動の開始点〉である。(9)の「旅客船」は［－有生］の主体であり、「横浜から」は主体「旅客船」が「出発する」〈移動開始点〉である。ただし、「旅客船」は［－有生］主語であるが、「旅客船」の移動には人間の意志的行為が暗示され、［＋有生］の主体と同じように［＋意志］の主語と考えられる。これに対して(10)の「涙」は［－有生］［－意志］の主体であり、「目」は「涙」の〈出所〉である。なお、(11)の「本」は［－意志］［－有生］の主体であり、「本棚」は「本」が「落ちる」〈動作の開始点〉である。

◆**主体と客体の移動起点**

　他動詞構文おいて、ＶＰの直接項としては主体に加えて客体もある。したがって、「ＮＬ＋から」もいろいろな統語形式で現れ、様々な意味を表わす。次の例を考えてみよう。

(12) a. 彼女は下からおやつを持ってきた。(JB$_2$)　（『春』・129)

b. 그는 아래에서 간식을 가져왔다. (KB$_2$)

c. 她从楼下端来了零食。(CB$_2$)

(13) a. 彼は書斎から本を1冊取ってきた。(JB$_2$)

b. 그는 서재에서 책 한권을 가져왔다.(KB$_2$)

c. 他从书房里拿来了一本书。(CB$_2$)

(14) a. 私は友達のところからCDを借りてきた。(JB$_2$)

b. 그는 친구한테서 CD를 빌려왔다. (KB$_2$)

c. 我从朋友那里借来了CD光盘。(CB$_2$)

　(12)〜(14)に示すように、他動詞構文では、主体も客体も移動が可能である。つまり、(12)の「下から」、(13)の「書斎から」、(14)の「友達のところから」は、

それぞれ、主体の「彼女」、「私」、客体の「おやつ」、「本」、「CD」の移動の起点を表している。主体と客体の移動を表すＶＰは、(12)～(14)に示すように[行為動詞＋行く/来る]の形をとることが多い。ただし、(14)のようにＮＰがヒト名詞やモノ名詞である場合は「ところ」という「場所」を表す名詞を用いてヒトやモノを空間化しなければならない。

　日本語の空間表現として次のような基本形式が認められている(「ところ」を用いた場所の表現について、詳しくは田中茂範(1997：11)を参照されたい)。

　　Ａ：[モノ名詞(の)＋ところ＋標識]
　　　　石のところに、机のところで
　　Ｂ：[ヒト名詞・人称(の)＋ところ＋標識]
　　　　私のところから、先生のところへ
　　Ｃ：[動詞(相)＋ところ＋標識]
　　　　遊んでいることところに

中国語では、ヒト名詞の後ろに場所を表す"那里"を付けてヒトを空間化する。中国語のモノ名詞の空間化には次のような基本形式が考えられる。

　　Ａ：[標識（介詞）＋ 物名詞＋那里（儿）]
　　　　在石・那里、在桌子那里
　　Ｂ：[標識（介詞）＋人間名詞＋那里（儿）]
　　　　从我・儿、　到老・那里

朝鮮語では、次に例示するようにモノ名詞を空間化して使用する際には後ろに「・・・ innude(あるところ)」を付け、ヒト名詞を空間化する際には後ろに有生物の対象標識「・・ hante/에게 ege」を付けるか、あるいは、ヒト名詞の後ろに「・・・ innude(いるところ)＋標識」を付ける。

　　Ａ：　[モノ名詞＋・・・ innude＋標識]
　　　　　책상있는데서(机のあるところで)
　　Ｂ：(ⅰ) [ヒト名詞＋・・・ hante/・・ ege＋標識]
　　　　　선생님한테로(先生のところへ)
　　　(ⅱ) [ヒト名詞＋・・・ innude(いるところ)＋標識]
　　　　　선생님있는데로 (先生のいるところへ)

第6章　移動起点の表現

◆客体の移動起点

他動詞構文では、前節で見たように主語の動作・作用によって主体と客体が同時に移動する例もあるが、客体だけが移動する例もある。次の例を考えてみよう。

(15) a. 骨から肉を切り離すのに苦心している時…。(JB_1)（『斜』・7）

b. 뼈에서 고기를 떼내느라 애쓸 때…. (KB_1)

c. 为了［丛/在］骨头上割掉肉,而煞费苦心的时候…。(CB_1)

(16) a. 彼はかばん(の中)から本を取り出した。(JB_1)

b. 그는 가방(안)에서 책을 꺼냈다. (KB_1)

c. 他［丛/在］书包里拿出书来了。(CB_1)

(17) a. シャツから虱を取っているものもいた。(JB_1)　『蟹』・83）

b. 샤쓰에서 이를 잡고있는 자도 있었다. (KB_1)

c. 也有［丛/在］内衣上抓虱子的。(CB_1)

(15)～(18)に示すように、「ＮＬ＋から」、「ＮＬ＋에서(부터)eseo(buteo)」、"丛＋ＮＬ"は、いずれも主語の動作による目的語だけの移動起点を表す。

6.3.2 起点と相互関連している概念と表現

起点概念は「始まり、最初」の意味を表し、背景場所や移動経路と隣接しており、相互に関わりあっている。

日本語では、主語と目的語が同時に移動する際には、次の(12`)～(14`)に示すように、起点が主体が動作を行う背景場所になり得る。

(12`)　彼女は下からおやつを持ってきた。(JB_1)

［彼女は下でおやつを持った＋おやつを持ってきた］

(13`)　彼は書斎から本を1冊取ってきた。(JB_1)

［彼は書斎で本を1冊取った＋本を1冊取ってきた］

(14`)　私は友達のところからCDを借りてきた。(JB_1)

［私は友達のところでCDを借りた＋CDを持ってきた］

しかし、客体だけが移動する際には、起点は次の(15a`)～(18a`)に示すように、主体の動作場所にはなりにくい。

(15`)　骨から肉を切り離した。(JB_2)

［*骨で肉を切った＋肉を離した］

161

(16`) 彼はかばん(の中)から本を取り出した。(JB₂)

[??彼はかばん(の中)で本を取った＋本を出した]

(17`) シャツから虱を取った。(JB₂)

[*シャツで虱を取った＋虱を出した]

　中国語の場合は、(12c)～(14c)に示すように"从＋ＮＬ"も"在＋ＮＬ"も使用可能である。ただし、"从＋ＮＬ"は移動を取りたてる起点の意味合いが強く、移動のプロセスを意識させるのに対して、"在＋ＮＬ"は動作の背景場所の意味合いが強く、動作のための空間を意識させる。

　朝鮮語では、起点標識と背景場所の標識は同一の「ＮＬ＋에서 eseo」で表す。そして、「ＮＬ＋에서 eseo」は、主体の起点を表す場合にも、主体と客体両方の起点を表す場合にも、客体だけの起点を表す場合にも用いられる。それゆえ、「ＮＬ＋에서 eseo」が背景場所を表すか起点を表すかはＶＰ次第である。つまり、[＋移動]、[＋方向]のＶＰであれば、「ＮＬ＋에서 eseo」は起点を表し、そうでなければ背景場所を表す。次の例を考えてみよう。

(18)a. 영수는 동굴에서 기어나왔다. (KA)

(英洙は洞窟(の中)から這出てきた。)

b. 영수는 동굴에서 기었다. .

(英洙は洞窟(の中)で這った。)

(19)a. 배가 요코하마항에서 떠났다 . (KA)

(船が横浜港から離れた。)

b. 배가 요코하마항에서 하루 정박했다.

(船が横浜港で１泊した。)

(20)a. 그는 아래에서 찻잔에 물을 담아왔다. (KB₂)

(彼は下から湯飲みに水を入れて持ってきた。)

b. 그는 아래에서 찻잔에 물을 담고 있었다..

(彼は下で湯飲みに水を入れていた。)

(21)a. 영수는 가방(안)에서 책을 꺼냈다. (KB₁)

(英洙は鞄(の中)から本を取り出した。)

b.*영수는 가방(안)에서 책을 보았다.

(*英洙は鞄(の中)で本を読んだ。)

(18a)〜(21a)の「ＮＬ＋에서 eseo」は、「기어나왔다 kieo nawatta/這い出てきた」、「떠났다 tteonatta/離れた」、「가지고 왔다 kajeo watta/持ってきた」、「꺼냈다 kkeonaetta/取り出した」などの［＋移動］、［＋方向］のＶＰによって起点を表す。一方、(18b)〜(21b)の「ＮＬ＋에서 eseo」は、「기었다 kieotta/這った」、「묵었다 mugeotta/泊まった」、「담고있다 tamkko itta/入れている」、「본다 ponda/読む」という［－移動］、［－方向］のＶＰによって、背景場所を表す。

◆**主体の動作場所**

日本語の「ＮＬ＋から」は、主体あるいは客体の移動起点を表す他に、起点の範囲を越えた言語現象も存在する。次の(22)〜(24)に示すような例は、その意味を何と解釈すればよいであろうか。

(22) a. リンゴが枝から落ちる。 (JA) (『連』・360)
　　 b. 사과가 가지에서 떨어지다. (KA)
　　 c. 苹果从树枝上掉下来了. (CA)

(23) a. リンゴを枝から落とす。(JB₁)
　　 b. 사과를 가지에서 떨구다. (KB₁)
　　 c. 从树枝上摘下苹果。(CB₁)

(24) a. あの枝になっているリンゴをここから落としてみる。(JB₁)
　　 b. 저 가지에 달려있는 사과를 여기에서 떨구어 보다. (KB₁)
　　 c. 我们试一试 [?从/在] 这里弄掉那树枝上的苹果。(CB₁)

(23a, b, c)、(24a, b, c)のＶＰは、同一の「落とす/떨구다 /摘」である。ところが、(24a, b, c)では「ここから」の意味は主体の動作の位置だけを表しているので、背景場所標識に置き換えることが可能である。もちろん、その際には、意味も多少の変化を伴う。つまり、「リンゴをここから落とす」の場合は、「リンゴが枝を離れて下へ向かって移動する」という、客体（リンゴ）の移動と「リンゴを落とす」という、主体の動作を表すが、「ここでリンゴを落とす」の場合は「リンゴを落とす」という、主体の動作場所の意味だけを表し、客体「リンゴが移動する」という意味はない。

さらに、次の例を考えてみよう。(25)、(26)は、他の起点表現とは異なって日朝中３言語のいずれも移動の起点というよりは主体の動作開始点を表している。

(25)a. リンゴを枝から落とす。(JB₁)　『連』・360

　　b. 사과를 가지에서 떨구다. (KB₁)

　　c. ［从/在］那树枝上摘下苹果。(CB₁)

(26)a. 二階から的を射た。 (JB₁)

　　b. 2층에서 과녁을・쏘았다. (KB₁)

　　c. ［从/在］二楼往下射箭. (CB₁)

(26)の「二階から/2층에서 icheungeseo/从二楼往外」は、主体が「的を射る」動作を始める場所(起点)であり、(25)の「枝から/가지에서 kajieseo/从树枝上」は、主体が「リンゴを落とす」動作を始める場所である。文脈上、移動の軌跡は現れていないが、(25)、(26)には起点標識である「から/에서 eseo/从」が用いられているので、動作の背景場所だけを表すのではなく、「動作が始まる」という開始の意味を暗示している。

　ここで注意すべきは、このように「動作が始まる」という開始の意味も暗示している起点の表現において、日本語では起点標識の「NL＋から」で表現するのに対して、朝鮮語では起点標識の「NL＋에서 eseo」だけではなく、(26b)に示すようにVPに［＋移動］のVPを付加することによって動作の移動を表す。中国語では(26c)に示すように目標/着点成分を文面に明示することで動作の移動を表す特徴がある。よって、(25)、(26)の起点標識「から/에서 eseo/从」は、(25˙)、(26˙)に示すように背景場所標識「で/에서 eseo/在」に置き換えることができる。

(25˙)a. リンゴをここで落とそう。

　　b. 사과를 여기서 떨구자.

　　c. 我们在这里摘苹果吧。

(26˙)a. 二階で的を射た。

　　b. 2층에서 과녁을 쏘았다.

　　c. 在二楼射箭。

　上述のように起点は、動作の背景場所、開始場所概念と関わりあっている。したがって、朝鮮語で起点を表す機能語と背景場所を表す機能語を同じ「에서 eseo」で表すことも、非常に合理的だと言える。

---

[3]「リンゴをここで落とそう」の「ここで」は時間の意味も空間の意味を表すことができる。

次の例も主体の動作場所の意味を表しているが、述語動詞の性質により、表す意味は上で見た事例とはやや異なる。

(27) a. 飛行機からUFOを見た。　　a`. 飛行機でUFOを見た。[4]

　　 b. 비행기에서 UFO를 보았다.　 b`. 비행기에서 UFO를 보았다.

　　 c. 从飞机上看见了飞碟。　　　c`. 在飞机上看见了飞碟。

(28) a. 部屋から花を見る。　　　　a`. 部屋で花を見る。

　　 b. 방에서 꽃을 내다보다.　　　b`. 방에서 꽃을 내다보다.

　　 c. 从屋里往外看花。　　　　　c`. 在屋里看花。

(27)、(28)においても起点標識の「ＮＬ＋から」、「ＮＬ＋에서 eseo」、"从＋ＮＬ"を背景場所標識の「ＮＬ＋で」、「ＮＬ＋에서 eseo」、"在＋ＮＬ"に置き換えることができる。(27a, b, c)を(27`a, b, c)のように「飛行機でUFOを見る」、「비행기에서 UFO를 보다」、"在飞机上看见了飞碟"に置き換えた場合、「UFO」は飛行機の中にあり、「飛行機で」は「UFOを見る」主体の居場所の意味にしかならない。これに対して、(27a, b, c)の「飛行機からUFOを見る」の場合は「飛行機」は「UFOを見る」主体の居場所を表すだけでなく、外にある「UFO」への主体の視線の移動も表している。日朝中3言語は、いずれも起点空間を動作場所として捉える可能性があるが、その表現においては、それぞれ異なる特徴が見られる。**日本語の場合**は起点格と場所格が異なるので、「部屋から花を見る」は外にある花を見るということがすぐ分かるが、**朝鮮語の場合**は起点格も場所格も同一標識なので、文脈や経験によって起点か場所かを判断する。例えば、(27b`)のようにUFOを見る場合は、常識的にはUFOは飛行機の外にあると判断できるので、「비행기에서 UFO를 보다 (飛行機でUFOを見る)」の「비행기에서 pihaenggieseo (飛行機で)」を主体の視点の移動起点、あるいUFOを見る動作が行われる場所として捉えることが可能である。しかし、(28b)のように「방에서 꽃을 보다 pangeseo kkocheul poda (部屋で花を見る)」の場合は、その文脈だけでは、花は部屋にあることを意味し、花が外にあるとは考えられない。したがって、「방에서 꽃을 보다 pangeseo kkocheul

---

[4] 「飛行機でUFOを見た」は、「飛行機で外のUFOを見た」や「飛行機でUFOの写真を見た」など、様々に解釈できる。

poda（部屋で花を見る）」は背景場所しか表すことができないのである。「部屋から花を見る」の意味の起点表現にするには「방에서 꽃을 내다보다 pangeseo kkocheul naedaboda（部屋から花を眺める）」のように「내다보다 naedaboda（眺める）」という［＋移動］成分をＶＰに組み込まなければならない。さらに、**中国語の場合**は、(27c)の"看見（見られる／見える／見かける）"という動詞は［－移動］の動詞であるが、視線の移動とともに移動の意味をもつことができる。したがって、(27c, c`)のように起点の表現も背景場所の表現も可能である。ちなみに、(27c`)には起点の意味も含まれている。(28c)のように"看"という動詞は［－方向］動詞なので、移動起点標識の"从"と直接共起することができない。つまり"从屋里看花"は非文であり、"从屋里往外看"のように起点句と目標句を明示することによって視線の移動を表すことが可能になる。

　日朝中の動作開始点の表現特徴は、次のようにまとめられる。

ア．日本語では起点標識の「ＮＬ＋から」構造によって動作の開始点を表す。
イ．朝鮮語では起点標識の「ＮＬ＋에서 eseo」構造と［＋移動］のＶＰによって動作の開始点を表す。
ウ．中国語では起点標識の"从＋ＮＬ"と目標標識の"往＋ＮＬ"構造によって動作の開始点を表す。

6.3.4　「ＮＬ＋を」との比較

　日本語の起点の表現形式には、「ＮＬ＋から」のほかに「ＮＬ＋を」もある。「ＮＬ＋から」は、起点を表す基本構造として、［＋意志的］［＋具象的］の特徴をもち、有生物主体の移動起点や人間の意志的コントロールによる乗り物の移動起点を表し、着点と共起することも可能である。これに対して「ＮＬ＋を」は、［－意志的］［＋抽象的］の特徴をもち、無生物主体の移動起点や抽象的イディオムを表し、着点と起点が共起することは不可能である（渡辺、1983）。

◆「ＮＬ＋から」と「ＮＬ＋を」の意味分析

---

[5]「ＮＬ＋を」は、典型的な起点の構造ではなく、起点の経路化の表現であり、「ＮＬ＋から」とは、標識・文法機能・空間範囲、イディオムにおいて異なっている。起点の意味を表す「ＮＬ＋を」に関する詳論は第7章を参照。

第6章 移動起点の表現

> A:「NL＋から」
> 　ⅰ．具象的、物理的移動
> 　ⅱ．意志的にコントロールされている移動
> 　ⅲ．着点と共起する移動
> 　ⅳ．有生物主体の移動（客観的記述）
> 　ⅴ．乗り物の移動（有生物主体のコントロールを受けている）
> B:「NL＋を」
> 　ⅰ．抽象的移動
> 　ⅱ．乗り物の移動（意志的にコントロールされている移動）
> 　ⅲ．有生物主体の移動（主観的記述）

まず、次の例からJA構造とJB構造の違いを考えてみよう。

(29) a. 太郎が部屋から出た。　　　　　（有生、客観的）
　　　b. 太郎が部屋を出た。　　　　　　（有生、主観的）
(30) a. ひかり号が東京駅から出発した。　（意志・客観的）
　　　b. ひかり号が東京駅を出発した。　（意志・主観的）
(31) a. 涙が目から出た。　　　　　　　（無生・非意志）
　　　b. *涙が目を出た。　　　　　　　（無生・非意志）
(32) a. 太郎が大学から出た。　　　　　（具体的空間）
　　　b. 太郎が大学を出た。　　　　　（抽象的空間・イディオム）
(33) a. 太郎が車で大学から出た。　　　（具体的空間）
　　　b. *太郎が車で大学を出た。[6]
(34) a. ひかり号は何番線から発車しますか。　（動作場所の焦点化）
　　　b. *ひかり号は何番線を発車しますか。

日本語の「NL＋から」は主語や述語との共起関係[7]により、与えられる意味や資格、役割が違ってくる。例えば、(29a, b)、(30a, b)のように主体が［＋意志性］の有生物か、あるいは有生物に意志的にコントロールされている乗り物の場合は「N

---

[6] 「太郎が車で大学を出た」が具象的移動の起点を表す場合は正しい文で、イディオムの解釈の場合は正しくない文である。
[7] 渡辺義夫 (1983) では、名詞と動詞との組み合わせ、という言い方をしているが、本論では、構文レベルで論じているので、主語と述語の共起関係ということにする。

L＋から」と「NL＋を」の置き換えは可能であるが、(31a, b)ように主体が［−意志性］の無生物の場合はそれが不可能である。また、(32b)のように移動が抽象的な場合は、「NL＋を」しか使えない。「NL＋から」は、［＋具象的］物理的移動の起点を表すのに対し、「NL＋を」は抽象的移動の起点を表す。(32)と(33)では抽象的移動か物理的移動かの違いによって「NL＋を」と「NL＋から」が使い分けられている。(34)の場合は動作開始場所を焦点化した表現なので、「NL＋から」しか用いられない。よって、(34b)は不自然である。

6.4　朝鮮語の起点表現

前節では、日本語における起点表現を中心に考察した。その結果、日朝中3言語は起点表現においてほぼ対応していることが明らかになった。本節では、朝鮮語における起点表現を中心に考察し、日本語や中国語と異なる部分を探り出してその原因を明確にする。

6.4.1　起点概念の表現構造

朝鮮語の起点表現形式：「NL＋에서 eseo」　　　　(KA)

　　　　　　　　　　「NL＋에서부터 eseobuteo」(KB)

「NL＋에서 eseo」(以下、KA と呼ぶことにする)と「NL＋에서부터 eseobuteo」（以下、KB と呼ぶことにする）は、まったく同じわけではない。「에서부터 eseobuteo」は、背景場所を表す助詞「에서 eseo」と限定を表す助詞「부터 puteo」が結合してできたものである。

◆「NL＋에서 eseo」の意味と機能

先ず、次の例を考えてみよう。

　　(33) 그는 동굴에서 기어나왔다.(起点)　　　(彼は洞窟から這い出てきた。)
　　(34) 그는 학교에서 뛰어왔다.（起点）　　　(彼は学校から走ってきた)
　　(35) 그는 나무에서 미끌어 내려왔다.（起点　彼は樹から滑り降りてきた。)

(33)～(35)は、いずれも動作の主体の移動を表し、「NL＋에서 eseo」は動作主の起点場所を表している。起点は、いつも場所・方向と関わりがある。(33)～(35)のように起点を表すためには、起点格「에서 eseo」と結合する名詞は［＋場所性］のNLでなければならないことに加えて、述語動詞は［＋移動］、［＋方向］のVP

第6章 移動起点の表現

でなければならない。この3つの条件が揃わなければ、起点概念を表す文としては成り立ちにくく、(33')～(35')に示すように他の概念を表す文に変わるのである。

 (33') 그는 동굴에서 기었다. (背景場所)   (彼は洞窟で這った。)
 (34') 그는 학교에서 뛰었다. (背景場所)   (彼は学校で走った。)
 (35')?그는 나무에서 미끌었다. (背景場所)   (?彼は樹で滑った。)

(33')～(35')は、(33)～(35)から変化した文である。つまり、VPから［＋方向］動詞「오다 oda（くる）」を取ったものである。(33')の「그는 동굴에서 기었다（彼は洞窟で這った）」と(34')の「그는 학교에서 뛰었다（彼は学校で走った）」は、文としては成り立つが、その述語動詞「기다 kida（這う）」、「뛰다 ttwida（走る）」は、「기어나오다 kieo naoda（這い出てくる）」、「뛰어가다 ttwieo gada（走ってくる）」からそれぞれ方向を表す「나오다 naoda（出てくる）」と「오다 oda（くる）」を取ってしまったため、VPは［＋方向］から［－方向］に変わり、場所句の「NL＋에서 eseo」は、起点の意味を表すのではなく、背景場所の意味を表している。なお、(35')の「나무에서（樹で）」は、「미끌다（滑る）」という動作を行う場所には成り立ちにくいため、自然な文としては成り立ちにくいのである。日本語や中国語とは異なって、韓国語では起点の表現構造と背景場所の表現構造が同じく「NL＋에서 eseo」であるため、表現構造だけでは、起点を表しているか、背景場所を表しているかが分かりにくい。したがって、文における述語動詞に［＋移動］、［＋方向］という条件が揃っているかいないかは、起点を表すか背景場所を表すかを判別する基準となる。このことを日中と比較対照して表にまとめると、次のようになる。

起点表現：	朝鮮語	NL＋에서 eseo＋V＋오다 oda/가다 kada
	日本語	NL＋から＋V＋くる/いく
	中国語	从＋NL＋V＋来/去
背景場所表現：	朝鮮語	NL＋에서 eseo＋V
	日本語	NL＋で＋V
	中国語	在＋NL＋V

起点の「NL＋에서 eseo」「NL＋から」"从＋NL"と背景場所の「NL＋에서 eseo」「NL＋で」"在＋NL"をイメージ化すると、次の図6のようになる。

図6　動作主の移動起点と背景場所のイメージスキーマ
a.　起点　　　　　　　　　　b.　背景場所

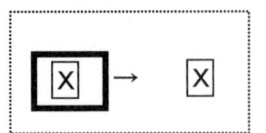

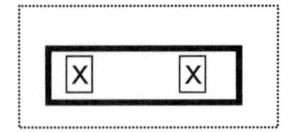

◆「ＮＬ＋에서부터 eseobuteo」の意味と機能

　上で述べたように朝鮮語の起点標識「ＮＬ＋에서 eseo」は、起点も背景場所も表す。このような朝鮮語の表現は日本語と中国語ではどのように表現されるかを、次のＡ、Ｂ、Ｃの例で見てみよう。

Ａ：空間起点：(33) a. 그는 동굴에서 기어 나왔다.
　　　　　　　　　 b. 彼は洞窟から這い出てきた。
　　　　　　　　　 c. 他从山洞里爬出来了。

　　　　　　　 (34) a. 그는 학교에서 뛰어 왔다.
　　　　　　　　　 b. 彼は学校から走ってきた。
　　　　　　　　　 c. 他从学校跑(我这儿)来了。

　　　　　　　 (35) a. 그는 계단에서 미끌어 내려왔다.
　　　　　　　　　 b. 彼は階段から滑り降りてきた。
　　　　　　　　　 c. 他在楼梯上滑下来了。

Ｂ：背景場所：(33`) a. 그는 동굴에서 기었다.
　　　　　　　　　 b. 彼は洞窟で這った。
　　　　　　　　　 c. 他在山洞里爬了爬……。

　　　　　　　 (34`) a. 그는 학교에서 뛰었다.
　　　　　　　　　 b. 彼は学校で走った。
　　　　　　　　　 c. 他在学校里跑了跑……。

　　　　　　　 (35`) a. 그는 계단에서 미끌었다.
　　　　　　　　　 b. 彼は階段で滑った。
　　　　　　　　　 c. 他在楼梯上滑了一下。

Ｃ：開始点：(36) a. 그는 동굴어구에서부터 기었다.
　　　　　　　　　 b. 彼は洞窟の入り口から這った。

第6章　移動起点の表現

　　　　c. 他从山洞口开始爬了(一阵子)。
(37)a. 그는 학교에서부터 뛰었다.
　　　b. 彼は学校から走った。
　　　c. 他从学校开始跑了(一阵子)。
(38)a. *그는 계단에서부터 미끌었다.
　　　b. *彼は階段から滑った。
　　　c. *他从楼梯上开始滑了。

　Aの「ＮＬ＋에서 eseo」は空間移動の起点を表すので、「ＮＬ＋から」、"从＋ＮＬ"と対応しているが、Bの「ＮＬ＋에서 eseo」は背景場所を表すので、「ＮＬ＋で」、"在＋ＮＬ"と対応関係になる。朝鮮語の「ＮＬ＋에서 eseo」は、Aのように述部に［＋方向］の「오다 oda (来る)」が現れる場合は起点を表すが、Bのようにそれがない場合は、背景場所の意味を表す。

　Cも起点を表すが、Aとは違って主体の動作の転換点、あるいは開始点という時間概念を含意した起点を表し、空間の境界を強調している。このような〈切り替え開始点〉の概念を表す場合、朝鮮語では「ＮＬ＋에서부터 eseobuteo＋ＶＰ」、日本語では「ＮＬ＋から＋ＶＰ」、中国語では"从＋ＮＬ＋开始＋ＶＰ"が用いられる。A文とC文の違いは、ＶＰの性質によって区別される。つまり、Aに示すように「這い出る/走ってくる」類の［＋方向］［＋移動］のＶＰの場合は〈空間移動の起点〉を表し、Cに示すように「這う/走る」類の［−方向］［＋移動］のＶＰの場合は〈切り替え開始点〉を表す。Cの(38a, b, c)が不自然なのは、「계단（階段）」は「미끌다 mikkeulda/오다 oda/가다 kada」という動作の〈切り替え開始点〉にはなり得ないからである。二つの起点の違いは、次の表A、Bのようにまとめることができる。

　　　Ａ：空間の起点（移動起点）を表す表現構造

```
朝鮮語：　ＮＬ＋에서(eseo)＋Ｖ＋오다/가다
日本語：　ＮＬ＋から＋Ｖ＋くる/いく
中国語：　从＋ＮＬ＋Ｖ＋来/去
```

171

B：時空間の起点（動作の転換点）を表す表現構造

```
朝鮮語：　 NL＋에서부터(eseobuteo)＋V
日本語：　 NL＋から＋V
中国語：　 从＋NL＋开始＋V
```

「NL＋에서 eseo」と「NL＋에서부터 eseobuteo」のイメージは図7のようである。

図7　「NL＋에서 eseo」と「NL＋에서부터 eseobuteo」のイメージ

　　　a. 起点「NL＋에서 eseo」　　　　b. 転換点「NL＋에서부터 eseobute」

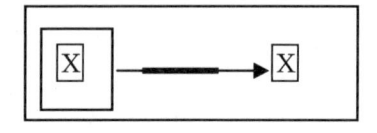

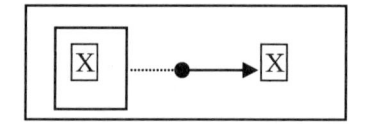

◆「NL＋부터 puteo」の意味と機能

　朝鮮語の起点標識には、また「NL＋부터 puteo」（以下 KB1と呼んでおく）もある。「NL＋에서 eseo」（KA）は、空間的起点を表す標識であり、語源的には動作背景場所である。それに対して「NL＋부터 puteo」（KB1）は限定助詞として、時間的起点を表す。そして、「NL＋에서부터 eseobuteo」（KB）は、空間的起点に時間的起点の意味が含まれている動作の始発点、動作の転換点を表す標識である。つまり、「NL＋에서부터 eseobuteo」（KB）は空間の起点を表すが、そこには時間的概念が含まれていることを暗に示している。これら3者の関係を表で表すと、次の表2のようになる。

表2　朝鮮語の3つの起点表現構造の関係

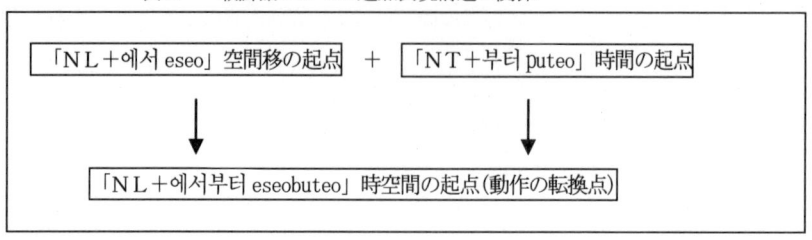

「NL＋에서 eseo」空間移の起点	＋	「NT＋부터 puteo」時間の起点
↓		↓
「NL＋에서부터 eseobuteo」時空間の起点（動作の転換点）		

　次の例を考えて見よう。朝鮮語では時間の起点、空間移動の起点、動作の開始点

第6章 移動起点の表現

(時空間起点)を別々の構造で表す。

(39) a. 내일부터 수업을 시작한다.

　a´. *내일에서부터 수업을 시작한다

　b. 授業は明日から始まる。

　c. 明天开始上课。

　c´. 从明天开始上课。

(40) a. 회의는 한시부터 시작한다.

　a´. *회의는 한시에서부터 시작한다.

　b. 会議は1時から始まる。

　c. 一点开始开会。

　c´. 从一点开始开会。

(39a)、(40a)に示すように、時間の起点は「부터 puteo」しか用いることができない。よって、(39a´)、(40a´)のように空間の起点を表す「에서 eseo」や動作の開始点/切り替え点を表す「에서부터 eseobuteo」を用いると、不自然になる。これに対して、日本語では「NL+から」で様々な意味の起点を総合的に表す。中国語の場合は、(39c, c´)、(40c, c´)に示すように時間の起点や動作の開始点を表す時は、"(从)+NL"に開始の意味の"开始/起"などを付加して用いるのが普通である。

6.4.2　朝鮮語の起点表現の特徴

◆「NL+에서 eseo」とVPとの共起制約

　以上では、朝鮮語と日本語と中国語は起点の表現において意味的にも統語的にもほぼ共通していることを述べた。しかし、3言語はVPの性質によっては次の(41)、(42)に示すように相違点もかなり見られる。

(41) a. 등뒤에서 자전거벨 소리가 들리었다.

　b. 後ろから自転車のベルの音が聞こえた。

　c. 从背后传来了自行车铃声。

　c´. *从背后传了自行车铃声。

(42) a. 사람들 속에서 자전거벨소리가 들려 왔다.

(천세봉[싸우는 마을 사람들])

　b. 人群れの中からおばさんたちの笑い声が聞こえてきた。

c. 从人群中传来了妇女们的哭声。

　(41)、(42)では、移動物の「소리 sori（音/声）」も[抽象的]であり、ＶＰも「들리다 teullida（聞こえる）」という抽象的動詞であるが、「등뒤에서 teungdwieseo（後ろから）」という[＋空間性]ＮＰによって空間起点を表す。なお、(41a)のＶＰは「들리다 teullida（聞こえる）」で、(42a)のＶＰは「들려오다 teullyeo oda（聞こえてくる）」であるが、「들려　오다 teullyeo oda（聞こえてくる）」は、「들리다 teullida（聞こえる）」という動詞に「오다 oda（来る）」という[＋方向性]動詞を付加したものである。それに、「들리다 teullida（聞こえる）」は[１方向]動詞として「오다 oda（来る）」の意味も含まれている。したがって、「들려　오다 teullyeo oda（聞こえてくる）」と「들리다 teullida（聞こえる）」の表している意味は同じであり、(41a)に示すように、ＶＰに「오다 oda（来る）」を付加しなくても文は成り立つのである。日本語も朝鮮語と同じである。これに対して、中国語の"传"は[１方向]動詞ではないので、後ろに方向を表す"来/去"を付加しなければ、(41c`)のように文は成り立ちにくい。ＶＰの性質と「ＮＬ＋에서 eseo」の意味関係は、次の表3のようである。

　　表3　　ＶＰの性質と「ＮＬ＋에서 eseo」の意味関係

　　　　ＶＰが[＋移動][＋方向]の場合（V_1）は、起点を表し、
　　　　ＶＰが[＋動作][－方向]の場合（V_2）は、背景場所を表し、
　　　　ＶＰが[V_2＋오다/가다（来る/行く）]の場合は、起点を表す。

V_1：[＋移動][＋方向]動詞

오르다	내리다	가다	오다	떨어지다	가라앉다	돌아오/가다	들어오/가다
登る	下る	行く	来る	落ちる	沈む	帰る	入る
上/登	下	去	来	落	沉	回	進

V_2：[＋移動様態][－方向]動詞

달리다/뛰다	걷다	기다	뛰다	헤엄치다
走る	歩く	這う	跳ぶ	泳ぐ
跑	走	爬	跳	游泳

第6章　移動起点の表現

◆「ＮＬ＋에서 eseo」と漢語動詞との共起上の制約

　注意すべきは、日朝中のＶＰの中には「Ｖ＋Ｏ」構造の漢語動詞もある。このような漢語動詞は日本語と朝鮮語では「ＮＬ＋から/에서 eseo」と共起できるが、中国語では"从＋ＮＬ"と共起できない。次の例を考えてみよう。

　　(43) a. 그는 감옥에서 출옥(出獄)했다.(KA)

　　　　b. 彼は牢屋から出獄した。(JA)

　　　　c. 他从监狱里出来了。

　　　　c`. *他从监狱里出狱了。(CA)

　　(44) a. 그는 병원에서 퇴원(退院)했다.(KA)

　　　　b. 彼は病院から退院した。(JA)

　　　　c. 他从医院里出来了。(CA)

　　　　c`. *他从医院出院了。(CA)

　　(45) a. 열차가 철길에서 탈선(脱線)했다.(KA)

　　　　b. 列車はレールから脱線した。(JA)

　　　　c. 列车从车轨上掉下来了。(CA)

　　　　c`. *电车从车轨上脱轨了。(CA)

　(43)の「出獄」、「출옥 churok」、"出狱"、(44)の「退院」、「퇴원 tweweon」、"出院"と(45)の「脱線」、「탈선 talseon」、"脱轨"は、いずれも「Ｖ＋Ｏ」構造の漢語動詞である。しかし、(43a,b)〜(45a,b)に示すように朝鮮語と日本語では、漢語動詞とＮＬは意味上重複しているにも関わらず相互に共起が可能であるが、中国語の場合はそれが不可能である。なぜなら、中国語の「Ｖ＋Ｏ」動詞は、文法的に自足状態であるので、同形同意の目的語と共起することを制限するからである。いわゆる「Ｖ＋Ｏ」構造の漢語動詞としては、次のようなものが挙げられる。

起点成分と共起できる漢語動詞：

　　(朝) 하차(下車)하다　　탈퇴(脱退)하다　　탈당(脱党)하다　　이륙(離陸)하다 …

　　(日) 下車する　　　　　脱退する　　　　　脱党する　　　　　離陸する…

　　(中) 下车　　　　　　　退出/脱离　　　　　脱党　　　　　　　起飞…

着点成分と共起できる漢語動詞：

　　(朝) 등산(登山)하다　　입원(入院)하다　　입당(入党)하다　　입회(入会)하다 …

175

| （日）登山する | 入院する | 入党する | 入会する … |
| （中）登山 | 住院 | 入党 | 入会 … |

中国語では「Ｖ＋Ｏ」構造からできた動詞は、次のＡ、Ｂに示すように、語彙としてよりは「Ｖ＋Ｏ」の連語として機能するので、朝鮮語や日本語の漢語動詞とは異なる文法体系をもつようになる。

Ａ：中国語	日本語	朝鮮語
他从监狱里出来了。	彼は牢屋から出た。	그는 감옥에서 나왔다.
他从医院出来了。	彼は病院から出た。	그는 병원에서 나왔다.
列车从车轨上掉下来了。	列車はレールから外れた。	열차가 철길에서 벗어났다.
他从自民党退下来了。	彼は自民党から離れた。	그는 자민당에서 나왔다.
他从火车上下来了。	彼は汽車から降りた。	그는 기차에서 내렸다.

Ｂ： 中国語	日本語	朝鮮語
a. 他出狱了。	a. 彼は牢屋を出た。	a. 그는 감옥을 나왔다.
	b. 彼は出獄した。	b. 그는 출옥했다.
a. 他出院了。	a. 彼は病院を出た。[8]	a. 그는 병원을 나왔다.
	b. 彼は退院した。	b. 그는 퇴원했다.
a. 列车脱轨了。	a. 列車はレールを外れた。	a. 열차가 철길을 벗어났다.
	b. 列車は脱線した。	b. 열차가 탈선했다.
a. 他脱党了。	a. 彼は党を出た。	a. 그는 당을 나왔다.
	b. 彼は脱党した。	b. 그는 탈당했다.
a. 他下车了。	a. 彼は車を降りた。	a. 그는 차를 내렸다.
	b. 彼は下車した。	b. 그는 하차했다.

Ａグループは"从＋ＮＬ"、「ＮＬ＋から」、「ＮＬ＋에서 eseo」による起点表現であり、Ｂグループは起点成分の目的語化した表現である。Ｂに示すように中国語では「Ｖ＋ＮＬ」構造の動詞は、まだ、完全に語彙化されておらず、連語として機能しているので、形式上では日本語や朝鮮語の「Ｖ＋ＮＬ」の漢語動詞と同じであっても、意味機能は異なっている。つまり、「Ｖ＋ＮＬ」の漢語動詞は中国語では統語上の問題であるが、朝鮮語と日本語では形態上の問題であり、したがって、対照

---

[8] 日本語の「彼は病院を出た」も朝鮮語の「그는 병원을 나왔다」も「建物の外へで出る」という意味を表し、「退院」の意味合いはない。

第6章 移動起点の表現

のレベルも異なっている。

◆「NL＋에서 eseo」と方向成分との共起上の制約

　朝鮮語の起点成分は、方向成分と共起が可能である。この場合、方向標識の「로 ro」には方向指示の機能が含まれているので、ＶＰに制約されることはあまりない。これに対して、日本語や中国語は、次のＡ(46b)～(48b)、Ｂ(49b, c)～(51b, c)に示すようにＶＰの制約がかなり厳しい。

　　Ａ：[起点＋方向]＋V_1
　　(46) a. 산 위에서 아래로 <u>다렸다</u>.
　　　　 b. ?山の上から下へ<u>走った</u>。
　　　　 c. 从山上往下<u>跑</u>。
　　(47) a. 굴속에서 밖으로 <u>기었다</u>.
　　　　 b. ?洞窟の中から外へ<u>這った</u>。
　　　　 c. 从洞里往外<u>爬</u>。
　　(48) a. 언덕 위에서 아래로 걸었다.
　　　　 b. ?丘の上から下へ<u>歩いた</u>。
　　　　 c. 从坡上往下<u>走</u>。

　　Ｂ：[起点＋方向]＋V_1＋V_2
　　(49) a. 산 위에서 아래로 <u>달려 내려왔다/갔다</u>.
　　　　 b. 山の上から下へ<u>走って下りてきた/いった</u>。
　　　　 c.＊从山上往下<u>跑下来/去</u>。
　　(50) a. 굴속에서 밖으로 <u>기어 나왔다/갔다</u>.
　　　　 b. 洞窟の中から外へ<u>這い出てきた/いった</u>。
　　　　 c.＊从洞里往外<u>爬出来/去</u>。
　　(51) a. 언덕 위에서 아래로 <u>걸어 내려왔다/갔다.</u>
　　　　 b. 丘の上から下へ<u>歩いて下りてきた/いった</u>。
　　　　 c.＊从山冈上往下<u>走下来/去</u>。

　ＡグループもＢグループも起点と方向の二つの成分がプロファイルされている「起点句＋方向句＋ＶＰ」の表現であるが、ＶＰの要素は異なる。ＡグループのＶＰは単一の裸動詞からなっているのに対して、ＢグループのＶＰは「裸動詞＋[＋

177

方向]＋[＋完結]成分」という複合要素からなっている。朝鮮語の場合は、方向標識の「로ro」の機能によってA文もB文も自然な文である。しかし、日本語の「へ」は方向指示機能が強くないので、(46b)～(48b)のように[－方向]動詞のA文は不自然である。また、朝鮮語の「내리다naerida（下りる）」、「나다nada（出る）」類の[不完全動詞]とは異なって、日本語の「下りる」、「出る」類の動詞は[＋方向]動詞なので、(49b)～(51b)に示すように方向を表す「いく/来る」との共起は返って不自然になる。一方、中国語の方向標識"往"は、まだ完全に文法化されていない機能語として、動詞的に方向を表したり、移動のプロセスを表したりする。したがって、(49c)～(51c)に示すように[＋方向][＋完結]の動詞とは共起しにくいのである。日朝中方向を表す「へ/로 ro/往」の方向指示の度合いは次の表4のようにまとめることができる。

表4　　「へ/로ro/往」の方向指示の度合い

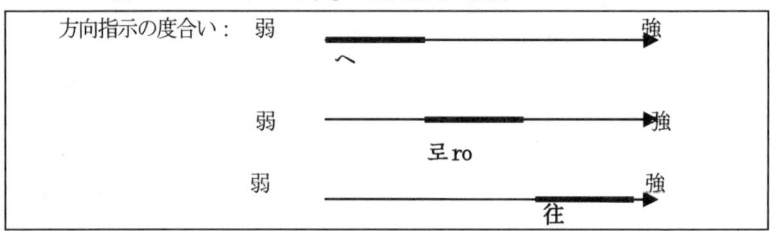

方向指示の度合い：	弱		強
		へ	
	弱		強
		로ro	
	弱		強
			往

日朝中3言語起点と方向成分の共起制約をまとめると、次の表5のようになる。

表5　　日朝中起点と方向成分の共起制約

起点と方向の共起制約：
朝鮮語　　NL＋에서 eseo＋NL＋로 ro＋V
NL＋에서 eseo＋NL＋로 ro＋V＋오 o/가다 gada
日本語　?NL＋から＋NL＋へ＋V
NL＋から＋NL＋へ＋V＋くる/いく
中国語　　从＋NL＋往＋NL＋V
*从＋NL＋往＋NL＋V＋来/去

◆「NL＋에서부터 eseobuteo」とVPとの共起制約

---

[9] 朝鮮語の「나다（出る）」、「돌다（帰る）」、「내리다（降りる）」類の[不完全動詞]は、「나오다/가다（出る）」、「돌아오다/가다（帰る）」、「내려오다/가다（下りる）」のように[＋方向]の「가다（いく）/오다（くる）」と共起しなければならない。

第6章　移動起点の表現

　　上で述べたように「부터 puteo」は、一般に時間の起点を表し、空間の移動には
用いられない。したがって、「ＮＬ＋에서부터 eseobuteo」のように空間を表す
「에서 eseo」が付加されている場合は、次の(52a)～(55a)に示すように時間の流
れが含意されている空間の起点を表す。

(52) a.　그는 마을입구에서부터 걸었다.

　　b.　彼は村の入り口から歩いた。

　　c.　他从村口开始走了。

　　c'.　*他从村口走了。

(53) a.　그는 역에서부터 뛰었다.

　　b.　彼は駅から走った。

　　c.　他从车站开始跑了。

　　c'.　*他从车站跑了。

(54) a.　그는 동굴입구에서부터 기었다.

　　b.　彼は洞窟の入り口から這った。

　　c.　他从洞口开始爬了。

　　c'.　*他从洞口爬了。

(55) a.　그는 요코하마에서부터 배를 탔다.

　　b.　彼は横浜から船に乗った。

　　c.　他从横浜开始上船了。

　　c'.　*他从横浜上船了。

　朝鮮語の「에서부터 eseobuteo」には、「この場所で動作を開始する/切り替える」
という場所と開始の二つの意味合いがある。つまり、「에서 eseo」は場所の意味を、
「부터 puteo」は開始を表す。日本語では、異なる概念を表す格助詞の運用に制約
があるので、朝鮮語の「ＮＬ＋에서 eseo＋부터 puteo」のように機能語を重ね合わ
せた「ＮＬ＋で＋から」のような表現はしない。したがって、日本語では
「에서부터 eseobuteo」のような動作の場所と開始点の意味が合わさっているもの
も起点範疇に包含させ、起点格の「から」で表す。中国語も日本語と同じで、異な
る空間概念概念を表す標識の連結には制約があり、"在＋从＋ＮＬ"のような形
式を取ることはない。ただ、中国語では「에서부터 eseobuteo」の二つの意味を(52c)

179

〜(55c)に示すように"从＋NL＋开始"という構造で表している。

朝鮮語の「에서부터 eseobuteo」と中国語の"从＋NL＋开始"は、次のA、Bに例示するように、動作主の動作の開始点でもあり、前の動作の完結と共に途中で動作を切り替え、新しい動作を始める境界でもある。

 A：서울에서부터 계속 버스로 왔니?
  （ソウルからずっとバスで滑たの？）
 B：서울에서부터 대전까지 버스를 타고 대전에서부터 전철을 탔다.
  （ソウルから쭹탠まではバスに얕り、쭹탠からは탤숄に얕った。）
   図8 「NL＋에서부터」構造の二つの意味

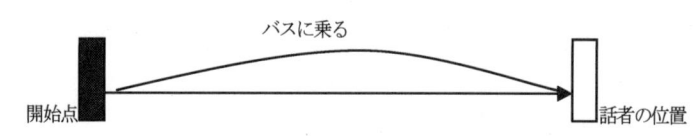

A文

```
       バスに乗る
[開始点]━━━━━━━━▶[話者の位置]
```

B文

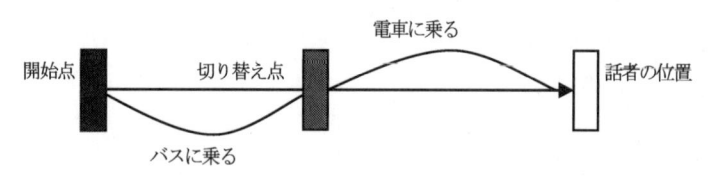

```
         電車に乗る
[開始点]━━━[切り替え点]━━━▶[話者の位置]
         バスに乗る
```

「NL＋에서부터 eseobuteo」が二つの意味を表す文は、一般に[＋有生]主語と[＋位置移動]ＶＰが共起する文に限られている。

◆ 他動詞文における起点表現

他動詞文では、上で述べたように客体だけの移動起点を表す場合と主体の移動を伴う移動起点を表す場合の二つがある。客体だけの移動起点を表す場合は、時間概念が含まれている「NL＋에서부터 eseobuteo」を用いるとやや不自然になる。しかし、主体を伴う客体の移動起点を表す場合には、「NL＋에서부터 eseobuteo」を用いることができる。次の例を考えてみよう。

 A：(56)a. 그는 가방안에서 책을 꺼냈다. (KA)
    a'.?그는 가방안에서부터 책을 꺼냈다. (KB)

第6章　移動起点の表現

    b.　彼は鞄の中から本を取り出した。

    c.　他从书包里拿出了书。

(57)a.　그는 포켓에서 담배를 꺼냈다. (KA)

    a'.?그는 포켓에서부터 담배를 꺼냈다. (KB)

    b.　彼はポケットからタバコを取り出した。

    c.　他从衣兜里掏出了烟。

B：(58)a.　그는 학교에서 책 한 상자를 가져왔다. (KA)

    a'.　그는 학교에서부터 책 한 상자를 가져왔다. (KB)

    b.　彼は学校から本を1箱持って来た。

    c.　他从学校带来了一箱子书。

(59)a.　그는 집에서 옷 한보따리를 안아 왔다. (KA)

    a'.그는 집에서부터 옷 한보따리를 안아 왔다. (KB)

    b.　彼は家から服を1抱え持ってきた。

    c.　他从家里抱来了一包衣服。

A、Bグループは、いずれも他動詞構文である。しかし、Aグループで移動するのは客体（目的語）だけであり、Bグループで移動するのは主体と客体の双方である。Aグループのように移動物が客体だけである場合は、移動物の所在位置と新しい動作の開始点が一致しているので、動作場所がプロファイルされ、新しい動作の開始点というイメージが弱くなる。したがって、KB 構造の使用が不自然になる。しかし、Bグループでは、話者の視点によってKA も KB も使用が可能である。つまり、話者が全体的動作の空間に視点を置く場合は、KA が選択され、動作の境界に視点を置く場合はKB が選択されるのである。

　A、Bグループのもう一つの違いは、BグループのＶＰは[＋離発][＋長距離][＋着点]動詞であるが、AグループのＶＰは[＋離発] [－長距離][－着点]動詞である。よって、次の(60)、(61)に示すように境界のないAグループでは、起点成分は着点成分と共起できないが、(62)、(63)に示すように境界のあるBグループでは、着点成分と共起することが可能である。

A：(60)a.＊그는 가방 안에서 (부터) X 까지 책을 꺼냈다[10].

　　　b.＊彼は鞄の中からXまで本を取り出した。

　　　c.＊他从书包里(开始)把书拿到X。

　(61)a.＊그는 포켓에서(부터) X까지 담배를 꺼냈다

　　　b.＊彼はポケットからXまでタバコを取り出した。

　　　c.＊他从衣兜里(开始)把烟掏到X。

B：(63)a. 그는 학교에서(부터) 집까지 책 한 상자를 가져왔다.

　　　b. 彼は本を学校から家まで運んで来た。

　　　c. 他把书从学校搬到家里。

　(62)a. 그는 집에서(부터) 기숙사까지 옷 한보따리를 안아 왔다

　　　b. 彼は家から寄宿舎まで服を1抱え持ってきた。

　　　c. 他把衣服从家里抱到宿舍。

6.5　中国語の起点表現

　中国語の起点の表現は、日本語のように簡単ではないが、朝鮮語のように複雑でもない。本節では、"从＋ＮＬ"構造を中心に中国語の起点表現の特質、および日本語と朝鮮語との対応関係を探ることにする。

6.5.1 "从＋ＮＬ"構造とＶＰとの共起関係

　中国語の場合は、構文上の問題だけでなく、音韻上の問題も絡んで、ＶＰの制約がかなり複雑である。一般に単音節動詞は、次のＡに示すように起点標識の"从＋ＮＬ"構造とは共起できないのである。

　A：＊从屋顶上跳[11]。　　　　　（屋上から跳ぶ。）

　　　＊从山顶上跑。　　　　　（山の頂上から走る。）

　　　＊从洞里爬。　　　　　　（ここから走る。）

　B：从屋顶上跳下来。　　　　（屋上から跳び降りる。）

---

[10] (60a, b, c) の「彼は鞄の中からXまで本を取り出した」の着点Xを「チャックのところ」にして、「彼は鞄の中からジャックのところまで本を取り出した」ということは可能であろうが、普通の場合、「取り出す」類の動作動詞は必ずしも着点を必要とはしない。

[11] 「从屋顶上跳」はフレーズとしては成立するが、文としては成立しにくい。

从山顶上跑下来。　　　　　（山の頂上から走り下る。）
　　　从洞里爬出去。　　　　　　（洞窟から這い出る。）
　C：从屋顶上往下跳。　　　　　（?屋上から下へ跳ぶ。）
　　　从山顶上往下跑。　　　　　（?山の頂上から下へ走る。）
　　　从洞里往外爬。　　　　　　（?洞窟の中から外へ這う。）
　D：*从屋顶上往下跳下来/去。　（屋上から下へ跳び降りてくる/いく。）
　　*从山顶上往下跑下来/去。　（山の頂上から下へ走り下ってくる/いく。）
　　*从洞里往外爬出来/去。　　（洞窟の中から外へ這い出てくる/いく。）

A文が不自然なのは、ＶＰが単音節の裸動詞だからである。中国語では単音節の裸動詞はCA構造とは共起できない。文を自足させるためには、B文のように裸動詞に［＋方向］［＋完結］の補助動詞"下/出/上…＋来/去"を付加しなければならない。また、CA構造はC文のように方向標識の"往＋ＮＬ"とも共起できるが、この場合のＶＰは逆に単音節の裸動詞でなければならない。例えば、D文のようにＶＰの後ろに［＋方向］［＋完結］の補助動詞を付加すると、不自然な文になってしまう。なぜなら、方向標識の"往＋ＮＬ"は移動の方向だけを必要としているので、Dに示したように［＋完結］の補助動詞"下/出"などの補助成分とは共起できないからである。

6.5.2　"从＋ＮＬ"と"在＋ＮＬ"

　中国語の起点標識の"从＋ＮＬ"と背景場所標識の"在＋ＮＬ"は、同一事物を表す場合がある。次の例を見てみよう。

　(64) a. 他在图书馆借了一本书。　　（彼は図書館で本を一冊借りた。）
　　　 b. 他从图书馆借了一本书。　　（彼は図書館から本を一冊借りた。）
　(65) a. 他在墙上起钉子。　　　　　（*彼は壁で釘を抜いている。）
　　　 b. 他从墙上起钉子。　　　　　（彼は壁から釘を抜いている。）

　(64a, b)、(65a, b)のように"在＋ＮＬ"構造と"从＋ＮＬ"構造は、真理条件の同じ事象を表している。しかい、"从＋ＮＬ"は起点に視点を置いているのに対して、"在＋ＮＬ"は背景場所に視点をおいている。したがって、"从＋ＮＬ"は、(66b)の"听＋到（聞く）"、(67b)の"买＋来（買ってくる）"という［＋移動］の動詞あるいは"来/去"と共起しなければならない。これに対して、"在＋ＮＬ"は移動を表

さないので、"来/去"とは共起できない。よって、次の(67b)に示すように"他从图书馆借来了一本书（彼は本屋からCDを一枚買ってきた）"は正しい表現であるが、(67a)に示すように"他在图书馆借来了一本书（*彼は本屋でCDを一枚買ってきた）"は正しい文とは言いにくい。

(66) a. 这个消息是<u>在他那里</u>听到的 。（この噂は<u>彼のところで</u>聞いたのだ。）
  b. 这个消息是<u>从他那里</u>听到的 。（この噂は<u>彼のところから</u>聞いたのだ。）
(67) a. *他<u>在书店里</u>买来了一张CD光盘.（*彼は本屋でCDを一枚買ってきた。）
  b. 他<u>从书店里</u>买来了一张CD光盘.（ 彼は本屋からCDを一枚買ってきた。）

6.5.3 "从+NL"と"向+NL"

中国語の起点標識の"从+NL"は、方向標識の"向+NL"と交替使用の可能な場合がある。次の例を考えてみよう。

(68) a. 我<u>从他那里</u>借了一本书。 （私は<u>彼から</u>本を一冊借りた。）
  b. 我<u>向他</u>借了一本书。 （私は<u>彼に</u>本を一冊借りた。）

(68a, b)のように"从+NL"と"向+NL"は、真理条件の同じ客観事実を記述している場合もあるが、二つの文の意味は完全に等価なわけではない。

"从+NL"は動作の起点に視点を置いているのに対して、"向+NL"は動作の対象に視点を置いている。したがって、(68a)のように"从+NL"では、[＋有生]名詞の後ろに"那里"という場所名詞を付加して空間を表さなければならない。両者の意味合いを図形で表すと、次の図8のようである。

  図8 "从+NL"と"向+NL"のイメージスキーマ
  a."从+NL"   b."向+NL"

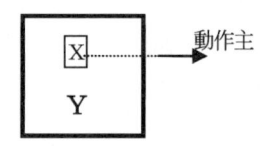

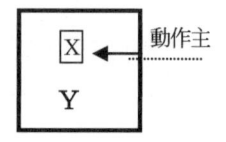

aでは、Yは動作主の動作の開始点・移動物の移動起点を、Xは客体の移動物を、→は移動方向を表す。そして、bでは、Yは動作主の動作が向けられる対象を、Xは客体の移動物を、→は動作の向けられる方向を表す。

 日本語の起点標識の「から」にも、中国語の"从"と似たような機能がある。つ

第6章 移動起点の表現

まり、相手との相互的動作では、相手の動作が述語動詞の前提として予定されている（渡辺義夫、1983：374）。例えば、上記の中国語の表現(68)は次の(69)に示すように日本語の場合にも通用するのである。

(69) a. 私は彼から/*へ本を一冊借りた。（起点）
　　 b. 私は彼に本を一冊借りた。　　　（起点）
　　 c. 私は彼へ/*から本を一冊貸した。（着点）
　　 c`. 私は彼に本を一冊貸した。　　　（着点）

(69)のような構文では、名詞句は一般に［＋有生］であり、動作は相手とのなんらかの相互関係によって成り立つのである。したがって、日本語では［＋有生］の名詞句を相手として捉え、名詞句に「空間化処理」を加えず、起点の「から」を対象の「に」の代わりに用いることができる。日本語の「に」格には空間の起点概念と着点概念の両方が含まれているので、(69b, c)に示すように「へ」格とも「から」格とも互換が可能である。しかし、日本語の「へ」格は、方向と移動のプロセスを表すだけで、「動作の相互作用」という意味合いはない。よって、(69a)に示すように「へ」格の使用は不可能である。

中国語の方向格の"向"には、「動作の相互作用」という意味合いがあるので、(68a, b)に示すように［＋有生］の名詞句を空間的に捉え、起点格は"从"、方向格は"向"を用いることが可能である。

日本語の「NL＋から」と「NL＋に」の違いをイメージ化すると、次の図9のようになる。

　　図9　「NL＋から」と「NL＋に」のイメージスキーマ
　　　　a. NL＋から　　　　　　　　　　b. NL＋に

[図: aは枠内にX（上部）とY（下部）があり、Xから外へ点線と矢印が伸び「動作主」へ向かう。bは枠内にX（上部）とY（下部）があり、外の「動作主」から点線と矢印がXへ向かう。]

aのYは動作主の動作の開始点を表わし、Xは客体を、→は動作の向けられる方向を表す。そして、bのYは動作主の動作が向けられる対象を表し、Xは客体を、→は動作の向けられる方向を表す。

"从+NL"と"向+NL"の互換条件は、「NL+から」と「NL+に」の互換条件と同じで、いずれも「相互的作用」の性質を有するVPと共起することを前提としている。この種の動詞としては次のようなものが挙げられる。

(中)	买	购买	借	受	得到/要（来）
(日)	買う	購入する	借りる	受ける	貰う
(中)	教	学	听	得知	恭听
(日)	教わる	学ぶ	聞く	知る	承る

このように中国語と日本語の場合は、[＋有生] 主語の起点も空間として捉え、起点格の"从"、「から」と方向格の"向"、「に」で表すことができるが[(70b, c)]、朝鮮語の場合は、[＋有生] 主語の起点は空間の起点と区別して、別の標識で表す[(70a)]。

(70) a. 나는 그[*에게/에게서[12]] 책 한권을 빌렸다.
　　　b. 私は彼[から/に]本を一冊借りた。
　　　c. 我 [从他那里/向他] 借了一本书。

6.5.4　"从+NL"構造の"从"の省略

中国語では、起点標識"从+NL"では、"从"を省略する場合がある。それは、起点標識には［顕現格］と［非顕現格］があるからである（李臨定、1986：39）。次の例を検討してみよう。

(71) a. 从树林里跳出来一只老虎。　　（森の中から虎が1匹飛び出した。）
　　　b. 树林里，跳出来一只老虎。　　（森の中から、虎が1匹飛び出した。）
(72) a. 从屋里跑出来一个年轻人。　　（部屋から若者が一人走り出た。）
　　　b. 屋里，跑出来一个年轻人。　　（部屋から、若者が一人走り出た。）
(73) a. 从树上掉下来几片树叶。　　　（木から葉っぱが何枚か落ちた。）
　　　b. 树上，掉下来几片树叶。　　　（木から、葉っぱが何枚か落ちた。）
(74) a. 从汽车里走下来两个中年男人。（车から中年の男の人が二人降りた。）
　　　b. 汽车里，走下来两个中年男人。（车から、中年の男の人が二人降りた。）

(71a)～(74a)は［顕現格］による起点の表現であり、(71b)～(74b)は［非顕現格］

---

[12] 朝鮮語では、格助詞の使用に関して［＋有生］と［＋無生］を区別する。所有・所在・着点格は［有生］の場合は「에게 ege/한테 hante」、［＋無生］の場合は「에 e」であり、起点格は［＋有生］の場合は「에게서 egeseo/한테서 hanteseo」、［無生］の場合は「에서 eseo/에서부터 eseobuteo」である。

第6章　移動起点の表現

による起点の表現である。ただし、[非顕現格]の使用（"从"の省略）は制約されている。つまり、"从＋ＮＬ"構造が文頭に来る場合に限って[非顕現格]の使用が可能であり、"从＋ＮＬ"構造が文中に来る場合は、[非顕現格]の使用は不可能である。以下、"从＋ＮＬ"構造が文頭に来る文をS_1とし、"从＋ＮＬ"構造が文中に来る文をS_2とする。

S_1:（文頭）　ＰＰ＋ＶＰ＋ＮＰ

S_2:（文中）　ＮＰ＋ＰＰ＋ＶＰ

(71)～(74)はS_1文なので、"从"の省略が可能であるが、次の(71`)～(74`)のようなS_2文では、"从"の省略が不可能である。

(71`) a. 有一只老虎从树林里跳出来了。　（１匹の虎が森の中から飛び出した。）
　　　b.*有一只老虎树林里跳出来了。　　（*１匹の虎が森の中からは飛び出した。）
(72`) a. 有一个年轻人从屋里跑出来了。　（一人の若者が部屋から走り出た。）
　　　b.*有一个年轻人屋里跑出来了。　　（*一人の若者が部屋からは走り出た。）
(73`) a. 几片树叶从树上掉下来了。　　　（何枚かの葉っぱが木から落ちた。）
　　　b.*几片树叶树上掉下来了。　　　　（*何枚かの葉っぱが木からは落ちた。）
(74`) a. 两个中年男人从汽车里走下来了。（二人の中年の男が車から降りた。）
　　　b.*两个中年男人汽车里走下来了。　（*二人の中年の男が車からは降りた。）

　S_2では、(71`a)～(74`a)のように「顕現格」の使用は可能であるが、(71`b)～(74`b)のように「非顕現格」の使用は不可能である。要するに、文頭の"从＋ＮＬ"（S_1）は、起点成分がトピック化して、空間的イメージがなくなっているので、必ずしも起点標識"从"が必要ではないが、文中の"从＋ＮＬ"（S_2）は、空間そのものを表すので、必ず起点標識"从"を必要とする。

　これらの現象は中国語の仕組み、つまり中国語自体の内部構造と関わっている。語順規則が文法規則の役割をしている中国語では、文頭に置かれる成分が常に主語や主題（トピック）をマークする。中国語のＰＰのトピック化は、起点標識の"从＋ＮＬ"だけでなく、背景場所標識の"在＋ＮＬ"も可能である。しかも、トピック化した場所成分の場合も"在"を省略することができる。

　朝鮮語や日本語でも場所成分のトピック化は可能であるが、言語の仕組みが中国語とはパラメータが異なるので、トピック化は次の(75b, c)、(76b, c)に示すように

主題をマークする「は」、「는neun」によって実現されるのである。

(75) a. 从树林里跳出来一只老虎。
   b. 森の中から虎が1匹飛び出した。
   c. 수림속에서 호랑이 한마리가 뛰쳐나왔다.

(76) a. 树林里跳出来一只老虎。
   b. 森の中からは虎が1匹飛び出した。
   b`. *森の中は虎が1匹飛び出した。
   c. 수림속에서는 호랑이 한마리가 뛰쳐나왔다.
   c`. *수림속은 호랑이 한마리가 뛰쳐나왔다.

　上記の例のように日朝中3言語のいずれにも起点成分のトピック化現象が存在する。ただし、中国語ではトピック化とともに起点標識"从"を省略するのに対しが、朝鮮語と日本語では、起点標識「에서 eseo」/「から」を省略することができない。なお、起点成分は、文頭に置かれても起点の概念を表し、起点標識「에서 eseo」、「から」によって表されるのが普通である。

6.6 むすび

　日朝中3言語は、起点の認知と表現において、それぞれ異なる特徴をもっている。日本語では、全ての起点概念を「NL+から」構造で表す。したがって、「NL+から」とVPとの共起は自由である。例えば、

(77) 後ろから自転車のベルの音が聞こえてきた。（空間の起点）
(78) 学校は明日から始まる。　　　　　　　　（時間の起点）
(79) 公園の入り口から走った。　　　　　　　（時空間の起点）

　中国語の"从+NL"は、空間の起点も時間の起点も表しているが、空間の起点、時間の起点、時空間の起点の表現の仕方がやや異なっている。

(80) 从背后传来了自行车铃声。　　　　（空間の起点）
(81) 从明天开始/起上课。　　　　　　　（時間の起点）
(82) 从公园门口开始跑的。　　　　　　（時空間の起点）

　また、"从+NL"と共起するVPは音節上の制約を受ける。要するに、単音節動詞文では［+方向］の助動詞"来/去"を付加するか、あるいは、目標成分を追

第6章 移動起点の表現

加するなどの処理を行わなければならない。例えば、

(83) ?从屋顶上跳。　　　从屋顶上跳下来。　　　从屋顶上往下跳。
(84) *从山顶上跑。　　　从山顶上跑下来。　　　从山顶上往下跑。

朝鮮語では空間の起点と時間の起点を区別し、「ＮＬ＋에서 eseo」、「ＮＴ＋부터 puteo」、「ＮＬ＋에서부터 eseobuteo」という異なる標識で空間起点、時間起点、時空間起点(動作の開始点)を使い分けている。なお、「ＮＬ＋에서 eseo」は、起点も背景場所も表すので、ＶＰの制約を受ける。一般に、「ＮＬ＋에서 eseo」は[＋移動][＋方向]のＶＰでは起点を表し、[＋動作][－方向]のＶＰでは背景場所を表す。

(85) 등뒤에서 자전거벨 소리가 들리었다．(背景場所)
(後ろから自転車のベルの音が聞こえた)
(86) 등뒤에서 자전거벨 소리가 들려왔다．(起点)
(後ろから自転車のベルの音が聞こえてきた。)

　日本語では、全ての起点を「から」という一つの形態で表現し、家族的カテゴリー間の違いは文の脈絡で読み取っているが、これは日本語に特有の表現の仕方である。このような表現の背後には日本人の「共有可能なのは略する」「以心伝心」の心理的要素が隠されていると考えられる。日本語とは違って朝鮮語では、同じ起点カテゴリーでも移動起点（空間起点）と開始点（時空間起点）の境界をはっきり区別し使い分けするが、これもまた朝鮮語の表現特徴である。このような言語表現の背後には、「すべてにおいて明確さを求める」韓国朝鮮人の民族性が隠されている。中国語では、全ての起点を同一標識"从"で表すが、空間起点は"从＋ＮＬ"、時空間起点（開始点）は"从＋ＮＬ＋开始/起"のように、"从"との関わりを前提に他の成分を付加することで、異なる起点をきめ細かく分けて表現する。その背後には「全体の中で個別を把握する」中国人のものの考え方が隠されているといえる。

第7章　移動着点の表現

7．1　問題の提起

　移動において着点は起点とともに最も基本的で要素である。起点から着点までの間には経路と方向という、境界のぼやけた空間が存在しているが、言語集団の認知基準や習慣やよって起着点の領域の決め方は異なる。日本語と中国語では、起点領域に経路を包含させ、着点領域に方向を包含させている。しかし、朝鮮語では経路と方向をそれぞれ独立した空間として認め、しかも、両者を同じ格標識「로 ro」で表す。本章では、移動着点概念における日朝中3言語の表現について、比較対照を行い、日朝中3言語の共通点と相違点を探りだすことによって、言語一般煮に見られる普遍性および各言語を特徴づけるパラメータについて考察する。

7．2　着点表現の基本構造

　日朝中3言語は、移動着点の表現においても一連の対応関係がある。3言語の移動着点の表現は、次の表1に示すように二つの基本構造が対を成している。

表1　　　　　日朝中着点表現の基本構造

	A構造（静態）	B構造（動態）
日本語	「ＮＬ＋から…ＮＬ＋まで」（JA）	「ＮＬ＋に」（JB）
朝鮮語	「ＮＬ＋에서(부터)eseo(buteo)…ＮＬ＋까지 kkaji」（KA）	「ＮＬ＋에 e」（KB）
中国語	"从＋NL…到＋NL"（CA）	"V＋到＋NL"（CB）

説明の便宜のため、A構造の「ＮＬ＋から…ＮＬ＋まで」、「ＮＬ＋에서(부터)eseo(buteo)…ＮＬ＋까지 kkaji」、"从 cong＋NL…到 dao＋NL"をそれぞれ JA、KA、CA と呼び、B構造の「ＮＬ＋に」、「ＮＬ＋에 e」、"V＋到＋NL"はをそれぞれ JB、KB、CB と呼ぶことにする。まず、次の例からA、B両構造の意味と機能の違いを考えて見よう。

　　　A：a. 彼は<u>家</u>から<u>学校</u>まで走ってきた。　　　（JA）
　　　　　b. 그는 <u>집</u>에서(부터) <u>학교</u>까지 뛰어왔다.　（KA）

c. 他从家里到学校是跑来的。　　　　（CA）
　B：a. 彼は家から学校に走ってきた。　　　（JB）
　　b. 그는 집에서(부터) 학교에 뛰어왔다.　（KB）
　　c. 他从家里跑到学校来了　　　　　　　（CB）

二つの構造の意味合いは、上のA、Bに示すように、A構造は「累積走査」による静的空間であり、B構造は「連続走査」[1]による動的空間である。つまり、JA、KA、CAは、起点から着点までの状態の全体を、累積走査によりまとまったモノとして捉えているが、JB、KB、CBは、起点から着点までの間に展開される移動の連続を、拡張により時間順に追っていくプロセスとして捉えている。A、B両構造の意味上の違いは、統語上の違いに因るものである。A構造とB構造の意味上の違いをイメージスキーマで表すと、次の図1のとおりである。

　図1　JA/KA/CA 構造と JB/KB/CB 構造のイメージスキーマ

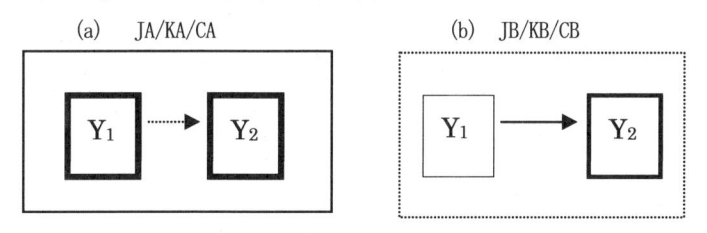

　　(a)　JA/KA/CA　　　　　　　　(b)　JB/KB/CB

Y_1 は起点を、Y_2 は着点を、→は移動を表す。(a)では、起点と着点が全体として前景化(Figure)されているが、(b)では、着点だけが前景化されている。要するに、(a)では話者が「起点から着点への移動」を1つのモノ(thing)として単一的に、全体的に、静的に捉えているのに対して、(b)では話者が着点と移動者の関係の位置変化を、プロセス(process)として動的に捉えている。したがって、(a)の場合は時間概念のいない累積走査が行われたことになるが、(b)の場合は時間概念が状態の連続の中に組み込まれている拡張が行われたことになる（河上、1996：23 を参照）。なお、累積走査を表す JA/KA/CA 構造は、起点も着点もプロファイルされた静的着点を表し、拡張の JB/KB/CB 構造は、着点だけがプロファイルされた動的着点を表

---

[1] 「累積走査」、「拡張」は、河上誓作(2002：23)による概念である。

す。説明の便宜のため、JA/KA/CA をA構造と呼び、JB/KB/CB をB構造と呼ぶことにする。

7.2.1　A、B構造の統語上の制約

　JA、KA、CA 構造は固定形式として名詞的に用いられるが、JB、KB、CB 構造はそれが不可能である。統語上、A構造の起点句と着点句は、常に一つのまとまった固定形式として名詞的振る舞いをしているため、主語、限定語[2]、目的語、補語、述語などにも成り得るが、B構造 はそれが不可能である。

　A構造とB構造の違いは、次の表2のようにまとめることができる。

表2　　A、B構造の意味の違い

	1		2		3		4		5	
	全体	部分	累積	連続	静的	動的	NP	VP	境界	着点
A	+	−	+	−	+	−	+	−	+	−
B	−	+	−	+	−	+	−	+	−	+

◆連用修飾語になる

　すでに述べたように JA、KA、CA では、起点句と着点句が一つのまとまりとして補語となって動詞を修飾するが、JB、KB、CB では、別々に動詞を修飾する。なお、次の(2c)に示すように CB では起点句は動詞の前で、着点句は動詞の後ろで、それぞれ動詞を修飾する前置補語と後置補語になる。

(1) a. 彼は　寄宿舎から学校まで　走ってきた。　　(JA)
　　b. 그는　기숙사에서(부터)　학교까지　뛰어왔다.　(KA)
　　c. 他从宿舍到学校是跑来的。　　　　　　　　(CA)
(2) a. 彼は寄宿舎から学校に走ってきた。　　　　(JB)
　　b. 그는　기숙사에서(부터)　학교까지　뛰어왔다.　(KB)
　　c. 他从宿舍跑到学校来了。　　　　　　　　　(CB)

A構造では(1a, b, c)に示すように「寄宿舎から学校まで」、「기숙사에서(부터) 학교까지 kisuksaeseo(buteo) hakkyoukkaji」、"从家里到学校"は、いずれもＶＰ「走る」、「뛰다 ttwida」、"跑"を修飾する補語となっている。それに対して、B構造は(2a, b, c)に示すように起点句と着点句の結びは、相互依存の関係ではなく、それぞれ独立した成分である。したがって、起点句と着点句はそれぞれＶＰと関係を

---

[2] ここで言う限定語とは、日本語の「連体修飾語(節)」、朝鮮語の「冠形語(節)」、中国語の「定語」のことである。

結び、ＶＰを修飾している。Ｂ構造と各成分との意味関係は、次の (2`a, b, c) のように解釈できる。

(2`) a. 彼は寄宿舎から 学校に走ってきた。(JB)

[彼は寄宿舎から走ってきた] + [彼は学校に走ってきた]

b. 그는 기숙사에서(부터) 학교까지 뛰어왔다. (KB)

[그는 기숙사에서(부터) 뛰어왔다] + [그는 학교까지 뛰어왔다]

c. 他从宿舍跑到学校来了。(CB)

[他从宿舍跑来了] + [他跑到学校来了]

◆主語になる

JA、KA、CA構造では、起点句と着点句が一つのまとまりとして主語になれるが、JB、KB、CB構造ではそれが不可能である。

(4) a. <u>寄宿舎から学校まで</u>2㎞だ。(JA)

a`. <u>寄宿舎から学校まで**が/は**</u>2㎞だ。(KA)

b. <u>기숙사에서 학교까지</u> 2 ㎞ 다.

b`. <u>기숙사에서 학교까지**가/는**</u> 2 ㎞ 다

c. <u>从宿舍到学校</u>是 2 公里。(CA)

(5) a. *<u>寄宿舎から学校に</u>2㎞だ。(JB)

a`. *<u>寄宿舎から学校に**が/は**</u>2㎞だ。

b. *<u>기숙사에서 학교에</u> 2 ㎞ 다. (KB)

b`. *<u>기숙사에서 학교에**가/는**</u>2㎞ 다.

c. *<u>从宿舍跑到学校</u>是 2 公里。(CB)

JAの「ＮＬ＋まで」は静的性質をもっているので、(4a)のように主語として名詞述語文に用いることも可能であり、また、後ろに主格の「が」や主題の「は」が来て用いられることも可能である。これに対して、JBの「ＮＬ＋に」は動的性質をもっているため、(5a)に示すように、一般に[+着点][+方向]の動詞と共起して用いられる。したがって、(5a)、(5a`)のように主格の「が」や主題の「は」とは共起できない。

朝鮮語のKAも中国語のCAもJAと同様、名詞的、静的な性質をもつので、(4b, c)、(4b')のように主語になり得るが、KB、CBはJBと同じように動的性質をもつので、

主語にはなり得ない。よって、(5b, c) (5b`) は非文である。

◆限定語（連体修飾語）になる

JA、KA、CA 構造では、起点句と着点句が一つのまとまりとして限定語になり得るが、JB、KB、CB 構造ではそれが不可能である。

(7) a. 寄宿舎から学校までの距離　　　　　（JA）
　　b. 从宿舎到学校的距离　　　　　　　　（CA）
　　c. 기숙사에서 학교까지의 거리　　　　（KA）

(8) a. *寄宿舎から学校にの距離　　　　　　（JB）
　　b. *从宿舎跑到学校的距离　　　　　　　（CB）
　　c. *기숙사에서 학교에의 거리　　　　　（KB）

上述したように、A構造とB構造は、[静的] と [動的] の対立関係である。

日本語の JA の「まで」、朝鮮語の KA の「까지 kkaji」は、名詞的性質をもっており、特定文における文法的機能はない副助詞である。それゆえ、他の格標識と自由に共起可能であり、(7a, c) に示すように名詞句を修飾する限定成分にもなり得る。これに対して、JB の「に」、KB の「에 e」はＶＰを修飾する補語として着点を表す文法的機能をもっているので、他の格標識と自由に共起できない。ＶＰと関わりをもつ「ＮＬ＋に」と「ＮＬ＋에 e」は、(8a, c) のようにＮＰと関わりをもつ「の」、「의 eui」とは共起できないのは当然である。

中国語も意味的には日本語や朝鮮語と同様である。中国語の"从＋ＮＬ…到＋ＮＬ"(CA) は、構造全体が名詞的性質をもっているので、当然、さまざまな名詞成分になり得る。したがって、(7b) のように名詞を修飾する限定成分にもなり得るのである。しかし、"Ｖ＋到＋ＮＬ" (CB) は、動作の後、到達する着点を表す動的成分なので、(8b) のように名詞句を修飾する統語的機能はない。

◆目的語になる

目的語の場合は、3言語は対応関係にずれがある。次の例を見てみよう。

(9) a. 彼は寄宿舎から学校までを走ってきた。　　（JA）
　　b. 기숙사에서 학교까지를 뛰어왔다.　　　　（KA）
　　c. *他跑从宿舎到学校。　　　　　　　　　　（CA）

(10) a. *彼は寄宿舎から学校にを走ってきた。　　（JB）
　　 b. *기숙사에서 학교에를 뛰어왔다.　　　　（KB）

c.＊他从宿舍跑学校。　　　　　　　　　　　　(CB)

(9a, b)に示すように、A構造では、JA と KA は目的語標識「を/를 reul」と共起して構造全体を目的語にすることができるが（日本語の「を」は移動動詞文では経路標識である）、(9c)に示すように CA は目的語になれない。これに対して、B構造では(10a, b, c)に示すように、JB、KB、CB のいずれも目的語になり得ない。

◆述語になる

　日本語と朝鮮語では、A構造は名詞述語になり得るが、B構造は名詞述語になり得ない。これに対して中国語ではA構造もB構造も名詞述語になり得ない。次の例を見てみよう。

　　(11) a. 彼が走ったのは寄宿舎から学校までだ。　　(JA)
　　　　b. 그가 뛴 것은 기숙사에서 학교까지다. 　　(KA)
　　　　c.＊他跑的是从宿舎到学校。　　　　　　　　(CA)
　　(12) a.＊彼が走ったのは寄宿舎から学校にだ。　　(JB)
　　　　b.＊그가 뛴 것은 기숙사에서 학교에다. 　　(KB)
　　　　b.＊他是跑从宿舎到学校去的。　　　　　　　(CB)

　A、B構造の対立が生じる原因は、二つの構造の本質が違うからである。既に述べたように、A構造は名詞性であり、B構造は動詞性である。したがって、A構造は名詞述語文になり得るが、B構造は名詞述語文にはなり得ない。これは3言語に共通する特徴である。

　他に、JA、KA、CA は基本的には対応しているが、全く同じわけではない。JA、KA の起点句と着点句の結び付きは、CA のように堅くはない。よって、JA、KA の起点句「ＮＬ＋から」、「ＮＬ＋에서(부터)eseo(buteo)」は省略できるが、CA の起点句"从＋ＮＬ"は省略できない。次の例を見てみよう。

　　　JA　　　　　　　　　KA　　　　　　　　　CA
学校まで歩いてきた．　학교까지 걸어왔다．　?到学校是跑来的
学校までは2ｋｍだ．　학교까지는 2ｋｍ다．　?到学校是2公里

　JA と JB、KA と KB、CA と CB の統語上の異同は、次の表3のようである。

　　表3　　　A、B構造の統語機能の比較

		補語	主語	限定語	目的語	述語
A	JA	＋	＋	＋	＋	＋
	KA	＋	＋	＋	＋	＋
	CA	＋	＋	＋	－	－
B	JB	－	－	－	－	－
	KB	－	－	－	－	－
	CB	－	－	－	－	－

7．3　日朝中着点表現の特徴

　着点表現において、日本語と朝鮮語は、ほぼ対応しているが、中国語とは１対１の対応関係にはならず、複雑な対応関係をもつ。このような複雑な対応関係を把握するために、以下では各言語の表現特徴をそれぞれ再考する。

7.3.1　日本語の着点表現

　日本語では、着点の表現形式として「NL＋に」、「ＮＬ＋まで」が用いられるが、両者の意味は等価ではない。次の例を見てみよう。

　　(13)デパート**に/まで**買い物にいく。　　　　　　　　　　　（『助』・803）
　　(14)飛行機で仙台**に/まで**行く。　　　　　　　　　　　　　（『寺』・115）
　　(15)さあ、頑張ろう。頂上**＊に/まで**あと一息だ。　　　　　（『助』・803）
　　(16)ここ**?に/まで**逃げればもう大丈夫だろう。　　　　　　（『助』・803）
　　(17)東京から名古屋**＊に/まで**新幹線なら２時間しかかからない。（『助』・803）

「に」は主に動作や作用の帰着点を表す。「まで」は、主に空間的動作や状態などが最終的に到達する限界点を表したり(松村明、1969：803)、「から」と照応して空間範囲を示したり、「空間の延長線上の１点」（寺村秀夫 1992：109）として新しい出発点を暗に示したりする。(13)、(14)では「に/まで」のいずれも空間移動の到達点を表すので、置き換えが可能である。ただし、両者の意味と機能は同じではない。(13)の「デパートまで」は、買い物に行く限界点をデパートに決め、「デパートが買い物に行く最終点である」ということを暗示する。これに対して「デパートに」はただの買い物に行く〈目的地〉という意味を表す。なお、(14)の「仙台まで」は、〈空間の延長線上の１点〉として「仙台から先は別の手段で行く」という〈新しい手段の開始〉を含意することもあるが、「仙台に」にはそのような影が感じら

れない。このように「まで」と「に」は意味上は違いはあるが、構文上ではいずれもＶＰを修飾する連用修飾語なので、置き換えも可能である。(15)～(17)は、いずれも「動作や状態が最終的に到達する限界点」しか表さないので、「ＮＬ＋に」とは置き換えが不可能である。例えば、(15)の「頂上まであと一息だ」は名詞述語文であり、到達限界点の「頂上まで」は文の主題になっている。このように「まで」は、格助詞としての機能をもつと同時に、副助詞として句構造をトピック化させる機能ももっているので、「に」との置き換えが不可能である。(16)の「ここまで」は、「逃げる」動作の最終到達の限界点であり、「もうこれ以上逃げられない極点」あるいは「逃げる必要のない極点」という意味合いがあるが、「ここに」は「逃げる」動作の帰着点だけを表すので、「もう大丈夫だろう」という述部との照応はやや不自然に感じられる。なお、(17)は「…から…まで」構文として、構造全体が文の主題になっている。このように一つのまとまった空間・範囲を表す「…から…まで」構造の「まで」は「に」格との置き換えが不可能である。

　以上の分析から、われわれは日本語の着点標識の「まで/に」の意味と機能について、次のようにまとめることができる。

　ⅰ．「まで」の意味と機能
　　① 空間的動作の最終到達点や状態の最終的限界点を表す。
　　② 起点成分と照応して移動空間の範囲を表す。
　　③ 空間の延長線上の１点として新しい出発点を暗示する。
　　④ ［±場所性］ＮＰと共起する。
　　⑤ ［＋動作性］［＋移動性］［＋様態性］［±方向性］ＶＰと共起する。
　ⅱ．「に」の意味と機能
　　① 動作の到達点を表す。
　　② 移動の目標点（帰着点）を表す。
　　③ ［＋場所性］ＮＰと共起する。
　　④ ［［＋動作］［＋移動］［＋様態］］＋［＋方向］ＶＰと共起する。

　日本語の「まで」の語源については確実と考えられる説はないが、「まだし」などと同系で、不十分の意から到達・波及の意になったというもの、「的」の意で目的地に達する意であるものなどの説はある。「まで」の本質は格助詞と見なされて

いるが（松村明 1971：802 を参照）、普通は副助詞として定義されている（山田 1936、奥津敬一郎 1986、その他）。言語類型論的にいうと、膠着語の通則では、副助詞は普通格助詞の後につくことが可能である。だとすると、「まで」もこの通則により格助詞の「に」と一緒に用いることができるはずである。次の例を見てみよう。

(18) a. 学校［に］走っていく。（ＮＬ＋に）
　　 b. 学校［にまで］走っていく。（ＮＬ＋に＋まで）
　　 c. 学校［まで］走っていく。（ＮＬ＋φ＋まで）

(18a) は着点だけを、(18b) は限界着点を、(18c) は限界点を表す。(18b) と (18c) は統語上異なっているが、真理条件は同じである。「まで」は静的限界点、静的移動範囲を表すのに対して、「に」は、動的着点を表す。「ＮＬ＋まで」(JA) と「ＮＬ＋に」(JB) の意味の違いは次の図 2 のように図式化することができる。

　　図2　JA（ＮＬ＋まで）と JB（ＮＬ＋に）のイメージ・スキーマ
　　　a. JA（ＮＬ＋まで）　　　　　　　　　b. JB（ＮＬ＋に）

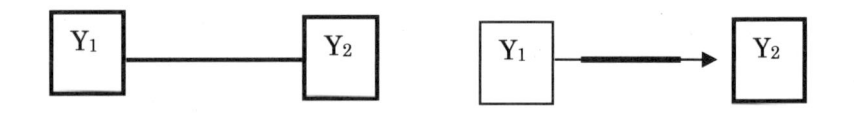

Y_1 は起点を、Y_2 は着点を、太線は前景化を、細線は背景化を、→は移動を表す。
JA は図 2 a のように起点・着点とその間の空間範囲がでプロファイルされた静的限界点を表し、JB は図 2 b のように移動と方向を表す矢印と着点が太線でプロファイルされた動的着点を表す。

着点を表す標識「まで」と「に」は、場所名詞 NL と共起して移動の着点を表すのが基本的な文法機能であるが、時間・期間・状態の限界点表現にも援用さる。

　ⅰ．JA は時間の限界点を、JB は時点を表す。
　　　(19) a. 彼は眠りに入ると、夜明けまで寝た。（JA）
　　　　　 b. *彼は眠りに入ると、夜明けに寝た。（JB）
　　　(20) a. 毎日夜遅くまで仕事をする。（JA）
　　　　　 b. *毎日夜遅くに仕事をする。（JB）

朝鮮語でも日本語と同じように、KA は時間の限界点を、KB は時点を表す。しかし、中国語では、時点も限界点は CB で表すのが一般である。例えば、上記の (19)、

(20)は中国語では次のようにCBで表している。

(21) a. *他一睡，就<u>到天亮</u>睡。(CA)

b. 他一睡，就睡<u>到天亮</u>。(CB)

(22) a. *每天干活儿,<u>到晚上</u>干。(CA)

b. 每天干活儿,干<u>到晚上</u>。(CB)

ⅱ．JAは動作・出来事の達成量を表すことができるが、JBは不可能である。

(23) a. <u>5回目まで</u>書くと、彼はもう手首が痛くなった。(JA)

b. *<u>5回目に</u>書くと、彼はもう手首が痛くなった。(JB)

c. <u>写到第五遍</u>,他的手都累酸了。(CB)

(24) a. 私は<u>百万まで</u>出したのに、彼は売ってくれない。(JA)

b. *私は<u>百万に</u>出したのに、彼は売ってくれない。(JB)

c. 我出<u>到一百万</u>,他还不卖给我。(CB)

(23)、(24)のように出来事の達成量を表す場合も、朝鮮語は日本語と同じである。しかし、中国語の場合は、(23c)、(24c)に示すようにCBがJAと対応している。

ⅲ．JAは状態の境界点を表すのに用いられるが、JBは不可能である。

(25) a. どうして<u>こんなにまで</u>人を虐めているの。(JA)

b. *どうして<u>こんなにに</u>人を虐めているの。(JB)

c. 凭什么把人欺负<u>到这个地步</u>呢？(CB)

(26) a. いくら貧しくても<u>着る服がないまで</u>ではないでしょう。(JA)

b. *いくら貧しくても<u>着る服がないに</u>ではないでしょう。(JB)

c. 你再穷也<u>穷不到没衣服穿</u>的地步。(CB)

(25)、(26)の場合も朝鮮語は日本語と同じである。A構造の「N＋まで」、「N＋까지 kkaji」、"V＋到＋N"は空間の物理的移動の着点を表す場合だけでなく、抽象的、メタファー的移動や変化の境界点を表す場合にも用いられる。しかし、B構造の「N＋に」、「N＋에 e」、"到＋N＋V"は、空間と時間表現に用いられるのが普通である。

7.3.2 朝鮮語における着点表現

前節で述べたように朝鮮語には、着点標識として「NL＋까지 kkaji」と「NL＋에 e」がある。「NL＋까지 kkaji」は常に起点成分と共起して「NL＋

199

에서(부터)eseo(buteo)＋ＮＬ＋까지 kkaji」の形式で文に現れ、起点から着点までの間の静的空間範囲を表す。対して、「NL＋에 e」は常に[＋移動性]、[＋方向性]ＶＰと共起して移動着点という動的空間を表す。「NL＋에 e」も起点成分の「NL＋에서(부터) eseo(buteo)」と共起して文に現れる場合があるが、「NL＋에서(부터) eseo(buteo)」とは異なって、文の成分との関係においてＶＰとの関係が一次的であり、起点成分との関係は、同類の任意的成分なので、文に表れても表れなくても構わない。「에서 kkaji」と「에 e」のこのような意味と機能の違いは、日本語の着点標識「まで」、「に」の違いと類似している。

　朝鮮語の「까지 kkaji」(以下 KA と呼ぶ)は、副助詞である。膠着語において副助詞は格助詞の前にも後ろにも来られる。例えば、次の(27)に示すように名詞的に振舞う場合には、文の必須成分を表す「가 g a」(が)、「를 reul」(を)、「의 eui」(の)、「에 e / 에게 ege」(に)」などの格助詞の前に来る。そして、機能語として振舞う場合は、次の(29)に示すように格助詞の後ろに来る。それゆえ、朝鮮語学界では「NL＋까지 kkaji」のルーツについて、(29)のように「NL＋에 e ＋까지 kkaji」から省略されたものと見なしている(서정수 seojeongsu、1996：459 を参照)。

　　(27) 학교까지를 뛰어가다(NL＋까지＋를)　(学校までを走って行く。)
　　(28) 학교에까지 뛰어가다(NL＋・＋・・)　(学校にまで走って行く。)
　　(29) 학교φ까지 뛰어가다(NL＋φ＋・・)　(学校まで走って行く。)

　なお、「에 e」(以下、KB と呼ぶ)は、物の<u>存在場所</u>の標識、動作の<u>結果位置</u>の標識、<u>移動着点</u>の標識として多義的に用いられる。(日本語の「に」にも同じことが言える)。それゆえ、形だけでは異なるカテゴリーの境界を明確に区別することができない。朝鮮語では、機能語やNPとの共起関係やVPとの共起および文脈などによってKBの異なる概念を判別している。次の例を見てみよう。

　　(30) a. 서울<u>에</u> 있다　　　　ソウル<u>に</u>いる　　　　(他)<u>在</u>汉城
　　　　 b. 동경<u>에</u> 살다　　　　東京<u>に</u>住む　　　　(他)<u>在</u>东京住
　　　　 c. 의자<u>에</u> 앉다　　　　椅子<u>に</u>坐る　　　　(他)<u>坐到</u>椅子上
　　　　 d. 학교<u>에</u> 가다　　　　学校<u>に</u>行く　　　　(他)<u>到</u>学校去
　　　　 e. 서울<u>에</u> 전화를 걸다　ソウル<u>に</u>電話をかける　(他)把电话打<u>到/给</u>汉城
　　　　 f. 벽<u>에</u> 페인트를 칠하다 壁にペンキを塗る　　(他)<u>在</u>墙上刷油漆

　(30a, b)のは「存在場所」を、(30c, d, e)は「着点」を、(30 f)は「結果位置」

を表しているが、いずれも機能語「에 e」で表されているので、それだけでは意味の区別が付き難い。「에 e」の意味は前に来るNPと共起するVPによって区別されるのである。上記の(30a～f)は、いずれも同じ[＋空間]の性質を持つNPであるので、この措置だけでは意味弁別ができないので、必ずVPや文脈によって判断しなければならない。例えば、(30a,b)のVPは[＋存在]動詞なので、「NL＋에 e」は存在場所を表し、(30d)のVPは[＋移動][＋方向]動詞なので、「NL＋에」は着点を表す。(30e)の場合はやや異なる解釈ができる。VPには[移動性]も[方向性]もないが、文脈に[＋方向性]があるので、「NL＋에 e」は「電話をかける動作により通信内容が行き着く」着点を表すことができる。(30f)のVPは[＋動作][＋付着]動詞なので、「NL＋에 e」は動作の結果位置を表す。なお、(30c)のように「앉다 antta(座る)」の類の動詞は、存在と動作の間を跨る過程動詞[3]なので、結果位置とも着点とも解釈できる。

(30)の日本語と中国語の例は、朝鮮語と対応するカテゴリーの表現である。しかし、日本語は朝鮮語と全く同じように、「に」によって「存在場所」、「着点」、「結果位置」の概念を表しているのに対して、中国語では、「存在場所」と「結果位置」の概念は"在"で、「着点」の概念は"到"で表している。

以上の事例分析から我々は着点概念および着点表現の３要素について次のようにまとめることができる。

着点概念の定義：
 ⅰ．移動物がある位置から他の位置へ移動する際の目標場所を着点という。
 ⅱ．移動物、移動方向、位置移動は、着点表現に不可欠の３要素である。
 ⅲ．移動物（具象、抽象）は、主語あるいは目的語の可能である。

着点表現の３要素：
 a．標識語　：「에 e」「に」"到"
 b．NL：[＋場所性]のNL
 c．VP：〔[＋移動][＋動作]〕[＋様態]〕＋[＋方向]

---

[3] 過程動詞とは、瞬間動詞のことを指している。動詞は主に動作と状態の二つの側面からなっており、動作から状態への変化過程もある。一般に、動詞は「行為・過程・状態」の３種類に分けられる（中右実、1994：309‐313を参照）。

7.3.3 中国語の着点表現

中国語の着点標識は"到 dao"である。"到"は動詞と機能語（介詞）の二側面があるが、着点を表す際は、機能語（介詞あるいは動詞の接辞[4]）として扱われている。なお、起点を伴う着点は次の(31a)に示すように"从＋ＮＬ…到＋ＮＬ"（以下、CAと呼ぶ）構造で表され、起点を伴わない着点は(31b)に示すように"Ｖ＋到＋ＮＬ"（以下、CBと呼ぶ）構造で表される。

  (31) a. 他从家里到学校是跑来的。(CA)（彼は家から学校まで走ってきた。）
    b. 他从家里跑到学校。 (CB)（彼は家から学校に走ってきた。）

CA構造の"到"とCB構造の"到"の意味と機能は同じではない。CAは"从＋ＮＬ"と"到＋ＮＬ"が同じ「前置詞＋ＮＬ」である、二つの同質構造からなっている。しかし、CBは「前置詞＋ＮＬ」の"从＋ＮＬ"と「動詞接辞＋ＮＬ」の"Ｖ＋到＋ＮＬ"という、二つの異質構造からなっている。つまり、"从＋ＮＬ"と"到＋ＮＬ"の統語関係が、CAでは並立関係にあるが、CBでは修飾関係である。

では、次の例文からA、B両構造の違いを考えてみよう。

  (32) a. 从北京到上海, 坐火车大约需要十五个小时。 (CA)（『虚』・122）
    （北京から上海まで、汽車では15時間ぐらいかかる。）
   b. 从北京(来)到上海, 两天以后又经杭州去了宁波。(CB)
    （北京から上海に来て、二日後また杭州経由で寧波に行った。）

(32a)の"到上海（上海まで）"は"介詞＋ＮＰ"構造であり、(32b)の"(来)到上海（上海に来る）"は"動詞＋ＮＰ"構造である。(32a)の"从北京到上海（北京から上海まで）"は、起点から着点までの全区間が一つのまとまったモノとして前景化されているのに対して、(32b)の"从北京来到上海（北京から上海にきた）"では、起点の"从北京"と着点の"到上海"は別の空間としてそれぞれ動詞"来"と関わりあっている。つまり、(32b)の"从北京来到上海"は"从北京来（北京からきた）"と"到上海来（上海に来た）"という二つの出来事を表す（"到上海"はトラジェクターであり、"从北京"はランドマークである）。

---

[4] 中国語の"到"には、動詞と介詞の二つの側面があるが、動詞として用いられる場合が多い。それゆえ、未だに"到"などの品詞分けに関する論争が続いている。しかし、最近の見方でば、動詞の後ろの"到"などを動詞の接辞とし、"Ｖ＋到＋ＮＬ"などを「ＶＯ」構造と見なしている（孟慶海、1986；沈陽、1998；赵金铭,1995；卢涛 2000）。

日本語や朝鮮語とは異なって、中国語ではCB構造が着点表現に最も広く用いられる。

以下では、着点表現における日朝中3言語の統語規則について比較対照し、異同の生じる原因を探りたい。

7．4　動詞との共起関係

前節では、着点を表すA、B構造の違いについて、構造の性質や意味役割から見てきた。結果、日朝中3言語のいずれも、A構造は主語、目的語、限定語（名詞修飾語）になり得る名詞的性質をもっているのに対し、B構造はＶＰの成分として機能していることを明確にした。本節では、さらにＶＰとの共起関係から、両構造の統語機能および日朝中3言語の対応関係を考察する。

日本語と朝鮮語は、言語類型が同じで、統語レベルにおいても形態レベルにおいても共通点が多いので、一括りとして扱い、中国語と対照することにする。

7.4.1　JA、JB（KA、KB）構造と動詞との共起関係

JAは移動動詞（V_1）や、[移動動詞＋くる/いく]のＶＰと共起できるが、JBは[移動動詞＋くる/いく]のＶＰとしか共起できない。次の例を考えてみよう。

(33) a. 彼は、駅から学校まで歩いてきた/いった。（JA）
　　 b. 彼は、駅から学校まで歩いた。　　　　　（JA）
(34) a. 彼は、駅から学校に歩いてきた/いった。（JB）
　　 b.*彼は、駅から学校に歩いた。　　　　　　（JB）

JAでは、(33a、b)に示すように移動動詞の場合は、後ろに「来る/行く」を付加してもしなくても文が成り立つが、JBでは、(36b)に示すように移動動詞に「来る/行く」を付加しないと不自然になる。なぜなら、JAの「まで」には[区間内移動目標]という意味が包含されているので、「歩く」類の[－方向][＋移動]の動詞とでも共起が可能である。しかし、JBの「に」は空間の一つの点しか表すことができないので、その点に辿るための[移動]と[方向]という条件は必要不可欠である。「歩く」類の[－方向]動詞の場合は(34a)のように後ろに方向を表す「行く/来る」を付加しなければばらない。

朝鮮語の場合も日本語と同じである。つまり、上記の日本語の例文(33a, b)、(34a, b)と次の朝鮮語の例文(33´a, b)、(34´a, b)は、意味も機能も同じである。

(33´)a. 그는 역에서 학교까지 걸어왔다/갔다. (KA)
　　　b. 그는 역에서 학교까지 걸었다. (KA)
(34´)a. 그는 역에서 학교에 걸어왔다/갔다. (KB)
　　　b.*그는 역에서 학교에 걸었다. (KB)

(33´a)と(34´a)のＶＰは、[V₁+(아 a/어 eo)가다 kada/오다 oda]の複合動詞である。この種の複合動詞は[＋移動][＋方向]なので、KAともKBとも共が可能である。しかし、(33´b)と(34´b)のＶＰ「걸었다 keoreotta (歩いた)」は、[－方向]なのでKBの着点成分「ＮＬ＋に」とは共起できない。

JAは、移動様式動詞(V_2)、[＋移動様式動詞＋くる/いく]とは共起できるが、JBはそれが不可能である。次の例を考えてみよう。

(35)a. 彼は駅から家まで足を引きずりながらきた/いった。(JA)
　　 b. 彼は駅から家まで足を引きずった。(JA)
(36)a. 彼は駅から家に足を引きずりながらきた/いった。(JB)
　　 b.*彼は駅から家に足を引きずった。(JB)

JAで表している空間は、起点から着点までの一体性空間なので、構造だけで移動と方向を暗示する。例えば、(35a)、(36b)のように「足を引きずった」の後ろに「くる/いく」があってもなくても文は成立するのである。一方、JBでは、起点と着点の間に一体性はなく、別々の空間を表す。なお、JB構造は[＋移動][＋方向]のＶＰを必要とするので、(36b)に示すように様態動詞「足を引きずる」の後ろに「くる/いく」を付加しないと、非文になる。

もう一つ、注目すべきは、「足を引きずる、びっこを引く、よろよろする」の類のV_2が「来る/行く」と共起した場合、主要部は、左側の[＋移動様態]動詞ではなく、右側の付加動詞「来る/行く」になる。つまり、(35a)、(36a)の「足を引きずる」は、右側主要部「行く/来る」を修飾する役割をしている。一般に、ＶＰの

---

5 ここで言う[＋移動様式]動詞とは、移動の様態だけを表し、移動の方向性をもたない擬声・擬態語動詞だけを指す。例えば、ひょろひょろする、よろよろする、びっこを引く、足を引きずる

二動詞関係は、左側主要部のV₁文では(33a)、(34a)のように「‐て」を用いるのが自然であるが、(35a)、(36a)のように右側主要部のV₂文では「‐ながら」の使用が自然である。

朝鮮語の場合も日本語と同じである。例えば、上記の日本語の例文(35a, b)と(36a, b)を朝鮮語で表すと、次の(35´a, b)、(36´a, b)のようになる。

 (35´)a. 그는 <u>역에서 집까지</u> 절뚝거리며 왔다/갔다. (KA)

   b. 그는 <u>역에서 집까지</u> 절뚝거렸다.   (KA)

 (36´)a. 그는 역에서 <u>집에</u> 절뚝거리며 왔다/갔다. (KB)

   b.*그는 역에서 <u>집에</u> 절뚝거렸다.   (KB)

朝鮮語の様態を表すV₂は、次に例示するように「擬態語＋거리다 keorida」類の複合動詞である。

  절뚝거리다 jeolttukkeorida（びっこを引く／足を引きずる）

  헐떡거리다 heoltteokkeorida（はあはあと喘ぐ）

  비틀거리다 piteulgeorida（よろよろする）

この類の動詞は、[－移動][－方向]なので、空間移動の表現に用いられないのが普通である。しかし、KAのように移動の意味を含意している構文では、着点の表現が可能であり、後ろに「오다 oda（来る）/가다 kada（行く）」を付加すると、(36´b)のようにKBでも着点を表すことが可能である。

V₂文とV₁文の複合動詞を作る接辞は異なる。(35´a)、(36´a)のようにV₂文では「－며 myeo/면서 meonseo」であるが、この接辞と日本語の接続助詞「‐ながら」は、意味も機能も同じである。

JAは、過程動詞(V₃)と共起できるが、JBはできない。次の例を見てみよう。

 (37)a. 彼は<u>名古屋から東京まで</u>坐っていた。   (JA)

   b. 彼は<u>名古屋から東京まで</u>坐って来た／行った。 (JA)

 (38)a. 彼は<u>名古屋から東京まで</u>横になっていた。 (JA)

   b. 彼は<u>名古屋から東京まで</u>横になって来た／行った。 (JA)

 (39)a.*彼は名古屋から<u>東京に</u>坐っていた。   (JB)

   b. 彼は名古屋から<u>東京に</u>坐って来た／行った。 (JB)

 (40)a.*彼は名古屋から<u>東京に</u>横になっていた。 (JB)

b. 彼は名古屋から東京に横になって来た／行った。　　　（JB）

　(37)と(38)のような過程動詞文のJAでは、「来る／行く」を付加してもしなくても文は成り立つ。(37a)、(38a)は「名古屋から東京まで移動した」という事実と移動する間に「ずっと坐っていた／横になっていた」という事実を表している。しかし、「来る／行く」の有無によって、移動および着点を表す仕方は異なる。例えば、「座る」、「横になる」のように［－方向］［－移動］［－移動方式］の過程動詞文では、JAとJBの共起関係が異なる。JAでは、「来る／行く」がなくても［ＮＬ＋から…ＮＬ＋まで］の構造によって乗り物が推測され、またその乗り物によって移動が実現される。なお、(37b)と(38b)のようにV₃に「来る／行く」が付加される場合は、ＶＰの主要部は「来る／行く」になり、「来る／行く」によって移動が実現される。そして、「座って」、「横になって」は移動様式としてＶＰを修飾する修飾語（ＰＰ）になる。JAに対してJBの場合は状況がやや違う。V₃に「来る／く」を付加しないと、(39a)、(40a)「東京に坐った／横になった」のように非文になる。

　V₃との共起制約において、朝鮮語は日本語と対応する。上で例示した日本語の例文(37)〜(40)を朝鮮語にすると、次の(37`)〜(40`)のようになる。

　　　(37`)a. 그는 나고야에서 도쿄까지 앉았다.　　　（KA）
　　　　　b. 그는 나고야에서 도쿄까지 앉아왔다/갔다.　（KA）
　　　(38`)a. 그는 나고야에서 도쿄까지 누웠다.　　　（KA）
　　　　　b. 그는 나고야에서 도쿄까지 누워왔다/갔다.　（KA）
　　　(39`)a. *그는 나고야에서 도쿄에 앉았다.　　　（KB）
　　　　　b. 그는 나고야에서 도쿄에 앉아왔다/갔다.　（KB）
　　　(40`)a. *그는 나고야에서 도쿄에 누웠다.　　　（KB）
　　　　　b. 그는 나고야에서 도쿄에 누워왔다/갔다.　（KB）

　JAは動作動詞（V₄）と共起できるが、JBはできない。次の例を考えてみよう。

　　(41)a. 彼は名古屋から東京まで小説を読んだ。　　　　　　　（JA）
　　　　b. 彼は名古屋から東京まで小説を読みながら来た／行った。　（JA）
　　(42)a. 私達は名古屋から東京までお酒を飲んだ。　　　　　　（JA）
　　　　b. 私達は名古屋から東京までお酒を飲みながら来た／行った。（JA）

　(41a,b)、(42a,b)に示すように目的語を伴うV₄文では、JAは「来る／行く」があってもなくても移動と着点を表すことができる。(41a)、(42a)のように目的語を

伴う述部「小説を読む」、「酒を飲む」などは[－方向][－移動][－移動方式]の動作動詞なので、それだけでは移動を表すことができない。が、「ＮＬ＋から…ＮＬ＋まで」の機能によって乗り物が推測され、移動が実現されるのである。よって、(41a)、(42a)の表している「知的情報」や「真理条件」は(41b)、(42b)と同じで、いずれも「名古屋から東京まで小説を読みながら来た/お酒を飲みながら来た」という意味を表す。ただし、(41b)、(42b)に示すように「来る/行く」が付加されると、ＶＰの焦点は「来る/行く」に変わり、「小説を読みながら」「お酒を飲みながら」は「来る/行く」（ＶＰ）を修飾する修飾語（ＰＰ）に変わる。

　朝鮮語の場合も日本語と同じである。次の(41`)、(42`)は日本語の(41)、(42)と同じように解釈できる。

(41`) a. 그는 나고야에서 도쿄까지 소설을 읽었다.　　　　　(KA)
　　　b. 그는 나고야에서 도쿄까지 소설을 읽으며 왔다/갔다.　(KA)
(42`) a. 그는 나고야에서 도쿄까지 술을 마셨다.　　　　　　(KA)
　　　b. 그는 나고야에서 도쿄까지 술을 마시며 왔다/갔다.　　(KA)

　JBで「読む/飲む」の類の動詞が述語になる場合、必要とするのは移動の着点ではなく、動作場所である。よって、次の(43a)(44a)は非文である。もし、「読む/飲む」の類の動詞の後ろに「くる/いく」が付加されると、ＶＰの主要部は右側の「行く/来る」に変わり、文の焦点も「読む/飲む」の類の動詞から「来る/行く」に変わる。したがって、(43b)、(44b)の「小説を読みながら」、「お酒を飲みながら」も「行った/来た」を修飾する修飾語になる。

(43) a. *彼は名古屋から東京に小説を読んだ。　　　　　　　(JB)
　　　b. *그는 나고야에서 도쿄에 소설을 읽었다.　　　　　(KB)
　　　a`. 彼は名古屋から東京に小説を読みながら来た/行った。(JB)
　　　b`. 그는 나고야에서 도쿄에 소설을 읽으며 왔다/갔다. (KB)
(44) a. *私達は名古屋から東京にお酒を飲んだ。　　　　　　(JB)
　　　b. *그는 나고야에서 도쿄에 술을 마셨다.　　　　　　(KB)
　　　a`. 私達は名古屋から東京にお酒を飲みながら来た/行った。(JB)
　　　b`. 그는 나고야에서 도쿄에 술을 마시며 왔다/갔다.　(KB)

上記のように、V_3とV_4では、「来る/行く」の付加によって、元のＶＰがＰＰ

に変わることもあるが、そのＰＰの形は同じではない。V_3の場合は「-てくる/いく」（朝鮮語では「-아‥어‥왔다‥‥갔다‥‥」・であり、V_4の場合は「-ながらくる/いく」（朝鮮語では「-며‥‥‥면서‥‥‥‥오다‥‥가다‥‥」）である。

着点成分と共起する4種類の動詞の意味特徴は次の表4のようである。

表4　　　4種類動詞の意味特徴

V_1：（移動動詞）［＋移動］　［±方向］［＋移動様式］　［±付着性］
V_2：（様態動詞）［－移動］　［－方向］［＋移動様式］　［－付着性］
V_3：（過程動詞）［－移動］　［－方向］［＋過程］　　　［＋付着性］
V_4：（動作動詞）［－移動］　［－方向］［＋動作］　　　［－付着性］

以上述べた日本語と朝鮮語における着点表現と動詞との共起関係は、次の表5のようにまとめることができる。

表5　　　JA/KA、JB/KBと動詞との共起制約

VP	基本構造	A構造		B構造	
		JA	KA	JB	KB
V_1	裸動詞	＋	＋	－	－
	V＋て＋いく/くる	＋	＋	＋	＋
	V＋아•어＋오다…	＋	＋	＋	＋
V_2	裸動詞	＋	＋	－	－
	V＋ながら＋いく/くる	＋	＋	＋	＋
	V＋며＋오다…	＋	＋	＋	＋
V_3	裸動詞	＋	＋	－	－
	V＋て＋いく/くる	＋	＋	＋	＋
	V＋아•어＋오다…	＋	＋	＋	＋
V_4	裸動詞	＋	＋	－	－
	V＋ながら＋いく/くる	＋	＋	＋	＋
	V＋며＋오다…	＋	＋	＋	＋

7.4.2　CA、CB構造と動詞との共起関係

まず、移動動詞との共起状態をみてみよう。

V_1：恠、怒、点、回、靠近，逃，转，避，飞，落

移動動詞文V_1において、中国語のCA、CBは、日本のJA、JBや朝鮮語のKA、

KBとは異なる。CAは"移動動詞＋来/去"としか共起できないが、CBは"来/去"がなくても移動動詞と共起が可能である。

 (45) a．他从车站到学校是走(着)来/去的。(CA)
   b．??他从车站到学校是走的。　　　(CA)
 (46) a．他从车站走到学校来/去了。　　　(CB)
   b．他从车站走到学校。　　　　　　(CB)

 中国語の着点標識"到dao"は、朝鮮語の「에・」や日本語の「に」とは違って、完全に文法化されていない機能語として動詞的意味合いがかなり強い。しかも、CBの"V＋到"構造には、JB、KBの「に」、「에・」だけでなく、JA、KAの「まで」、「까지……」の意味機能も含まれている。よって、(46a, b)に示すように"走zou"類の[＋移動][－方向]動詞とも共起が可能である。逆にCAにはJA、KAのような方向や移動指示の機能がない。よって、CAは(45b)に示すように[－方向][＋移動]の動詞とは共起しにくく、JA、KAとも対応できない。JA、KAと対応関係になるのはCBである。

 日朝中3言語の着点構造を比較すると、KAとJAでは着点句と起点句との結び付きが緩く、独立性が強いが、CAでは着点句と起点句との結び付きがきつく、決して自由ではない。したがって、(45a)に示すようにCA構造は名詞的性質によって常にトピックになる場合が多い。それに対して、CBは独立性があるので、(46a)に示すように移動の最終点、限界点を表すことが多い。(45)、(46)と対応する日本語と朝鮮語は、次の(45`)、(46`)のようになる。

 (45`) a．他<u>从车站到学校</u>是走(着)来/去的。　(CA)
   b．彼は<u>駅から学校まで</u>歩いてきた/いった。(JA)
   c．그는 <u>역에서 학교까지</u> 걸어왔다/갔다・……
   a`．??他<u>从车站到学校</u>是走的。　　　(CA)
   b`．彼は<u>駅から学校まで</u>歩いた。　　(JA)
   c`．그는 <u>역에서 학교까지</u> 걸었다・……
 (46`) a．他从车站<u>走到学校</u>来/去了。　　(CB)
   b．彼は駅から歩いて<u>学校</u>にきた/いった。(JA)
   c．그는 역에서 걸어서 <u>학교에</u> 왔다/갔다・……

a`. 他从车站走到学校。　　　　　　　(CB)

b`. 彼は駅から学校まで歩いた。　　　　(JA)

c`. 그는 역에서 학교까지 걸었다.　　　(KA)

　CAには、JA、KAのような移動と方向を指示する機能がない。移動を表すためには[＋持続性]の副詞の修飾を受けなければならない。よって、(45`b)に示すように[＋移動][－方向]のV₁文では、CAはJA、KAとは対応できない。

　続いて、[＋移動様式]動詞との共起状態を見てみよう。

| V₂： 一瘸一拐　　搖搖晃晃　　东倒西歪　　气喘吁吁　　蹒跚 |

(47) a. 他从车站到家里一直是一瘸一拐的。　(CA)

　　 b. *他从车站到家里是一瘸一拐的。　　(CA)

(48) a. 他从车站一瘸一拐地走到家里来/去了　(CB)

　　 b. 他从车站一瘸一拐地走到家里　　　　(CB).

"一瘸一拐(びっこを引く)"の類の[＋移動様式]動詞(以下V₂と呼ぶ)は[－移動][－方向]である。CAには移動と方向を指示する機能がない。したがって、(47b)に示すようにVPが裸動詞のV₂の場合はCAとの共起が不可能である。しかし、(47a)に示すように[＋持続]の意味の副詞"一直"などと共起すると、[＋移動性][＋方向性]が得られ、CAも着点を表すことが可能になる。なお、CBの"到"は動詞的に機能し、[＋方向]の性質をもっている。さらに、CBでは"一瘸一拐(びっこを引く)"の類のVPはPPに「格下げ」して、(48a, b)に示すようにVPの"走到家里(家に歩いていく)"を修飾している。V₂文でのCA、CBは日本語と朝鮮語では次のように表される。

(49) a. 他从车站到家里一直是一瘸一拐的。　　　(CA)

　　 b. 彼は駅から家までずっとびっこを引いた。　(JA)

　　 c. 그는 역에서 집까지 줄곧 절뚝거렸다.　　(KA)

(50) a. *他从车站到家里是一瘸一拐的。　　　　　(CA)

　　 b. 彼は駅から家までびっこを引いた。　　　　(JA)

　　 c. 그는 역에서 집까지 절뚝거렸다.　　　　 (KA)

(51)a. 他从车站一瘸一拐地走到家里来/去了　　　(CB)

　　b. 彼は駅から家までびっこを引きながら歩いて来た/行った。(JB)

　　c. 그는 역에서 집까지 절뚝거리며 걸어왔다/갔다. (KB)

(52)a. 他从车站一瘸一拐地走到家里　　　(CB)

　　b. 彼は駅から家までびっこを引きながら歩いた。　(JB)

　　c. 그는 역에서 집까지 절뚝거리며 걸었다. 　(KB)

　ＶＰの焦点が、Ａ構造では(49)、(50)のように"一瘸一拐(びっこを引く)"の類のＶ₂であるが、Ｂ構造では(51)、(52)のように"Ｖ＋到"である。なお、"一瘸一拐"の類のＶ₂は、Ａ構造では文の焦点のＶＰになるが、Ｂ構造では補語になる。このように、"一瘸一拐"の類の動詞は、常にPP(補語)の資格で文に表れる場合が多く、後ろに"地"という用言性助詞が付属されるのが普通である。CA、CBとＶ₂の統語関係は次のようになる。

　　　CA：[从＋NL＋到＋NL]＋[一直＋是＋V₂＋的]
　　　CB：[V₂＋地]＋[V₁＋到＋NL]

　さらに、動作動詞・過程動詞との共起状態についてみてみよう。

　　V₃：[＋過程][＋有界]　　坐、躺、站…
　　V₄：[＋動作][－有界]　　看、喝、唱、说、打、读、骂、哭、吵、闹…
---

(53)a.　他从名古屋到东京（一直）是站着来/去的。　(CA)

　　b.＊他从名古屋到东京是站的　　　(CA)

(54)a.＊他从名古屋站到东京来/去了。　(CB)

　　b.　他从名古屋站到东京。　(CB)

(55)a.　他从名古屋到东京（一直）是看小说来/去的。(CA)

　　b.＊他从名古屋到东京是看小说的。　(CA)

(56)a.＊他从名古屋看小说看到东京来/去了。　(CB)

　　b.　他从名古屋看小说看到东京。　(CB)

　上で既に述べたが、CAは静的性質を持っているので、それだけでは(53b)、(55b)のように"站（立つ）"類の」[－移動][－方向]過程動詞(以下V₃にする)や"看（読む）"類の [－移動][－方向]動作動詞(以下V₄にする)とは共起できない。要

するに、CA が V_3、V_4 と共起できるようにするためには、(53a)、(55a)に示すように「＋継続」の副詞"一直（ずっと）"あるいは目標点を表す"来/去"が付加されなければならない。CA に対して CB は"站（立つ）"類の V_3 や"看（見る/読む）"類の V_4 と共起して(54b)、(56b)のように文の背景では空間移動を表すことができる。なお、CB は「動作の完結点」を表すので、(54a)、(56a)のよう"来/去"とは共起できない。

A、B 構造と動詞との共起関係は次の表 6 のようにまとめられる。

表6　日朝中着点表現構造とＶＰとの共起関係

	動詞の種類	JA	JB	KA	KB	CA	CB
V_1	移動動詞（裸）	＋	－	＋	－	－	＋
	移動動詞＋方向動詞[1]	＋	＋	＋	＋	＋	＋
V_2	移動様式(裸)	＋	－	＋	－	＋[2]	＋
	移動様式＋方向動詞	＋	＋	＋	＋	＋	＋
V_3	過程動詞(裸)	＋	－	＋	－	－	＋
	過程動詞＋方向動詞	＋	＋	＋	＋	＋	－
V_4	動作動詞（裸）	＋	－	＋	－	－	＋
	動作動詞＋方向動詞	＋	＋	＋	＋	＋	－

注：[１]方向動詞：「いく/くる」、「오다‥‥가다‥‥」、"来/去"のことを指す。
　　[２]編み掛けは、条件付きでは可能であることを意味する。

7.5　日朝中着点表現の対応関係

以上で見たようにA構造(JA、KA、CA)とB構造(JB、KB、CB)は、対応している場合もあるが、対応しない場合もある。本節では、日朝中の類似点と相違点をまとめて示し、その原因を明らかにする。

7.5.1　部分的対応関係

着点の表現において、日本語と朝鮮語はほぼ共通している。しかし、日朝と中国語は共通点より相違点のほうが多い。それは、中国語は文における"到"の位置により意味が大きく異なるからである。例えば、動詞の前に来る前置の"到＋ＮＬ"(CA)と後に来る"到＋ＮＬ"(CB)は、意味や機能がそれぞれ異なる。前置の"到＋ＮＬ"は起点句と共にトピック化したり、名詞句を修飾したりするが、後置の"到＋ＮＬ"は、ＶＰを修飾する。以下では、日朝中の非対称関係を詳しく述べる。

第7章　移動着点の表現

JA、KAは、CAともCBとも対応関係をもつ。次の例を考えてみよう。

(57) a. 彼は図書館から教室まで走ってきた。　（JA）
　　 b. 그는 도서관에서 교실까지 뛰어왔다. ‥‥
　　 c. 他从图书馆到教室是跑（着）来的。　（CA）
　　 b. 他从图书馆跑,一直跑到教室。　（CB）

JA/KAはCAと対応しているが、意味や機能は決して対等ではない。JA/KAの表す意味合いはCAより広く、(57)に示すようにCAともCBとも対応する場合がある。JA、KA、CAとJA、KA、CBの表す意味をイメージ化すると、次の図3のようになる。

図3　　　JA、KA、CAとCBのイメージスキーマ
(a)　　JA/KA/CA　　　　　　　　(b)　　CB/JA/KA

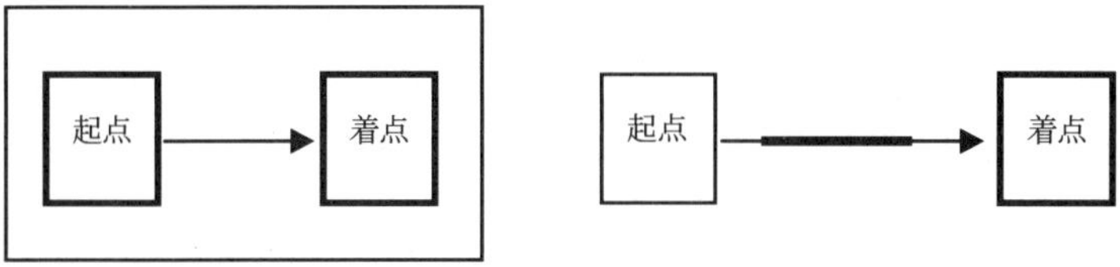

[起点 → 着点]　　　　　　　　　　[起点 ━━━━→ 着点]

(a)は起点と着点が全部プロファイルされた静的空間をイメージ化し、(b)は起点から着点への移動プロセスおよび着点がプロファイルされた動的空間をイメージ化した。

CBは、JA/KAともJB/KBとも対応関係をもつ。次の例を見てみよう。

(58) a. 他坐飞机坐到北京。　　　　（CB）
　　 b. 彼は飛行機で北京まで来た。　（JA）
　　 b´. 그는 비행기로 북경까지 왔다.　（KA）
　　 c. 彼は飛行機で北京に来た。　（JB）
　　 c´. 그는 비행기로 북경에 왔다.　（KB）

すでに述べたように、中国語では、移動着点表現の主な形式はCBである。したがって、CBの意味カテゴリーはJB・KBより広い。中国語では、CAの場合はフォーカスが着点成分であるが、CBの場合は着点成分を含んだＶＰである。例えば、(58a)では"坐到北京(北京まできた)"というＶＰ全体がフォーカスになる。なお、(58a)の表している着点は動作の最終点であるが、新しい動作の開始点にもなり得るので、(58b, b´)に示すようにJA、KAとも対応できるが、(58c, c´)に示すようにJB、KBとも対応する。次の例を見てみよう。

213

(59)a. 坐到北京。　　　　(CB)　　(60)a. 坐到椅子上。　　(CB)
　　b. 北京まで坐った。　(JA)　　　　b. 椅子に坐った。　　(JB)
　　c. 북경까지 앉았다. (KA)　　　　c. 의자에 앉았다. (KB)

CBは(b, c)に示すように、JA、KAとも対応し、(60b, c)に示すようにJB、KBとも対応する。(59a)の"北京"も(60a)の"椅子"も着点を表しているが、NPの性質は異なる。モノ名詞の"椅子"は方位詞"上"[6]によってNL(場所名詞)のふるまいをするが、場所名詞の"北京"は場所性が含意されているため、方位詞を必要としない。"椅子＋上"の類のNLと"北京"の類のNLは、構造の上だけでなく意味の上でも異なる。にも関わらず、中国語では、この二つのNLを同一視し、使い分けてはいない。これに対して、日本語や朝鮮語では、(59b, c)、(60b, c)に示すように「北京」と「椅子」をそれぞれ「モノ名詞」、「場所名詞」という異なるカテゴリーとして明確に区別し、使い分ける。なお、中国語では"椅子＋上"のように「モノ名詞」の後ろに必ず方位詞「上、下、中」などを付け、「モノ名詞＋方位詞」の構造で空間概念を表すが、日本語や朝鮮語では、必ずしもモノ名詞に方位詞を付けない。

さらに次の例を見てみよう。

(61)a. 从长春 坐到北京。　　　(CB)
　　b. 長春から北京まで坐った。(JA)
　　c. 장춘에서 북경까지 앉았다. (KA)
(62)a.＊从 X 坐到椅子上。　　(CB)
　　b.＊X から椅子に坐った。　(JB)
　　c.＊X 에서 의자에 앉았다. (KB)

(61a, b, c)のように「長春」の類の[−付着点]のNLと共起するCB、JA、KAは、背

---

[6] 日朝中3言語は、方位詞使用における規則ないし制約がそれぞれ異なる。中国語では着点表現において、モノ名詞に必ず方位詞を付加して空間化するが、朝鮮語では方位詞を問題視しない。それに対して日本語では方位詞の使用において、VPやNPだけでなく、文脈で方位詞の使用の可否を決める。つまり、習慣化、常識化、一般化したものには、方位詞を用いないのが原則であり、そうでない場合は必ず方位詞で位置を明確に指示する。例えば、「椅子に坐った」の場合の「椅子」は、人間に坐ってもらうためにできたもので、「椅子に坐る」ことは常識であるが、「椅子に立つ」ことは非常識である。よって、「椅子に坐る」文では方位詞の場所指示が不必要であるが、「椅子に立つ」文では方位詞の場所指示がないと、不自然な感じがする（荒川清秀 1982：74-78 を参照）。

214

景化の「起点」成分を前景化して文面に表すことが可能であるが、(62a, b, c)のように「椅子」の類の[＋付着点]のＮＬと共起するCB、JB、KBは、必ずしも起点成文が背景化しているとは限らない。したがって、「起点」成分を前景化して文面に表すことはできない。なお、(61)の「坐到北京/北京まで坐った/북경까지 앉았다」は、[＋継続]の副詞成分としか共起できない。これに対して、(62)の「坐到椅子上/椅子に坐った/의자에 앉았다」は、[－継続]の副詞成分とも、[＋継続]の副詞成分とも共起して、結果の継続を表すことが可能である。

次の例を見てみよう。

	[＋継続]	[－継続]
坐到北京	一直坐到北京	*一下子坐到北京
北京まで坐った	ずっと北京まで坐った	*一気に北京まで坐った
북경까지 앉았다	줄곧 북경까지 앉았다	*단번에 북경까지 앉았다
坐到椅子上	一直坐到椅子上	马上坐到椅子上
椅子に坐った	すぐ椅子に坐った	ずっと椅子に坐った
의자에 앉았다	줄곧 의자에 앉았다	즉시 의자에 앉았다

他動詞構文では、3言語の対応関係がやや異なる。ＮＬの性質によってCBはJA、KAと対応したり、JB、KBと対応したりする。次の例を考えてみよう。

(63) a.　他把那件毛衣一直穿到日本。　　　　　　(CB)
　　 b.　彼はそのセーターを日本まで着てきた。　　(JA)
　　 b'.　그는 쉐터를 일본까지 입고 왔다.　　　　(KA)
　　 c.　彼はそのセーターを日本に着てきた。　　　(JB)
　　 c'.　그는 쉐터를 일본에 입고 왔다.　　　　　(KB)
(64) a.　他把那件毛衣穿到衬衫外面。　　　　　　(CB)
　　 b.　彼はそのセーターをワイシャツの上に着た。　(JB)
　　 b'.　그는 쉐터를 와이셔츠 위에 입었다.　　　(KB)
　　 c.　*彼はそのセーターをワイシャツの上まで着た。(JA)
　　 c'.　*그는 쉐터를 와이셔츠 위까지 입었다.　 (KA)

(63)は移動着点を表し、(64)は結果位置を表す。CB は、(63a)のように着点を表す文では、JA、KAと対応しているが、(64a)のように結果位置を表す文では、JB、KB

と対応している。ご覧のように(63a)のＮＬは場所名詞であるが、(64a)のＮＬはモノ名詞である。したがって、両者は意味も統語機能も異なる。(63a)のCB構造"穿到日本(日本まで着てきた)"は移動の着点を表すので、JA、KAと対応しているが、(64a)のCB構造"衬衫上面(ワイシャツの上)"は動作の結果位置を表すので、JB、KBと対応している。なお、CBの"到"はまだ元の動詞の[＋移動][＋方向][＋完結]の意味が残っているので、(63a)のように"来/去"と共起すると、[方向性]が重複していて文が不自然になる。これに対して、JA、KAの「まで/까지 kkaji」には[移動]や[方向]の意味がなので、「着る」類の[－移動][－方向]の裸動詞との共起できない。移動の着点を表すためには(63b, c)に示すように[－移動][－方向]動詞の後ろに「くる/いく」、「오다 oda/가다 kada」を付加して用いるのが普通である。

6.5.2 日朝中３言語の特質

　CBの"到＋ＮＬ"構造とKA、KBの「ＮＬ＋까지 kkaji/에 e」は、形式上目的語化が可能であるが、JAとJBの「ＮＬ＋まで/に」は目的語化が不可能である(場所成分の目的語化表現については第７章で詳しく論じる)。

　CBと共起可能な動詞としては、次のような単音節動詞が挙げられる。

　　　A類：骂(叱る)　闹(騒ぐ)　考(試験する)　让(譲る)　学(学ぶ)

　　　　　　赔(同伴する)　拐(曲げる)

　　　B類：跑(走る)　蹦(跳ねる)　追(追いかける)　赶(急ぐ)　逃(逃げる)

　　　　　　回(帰る)　上(上る)　划(漕ぐ)　开(運転する)　运(運ぶ)

　　　　　　搬(運ぶ)　传(伝える)　交(引き渡す)　送(送る)

　上記のA類の動詞は［－着点］動詞であるが、"到"と結合することによって［＋着点］の意味をもつようになる。したがって、"到"は省略できず、場所成分の目的語化は不可能になる。これに対して、"跑(走る)　蹦(跳ねる)　追(追いかける)　赶(急ぐ)"などのB類の動詞は［＋着点］動詞なので、"到"の省略が可能であり、場所成分の目的語化も可能である。例えば、

　　A：CB　陪他陪**到**车站来/去　　　　　　＊陪他陪∅车站来/去

　　　　JA　彼を駅**まで**同伴して来た/行った　＊彼を駅**を**同伴して来る/行く

　　　　KA　그를 역**까지** 배동해 왔다/갔다　＊그를 역**을** 배동해 왔다/갔다

　　B：CB　跑**到**学校来 / 去　　　　　　　跑∅学校来 / 去

　　　　　　追**到**家里来 / 去　　　　　　　追∅家里来 / 去

JA/JB　学校に/まで走って来た/行った　*学校を走って来た/行った
　　　　家に/まで追いかけて来た/行った　*家を追いかけて来た/行った
KA/KB　학교에/까지 뛰어 왔다/갔다　　학교를 뛰어 왔다/갔다
　　　　집에/까지 쫓아 왔다/갔다　　　집을 쫓아 왔다/갔다

　"跑到学校来／去"と"跑学校来／去"は、構造も類似しており、知的情報も等価である。ただ、"跑到学校来／去"では、着点を補語として表しているのに対して、"跑学校来／去"では着点を「格上げ」して目的語化としているところでやや異なる。CB で"到"の省略が可能なのは[＋着点]の動詞の場合に限られる。そして、"到"が省略された文では、文末に必ず"来/去"を付加しなければならない。

　中国語における着点成分の目的語化の制約：

　　（ⅰ）ＶＰは[＋着点]の動詞でなければならない。

　　（ⅱ）ＶＰは、方向動詞"来/去"を伴わなければならない。

7．6　むすび

　日朝中 3 言語の着点表現には、A 構造の「ＮＬ＋から…ＮＬ＋まで」、「ＮＬ＋에서(부터) eseo(buteo)…ＮＬ＋까지 kkaji」、"从 cong＋NL…到 dao＋NL"と、B 構造の「ＮＬ＋に」、「ＮＬ＋에 e」、"V＋到＋NL"が用いられる。しかし、3 言語の両構造は必ずしも 1 対 1 の対応関係ではない。3 言語の共通点と相違点は次のとおりまとめられる。

　ⅰ．共通点：日朝中 3 言語のいずれも A 構造は、指定区間内の着点を表し、名詞的成分として現れることも可能であるが、B 構造は、名詞的成分にはなり得ず、動詞を修飾するＶＰの成分としてしか用いられない。

　ⅱ．相違点：①日本語と朝鮮語では、A 構造の起点と着点の結びつきが相対的に緩く、単独で用いられることも可能であるが、中国語ではそれが不可能である（第7.2.1節）。②日本語と朝鮮語では、「に/まで」、「에 e/까지 kkaji」の意味によって A 構造と B 構造の役割分担が明確に分かれているが、中国語では、語順が文法的に機能しているので、統語的に縛られている CA 構造より自由度の高い CB 構造のほうがより多く用いられる。

表7　他動詞構文における日朝中着点の表現構造

> CB構造：把＋NP＋V＋到＋NL
> JA構造：NP＋を＋NL＋まで＋V＋くる/いく
> KA構造：NP＋를 reul＋NL＋까지 kkaji＋V＋오다 oda/까지 kada

表8　日朝中着点表現構造の意味と機能対照表

	区間内着点	背景化着点	起点と共起	持続副詞と共起	瞬間副詞と共起	目的語化
JA	＋	＋	＋	−	＋	−
JB	−	−	−	＋	−	−
KA	＋	＋	＋	−	＋	＋
KB	−	−	−	＋	−	＋
CA	＋	−	＋	±	＋	＋
CB	＋	＋	−	＋	−	＋

第8章　場所成分の目的語化

8．1　問題の提起

　他動詞の目的語（object）は、もっとも典型的な目的語である。述語と目的語の関係は「有」か「無」かの問題ではなく程度の問題である（Hopper & Thompson　1980；朴勝允 1990）。認知—機能文法では、非受動者(受動者以外のもの)の目的語化現象を「他動性への格上げ」（transitivity upgrading）と見なしている。このような非受動者の「格上げ」は、厳密な規則に沿って、「音韻構造と意味構造の間に成立する象徴関係」(辻幸夫編、2002：113～114)である。場所成分を目的語化する表現は非受動者から受動者へ「格上げ」心的プロセスであり、格標識による場所表現とは「類似性(similarty)」関係をもっている。

　認知言語学では、人間を通してみた外界認知の現れとしての言語を研究対象にしている。そして、言語形式の選択は、言語主体の主観心理によって左右されるものと見なしている。人間の主観的心理と視点によって選択される言語形式上の違いは概念上の距離(conceptual distance)の「類似性」の反映である。次の例を考えてみよう。

　　(1)a. She went into the house.　（彼女は部屋の中へ入った。）
　　　 b. She entered the house.　　（彼女は部屋に入った。）

　(1a)は動作主「she」が「house」への移動だけを表しているが、(1b)は動作主「she」が「house」への移動のほかに「そこにいる」という意味合いも表している。つま

---

[1] 場所成分の目的語化について、金容錫（1979：15）は次のように述べている。「与格、場所格の名詞類が目的語化(objectivization)されるのは、与格、場所格の名詞語をその文における述語動詞の直接対象つまり目的語に取り立てて主題語（topic word）にするためのものである。」

[2] 認知言語学では、文法は音韻構造と意味構造の間に成立する象徴関係のみによって記述されるべきであるという認知文法の考え方を「象徴的文法観」、あるいは「象徴文法」、「言語の象徴性」という。客観的意味論（Lakoff, 1987）とは違って「象徴的文法観」では、全ての言語表現には（内容語、機能語、語尾などを含めて）意味があるという、主観的、概念的意味論の立場をとっているので、非常に抽象度の高い意味的相違も記述が可能である（「象徴的文法観」について詳しくは、辻幸夫編2002：113～114を参照）。

り、(1a)では「house」が場所だけの意味を表しているのに対して、(1b)では「house」が場所の意味だけではなく、動作による変化の対象の意味合いも表している。つまり、(1a)では前置詞「into」により「house」の<u>空間性</u>がプロファイルされているのに対し、(1b)では「V＋O」構造により「house」を目的語化してその<u>対象性がプロファイル</u>されている。

　Hopper & Thompson(1980)によって「他動性上昇」が提唱されて以来、場所成分の目的語化ついての研究成果は、各言語において報告され始めた。特に中国語における場所目的語（"処所賓語"）の研究は最先端を走っていると言えよう。例えば、史有為(1997)、孟慶海(1986)、趙金銘(1995)、徐丹(1995)がその一例である。韓国語における場所成分の目的語化の先行研究としては、朴勝允（1990）、李基東（1981）、金容錫（1979）などが挙げられる。日本語は「なる的」「受動的」言語(池上嘉彦、1981による言語類型)の特質をもっているので、場所成分の目的語として扱う「する的」「主動的」表現はしない。日本語の目的語標識は経路標識と同じなので、場所成分の「目的語化」は「経路化」にすぎない。「各言語の目的語化の度合いは、同じではないが、目的語化」は言語を問わず、普遍に見られる言語現象である。本章では、日朝中3言語の事例分析を徹底的に行うことで、場所成分の「目的語化」の本質と言語の普遍性を探り、「目的語化」の度合いから日朝中3言語の言語類型を「人間中心」に特徴づけることを試みる。

8．2　目的語化の構造

　我々は常に主観心理によって視点を変え、真理条件の同じ事象でも異なる言語構造で表したりする。人間の「認識空間は知覚空間を抽象化、普遍化、一般化した概念である」（田秀泰 1987）。これらの抽象化、普遍化、一般化された認識上の空間概念は言語に現れるが、言語表現形式の選択は、話者の主観心理により左右される。空間概念の目的語化も、言語主体の人間が主観により場所成分を目的語へと「格上げ」したダイナミックな転用である。

　以上の各章では、背景場所、結果位置、移動方向、移動経路、移動起点、移動着点の6つの動態空間について考察した。まず、それを表1のようにまとめる。

---

[3] 本研究では，場所目的語を場所補語から「格上げ」したものと仮説する。

第8章　場所成分の目的語化

表1　　　　日朝中空間概念表現の基本構造

概念範疇	日本語	朝鮮語	中国語
背景場所	「NL+で」	「NL+에서 eseo」	"在+NL"
結果位置	「NL+に」	「NL+에 e」	"在+NL"
移動経路	「NL+を」	「NL+로 ro」	"從+NL"
移動方向	「NL+へ」	「NL+로 ro」	"往/向/朝+NL"
移動起点	「NL+から」	「NL+에서(부터)eseobuteo」	"從+NL"
移動着点	「NL+に/まで」	「NL+에 e/까지 kkaji」	"到+NL"

では、これらの6つの空間概念は、人間の心理的操作によってどのように形式を変えていくのか。つまり、表1のように標識により表現する空間概念をどのように目的語標識をもって表すのか。目的語の形式をとった後の空間のイメージにはどのような差異が現れるのか。まず、日朝中の目的語化のプロセスについて見てみよう。

ⅰ．背景場所：「で／에서 eseo／在」→「を／를 reul／V+NL」

　　　　A：場所補語　　　　　B：場所目的語
(2) 日：a. 彼は<u>市場で</u>歩き回っている。　b. 彼は<u>市場を</u>歩き回っている。
　　朝：a. 그는 <u>시장에서</u> 돌아다닌다.　b. 그는 <u>시장을</u> 돌아다닌다.
　　中：a. 他们<u>在市场</u>逛来逛去。　b. 他们<u>逛市场</u>。

ⅱ．結果位置：「に／에 e／在」→「を／를 reul／V+NL」

　　　　A：場所補語　　　　　B：場所目的語
(3) 日：a. 彼は<u>壁に</u>釘を打った。　b. *彼は<u>壁を</u>釘を打った。
　　朝：a. 그는 <u>벽에</u> 못을 박았다.　b. 그는 <u>벽을</u> 못을 박았다.
　　中：a. 他<u>在墙上</u>钉满了钉子。　b. 他把墙钉满了钉子。

ⅲ．経路：「を／로 ro／從」→「を／를 reul／V+NL」

　　　　A：場所補語　　　　　B：場所目的語
(4) 日：a. 汽車は<u>鉄橋を</u>通っていった。　b. 汽車は<u>鉄橋を</u>通っていった。

---

4 日本語は、朝鮮語や中国語とは異なって、場所成分の目的語化現象が起こらない。なぜなら、日本語の場合は、いわゆる目的語標識の「を」格は、空間場所を表す移動自動詞構文では、目的語ではなく経路を表すため、目的語化ではなく経路化のプロセスである。

朝：a. 기차는 <u>철교로</u> 지나갔다.　　b. 기차는 <u>철교를</u> 지나갔다.
　　　中：a. 火车<u>从铁桥</u>过去。　　　　b. 火车<u>过铁桥</u>。
　ⅳ．方向：「ヘ／ro 로／往・向・朝」→「を／를 reul／V＋NL」
　　　　　Ａ：場所補語　　　　　　　Ｂ：場所目的語
　　(5)日：彼は<u>学校へ</u>走っていった。　b.？彼は<u>学校を</u>走っていった。
　　　朝：그는 <u>학교로</u> 뛰어갔다.　　b. 그는 <u>학교를</u> 뛰어갔다.
　　　中：他<u>往学校</u>跑去。　　　　b. 他跑<u>学校</u>去。
　ⅴ．起点：「から／에서 eseo／从」→「を／를 reul／V＋NL」
　　　　　Ａ：場所補語　　　　　　　Ｂ：場所目的語
　　(6)日：a. 彼らは<u>洞穴から</u>這い出た。　b. 彼らは<u>洞穴を</u>這い出た。
　　　朝：a. 그는 <u>동굴에서</u> 기어나왔다.　b. 그는 <u>동굴을</u> 기어나왔다.
　　　中：a. 他们<u>从山洞里</u>爬出来。　　b. 他们爬出<u>山洞</u>。
　ⅵ．着点：「に／에 e／到」→「を／를 reul／V＋NL」
　　　　　Ａ：場所補語　　　　　　　Ｂ：場所目的語
　　(7)日：a. 彼は<u>奥の部屋に</u>入った。　b.＊彼は<u>奥の部屋を</u>入った。
　　　朝：a. 그는 <u>안방에</u> 들어갔다.　　b. 그는 <u>안방을</u> 들어갔다.
　　　中：a. 他进<u>到里屋</u>。　　　　　b. 他进<u>里屋</u>。

(2)～(7)に示すように朝鮮語と中国語では、6の動態空間を全部目的語化することが可能である。これに対して、日本語では、背景場所・起点などの空間は「を」格の使用が可能であるが、[＋目標性]、[＋結果性]の結果位置・移動方向・移動着点は、それが不可能である。以下では、3言語の空間成文の目的語化の度合いについて考察することにする。

8．3　背景場所の目的語化

　背景場所の表現において、日本語では「ＮＬ＋で」と「ＮＬ＋を」が、朝鮮語では「ＮＬ＋에서 eseo」と「ＮＬ＋를 reul」が、中国語では"在＋ＮＬ"と"Ｖ＋ＮＬ"という基本構造(客観的空間表現)と目的語化構造(主観的空間表現)が用いられる。両構造を表にまとめると、次の表3のようになる。

第8章　場所成分の目的語化

表3　　　背景場所の基本構造と目的語化構造

A構造：「NL＋で」（JA）	B構造：「NL＋を」（JB）
「NL＋에서 eseo」（KA）	「NL＋를 reul」（KB）
"在＋NL"　　（CA）	"V＋NL"（CB）

まず、次の例から背景場所の二つの表現構造の違いを考えてみよう。

(1) a. 彼は<u>市場で</u>歩き回っている。（JA）

　　b. 彼は<u>市場を</u>歩き回っている。（JB）

(2) a. 그들은 <u>시장에서</u> 돌아다닌다.（KA）

　　b. 그들은 <u>시장을</u> 돌아다닌다.（KB）

(3) a. 他<u>在市場</u>逛来逛去。（CA）

　　b. 他<u>逛市場</u>。（CB）

(1a)〜(3a)の「で」、「에서 eseo」、"在"は背景場所の標識であり、(1b)〜(3b)の「を」、「를 reul」、"V＋NL"は目的語化標識である。説明の便宜のため、基本構造「NL＋で」、「NL＋에서 eseo」、"在＋NL"をそれぞれ JA、KA、CA と呼び、目的語化構造「NL＋を」、「NL＋를 reul」、"V＋NL"をそれぞれ JB、KB、CB と呼び、両構造をまとめてA構造、B構造と呼ぶ。

8.3.1　日朝中3言語の意味上の類似点

背景場所を表す JA、KA、CA 構造と JB、KB、CB 構造が表す真理条件は同じである。しかし、認知主体の心理や視点によって前景化される焦点は異なる。一般に JA、KA、CA 構造では、動作や出来事の<u>部分的な場所</u>がプロファイルされるのに対し、JB、KB、CB 構造では、動作や出来事の<u>場所全体</u>が「移動動作の対象」としてプロファイルされる。このように真理条件は同じであるが、視点や焦点が異なるA、B両構造は「カテゴリーの拡張」という「類像性」の現象である。両構造の意味の違いをイメージ化すると、次の図1のようになる。

図1　　KA、CA 構造と KB、CB 構造の意味上の違い

(a)　　KA、CA　　　　　　　　　(b)　KB、CB

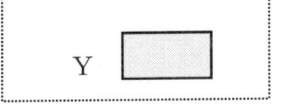

Yは背景場所である。(a)ではYの一部だけが前景化されていることを、(b)ではY全体が前景化されていることを表す。

認知言語学では、他動詞と自動詞の区別を、「他動性」という概念を用いて解析する。それは、他動詞と自動詞を連続的に捉えることで、複雑な言語現象に対する柔軟な対応が可能になるからである。(1b)～(3b)に示すように、目的語化は「自動詞から他動詞への他動化」である(ただし、日本語の(1b)の「市場を歩き回る」は、目的語化ではなく、経路化である)。

A構造とB構造は、プロファイルされている部分が異なる。A構造とB構造の意味と機能の違いは次の表4のようにまとめることができる。

表4　A構造とB構造の意味記機能における相違

A　(JA、KA、CA)	B　(KB、CB)
空間の部分性	空間の全体性
空間の具体性	空間の抽象性
空間の明確性	空間の曖昧性
動態的空間	静態的空間
動詞の間接成分	動詞の直接成分

A構造とB構造の意味上の違いは、言語主体の主観心理が言語に反映されたものである。A、B構造の意味上の違いは、言語一般に見られる現象である。

8.3.2　日朝中3言語の統語上の異同
◆日朝中3言語の類似点

ⅰ．A構造(JA、KA、CA)は［部分性］の場所を表すが、B構造(JA、KB、CB)は［全体性］の場所を表す。したがって、B構造は「全部」の意味の副詞と共起できるが、A構造はそれが不可能である。次の例をみてみよう。

　(4)a.＊彼は店じゅうで全部歩き回った。(JA)

　　b.＊그는 온 상점에서 다 돌아다녔다.(KA)

　　c.＊他在整个商店都转遍了。(CA)

　(5)a. 彼は店じゅうを全部歩き回った。(JB)

　　b. 그는 온 상점을 다 돌아다녔다.(KB)

　　c. 他转遍了整个商店。/他把整个商店都转遍了。(CB)

第8章 場所成分の目的語化

(4a, b, c)に示すように、A構造は[全体性]の意味を表す「-じゅう」、「온 on」、「整个」などの接辞と共起したり、「全部」、「다 ta」、「都」などの副詞と共起できないが、(5a, b, c)に示すように、B構造は「-じゅう」、「온 on」、「整个」類の接辞や「全部」、「다 ta」、「都」類の[全体性]の意味を表す副詞と共起して場所成分全体を対象化─目的語化する。

ⅱ．A構造とB構造は、同一文に現れる場合もある。ただし、この場合のA、B構造の関係は、BがAに含まれているという関係であり、A構造が先、B構造が後、という語順の制約を受ける。次の例を見てみよう。

(6) a. 彼は街で幾つかの店を回った。　　　　　(JA+JB)
 b. 그는 거리에서 몇개 상점를 돌아다녔다 . (KA+KB)
 c. 他在大街上转了几家商店。　　　　　　(CA+CB)

(7) a. ?彼は幾つかの店を街で回った。　　　　(JB+JA)
 b. ?그는 몇개 상점를 거리에서 돌아다녔다. (KB+KA)
 c. ?他转了几家商店在大街上[5]。　　　　(CB+CA)

日朝中背景場所表現の基本構造と目的語化構造は、意味も機能も基本的には類似している。ただし、A構造の場合、中国語では(6c)に示すように場所詞の後ろに位置関係を表す"上、下、中…"などの方位詞を付加するのが普通であるが、日本語と朝鮮語では(6a, b)に示すように「で」、「에서 eseo」などの機能語が空間関係を示しているので、方位詞は省略するのが普通である(「街の中で→街で」、「거리안에서 keoro aneseo →거리에서 keorieseo」)。

日本語と朝鮮語は、助詞言語（後置詞言語）であり、文脈的に冗長な要素は省くことができる「省略可能な言語」である。これに対して、中国語では方位詞や語順が事態構成の手掛かりとなり、空間関係の表現においても介詞（前置詞）は省略できるが、方位詞や語順は必須の要素なので、省略できない。例えば、

A	B	C	D
介＋NL＋方	NL＋方	介＋NL	V＋介＋NL＋方
① 在车上看书	车上看书	*在车看书	*看书在车上

---

[5] "他转了几家商店在大街上"のように文と文の間に区切りのない場合は非文であるが、"他转了几家商店，在大街上"のように文と文の間に区切りの読点を入れて場合は、分裂文としては成り立つ。

② 在図书馆里看书　　图书馆里看书　　在图书馆看书　　*看书在图书馆里
③*在东京里住　　*东京里住　　在东京住　　*住在东京里
④ 在沙滩上走　　沙滩上走　　在沙滩走　　走在沙滩上

　中国語の空間介詞構造は一般に［介詞＋名詞＋方位詞］の3要素からなっている。上記のAグループは"介詞構造"の3要素が揃っている"介＋名＋方"構造であり、Bグループは介詞省略の"名＋方"構造である。なお、Cグループは方位詞省略の"介＋名"構造であり、Dグループは介詞構造が動詞の後ろにきている「V＋介＋名＋方」構造である。このように介詞構造は名詞の性質によって前置詞(介詞)あるいは後置詞(方位詞)の省略が可能である。通常、<u>モノ名詞の場合</u>は、B①のように介詞"在"は省略できるが、C①のように方位詞"上"は省略できない。"上"を省略すると、場所性を失うので、文は成り立たないからである。しかし、<u>場所名詞である場合</u>はC③に示すように"东京"類の場所名詞には場所の概念が内包されているため、"里(なか)"などの後置の方位詞を付加しないのが普通である。もし、A③、B③、D③のように"里(なか)"などを付加すると、場所が重複されるので、逆に不自然になる。

　ちなみに、D①、②のようにＶＰが目的語の"书(本)"と補語の"在车上(車の中で)/在图书馆里(図書館の中で)"など二つ以上の成分を持っている場合は、「一つの動詞の後ろには一つの文法成分しか来ない(在汉语里一个动词之后最多只能接一个一个词组成分)」という中国語の"<u>表面構造法則</u>"(黄宣範、1978により提起) の後置制約により非文になる。

　要するに、中国語の前置詞(介詞)は、動詞から文法化した機能語であるが、介詞だけでは空間位置関係を表すことができず、一般に方位詞との共起を必要とする。そして、名詞の後ろに置かれる方位詞の意味と機能は、日本語や朝鮮語の後置詞(助詞)と類似しており、実際に後置詞的な振舞いをしている (陸俭明2002を参照)。以上で述べた日朝中3言語の空間表現を言語類型論的にまとめると、次の表5のようになる。

表5　言語類型論的に見た日朝中英の空間概念の表現構造

空間概念標識	日本語	名詞＋後置詞（助詞）
	朝鮮語	名詞＋後置詞（助詞）
	中国語	前置詞(介詞)＋名詞＋後置詞(方位詞)
	英　語	前置詞＋名詞

◆日朝中3言語の相違点

　以上で見たように、日朝中の背景場所の表現におけるA、B両構造は意味的にも統語的にも類似している。しかし、3言語は全てにおいて対応するわけではない。以下では、3言語の対応していない部分について考察する。

　ⅰ．JA、KAとJB、KBとCAでは、次の(8a, a`b, b`c)～(10a, a`, b, b`, c)に示すように、動詞との共起制約がかなり緩く、複合動詞との共起も可能であるが、CBの場合は(8c`)～(10c`)に示すように動詞との制限が厳しい。

(8) a. 子供が部屋で這い回っている。(JA)

　　a`. 子供が部屋を這い回っている。(JB)

　　b. 아이가 방에서 기어다닌다. (KA)

　　b`. 아이가 방을 기어다닌다. (KB)

　　c. 孩子在房间里爬来爬去。(CA)

　　c`. *孩子爬来爬去房间。(CB)

(9) a. 生徒が運動場で走り回っている。(JA)

　　a`. 生徒が運動場を走り回っている。(JB)

　　b. 학생들이 운동장에서 뛰어다닌다. (KA)

　　b`. 학생들이 운동장을 뛰어다닌다. (KB)

　　c. 学生在操场(上)跑来跑去。(CA)

　　c`. *学生跑来跑去操场。(CB)

(10) a. ある男が店の前でうろうろしている。(JA)

　　a`. ある男が店の前をうろうろしている。(JB)

　　b. 어떤 남자가 상점 앞에서 서성거리고 있다. (KA)

　　b`. 어떤 남자가 상점 앞을 서성거리고 있다. (KB)

　　c. 有个男的在商店门口走来走去。(CA)

　　c`. *有个男的走来走去商店门口。(CB)

　A構造では(8a, b, c)～(10a, b, c)に示すように「這い回っている」類の複合動詞と共起することができる。しかし、B構造では(8a`, b`)～(10a`, b`)に示すようにJBとKBは「這い回っている」類の複合動詞と共起できるが、(8c`)～(10c`)に示すようにCBはそれが不可能である。なぜなら、中国語の"爬来爬去"、"跑来跑去"、

"走来走去"のように"V＋来＋V＋去"形式の複合動詞は、動詞自体が場所の意味を含んでいるので、改めて場所を表す要素を目的語として取ることは難しいからである。これに対して、日本語と朝鮮語の「うろうろしている/서성거리다 seoseonggeorida」の類の動詞は JB、KB 構造とも共起できる。A、B 両構造と共起できる移動動詞としては、次のような4種類のものが挙げられる。

V_1：固有語単一動詞

  回る 歩く 跳ねる 走る 這う 飛ぶ、

  돌다 걷다 뛰다 달리다 기다 날다

  转/逛 走 跳 跑 爬 飞翔

V_2：漢字語＋する動詞

  散策する 巡邏する 放浪する 疾走する、 流浪する 徘徊する

  산책하다 순라하다 방랑하다 질주하다 유랑하다 배회하다

  慢步 巡逻 流浪 奔驰 流浪/逛荡 徘徊

V_3：固有語＋する動詞

  うろうろする ぶらぶらする

  서성거리다 어슬렁거리다

  徘徊 溜达

V_4：固有語複合動詞

  歩き回る 走り回る 這い回る 飛び回る

  돌아다니다 뛰어다니다 기어다니다 날아다니다

  逛来逛去 跑来跑去 爬来爬去 飞来飞去

日本語と朝鮮語はA構造もB構造も上記のすべての動詞と共起できる。しかし、中国語はV_1、V_2、V_3の場合は、CA、CB 両構造とも共起できるが、V_4の場合は(10c˝)～(12c˝)に示すように CB 構造とは共起できない。中国語に対して JB 構造や KB 構造は動詞の制限が中国語ほど厳しくはない。

 ⅱ．CBは2音節動詞述語構文では、場所標識の"在"の使用が可能である[6]。

---

[6] CB 構造は一般に"在＋NL"の文中の位置および"在"の省略によって実現されるが、"流浪"の類の2音節移動動詞構文では"在"を省略しないのがより自然である。したがって、"在"の省略可能な"流浪"の類の2音節移動動詞構文における場所成分は目的語化していると、認められる。

書き言葉に多く見られる2音節動詞(V_2、V_3)構文では、次の(11c)〜(13c)に示すように、CB構造に"在"を用いることが可能である。

(11) a. 彼は街を放浪している。

b. 그는 거리를 방랑하고 있다.

c. 他流浪在街头。　　　c'. 他流浪街头。

(12) a. 彼は店先を徘徊している。

b. 그는 상점 앞을 배회하고 있다.

c. 他徘徊在商店门口。　　c'. ?他徘徊商店门口。

(13) a. 彼は公園を散策している。

b. 그는 공원을 산책하고 있다.

c. 他慢步在公园。　　　c'. 他慢步公园。

(11c)〜(13c)のように中国語では目的語化した後も場所標識の"在"が残されるが、日本語や朝鮮語では、それが不可能である。つまり、中国語の空間成分の目的語化は語順によって実現されるが、日本語や朝鮮語の目的語化は機能語「を／를 reul」によって実現される。よって、「で/에서」を残すと、次の(14a, b)〜(16a, b)に示すように文は成立しない。

(14) a. 他流浪(**在**)街头。

b. *彼は街<u>でを</u>放浪している。

c. *그는 거리<u>에서를</u> 방랑하고 있다.

(15) a. 他徘徊(**在**)四处。

b. *彼はあちこち<u>でを</u>うろうろしている。

c. *그는 여기저기<u>에서를</u> 배회하고 있다.

(16) a. 他漫步(**在**)公园。

b. *彼は公園<u>でを</u>散策している。.

c. *그는 공원<u>에서를</u> 산책하고 있다.

注意すべきは、V_2と共起するCB構文は書き言葉に多く見られるが、話し言葉にはあまり見られない現象であり、しかもV_2とNLの間には"在"が現れるのが普通である。

以上で、我々は中国語の場所成分の目的語化は、日本語や朝鮮語とは異なって、

機能語を残し、完全に目的語化していないことを明らかにした。しかし、"V＋(在)＋ＮＬ"構造は場所成分の目的語化として認められるが、"V＋在＋ＮＬ"のように"在"が必須な成分である場合は、場所成分の目的語化とは認められない。この場合の"在＋ＮＬ"は次の(19c)に示すように背景場所"在＋ＮＬ"の変形にすぎない。

(17) a. 車が高速道路を疾走している。(JB)
　　 b. 자동차가 고속도로를 질주하고 있다. (KB)
　　 c. 汽车奔驰在高速公路上。(CA)
　　 c´. *汽车奔驰高速公路上。(CB)

iii. 場所成分の目的語化は、話者の視点による主観的な空間表現である。したがって、ＮＬも[＋共知]の場所でなければならない。次の例を考えてみよう。

	A構造	B構造
(18)	a. 太郎がプールで泳ぐ	b. *太郎がプールを泳ぐ
	a. 다로가 수영장에서 헤엄치다	b. *다로가 수영장을 헤엄치다
	a. 太郎在游泳池里游泳	b. *太郎游泳游泳池里
(19)	a. 太郎が湖で泳ぐ	b. *太郎が湖を泳ぐ
	a. 다로가 호수에서 헤엄치다	b. *다로가 호수를 헤엄치다
	a. 太郎在湖里游泳	b. *太郎游泳湖里
(20)	a. 太郎が川で泳ぐ	b. *太郎が川を泳ぐ
	a. 다로가 강에서 헤엄치다	b. *다로가 강을 헤엄치다
	a. 太郎在河里游(泳)	b. *太郎游(泳)河里

(18a)〜(20a)と(18b)〜(20b)は、動作主とＶＰは同じであるが、ＮＬの性質は異なる。例えば、「プール」、「수영장suyeongjang」、"游泳池"のようにＮＬが「水泳専用場所」という特別な意味をもっている場合は、(18)に示すように日朝中のいずれもＡ構造しか用いられない。(19)の「湖」や(20)の「川」のように[—共知]の場所でもＡ構造しか用いられない。しかし、「湖」、「川」などを[＋共地]のＮＬにした場合には、次のようにＢ構造の使用も可能である。

	A構造	B構造
(19´)	a. 太郎が琵琶湖で泳ぐ	b. 太郎が琵琶湖を泳ぐ
	a. 다로가 비파호에서 헤엄치다	b. 다로가 비파호를 헤엄치다

　　　　a. 太郎在琵琶湖游泳　　　　b.?太郎游泳琵琶湖
　(20ʼ) a. 太郎が漢江(ハンガン)で泳ぐ　b. 太郎が漢江を泳ぐ
　　　　a. 다로가 한강에서 헤엄치다　b. 다로가 한강을 헤엄치다
　　　　a. 太郎在汉江游泳　　　　b.?太郎游泳汉江

(19ʼ)の「琵琶湖」、(20ʼ)の「ハンガン」のように［＋特定］［＋共知］のＮＬの場合は、Ａ(JA、KA、CA)構造もＢ(JB、KB、CB)構造も用いられる。ただし、［＋特定］［＋共知］のＮＬであっても、次の(21)の「日本海」のように空間の境界が肉眼では見切れない場合はＢ(JB、KB、CB)構造の表現は不自然である。

　　　　Ａ構造　　　　　　　　　Ｂ構造
　(21) a. 太郎が日本海で泳ぐ　　　b.??太郎が日本海を泳ぐ
　　　　a. 다로가 동해에서 헤엄치다　b.??다로가 동해를 헤엄치다
　　　　a. 太郎在本海游泳　　　　b.??太郎游泳日本海

　ⅳ．中国語における目的語化表現(場所目的語)の成り立ちは多様である。まず次の例から場所目的語の成り立ちを考えてみよう。

　(22) a. 吃食堂：　　① 在食堂吃　　→ ② 吃在食堂
　　　b.*食堂を食べる：① 食堂で食べる → ② 食堂で食べる
　　　c.*식당을 먹다：① 식당에서 먹다 → ② 식당에서 먹다
　(23) a. 住东京　　　① 在东京住　　→ ② 住在东京
　　　b.*東京を住む　①*東京で住む　→ ② 東京に住む
　　　c.*도쿄를 살다：① 도쿄에서 살다 → ② 도쿄에 살다
　(24) a. 排这儿：　　① 在这儿排(队) → ② 排在这儿
　　　b.*ここを並ぶ：① ここで並ぶ　→ ② ここに並べる
　　　c.*여기를 줄서다:① 여기서 줄서다 → ② 여기에 줄서다

(22a)〜(24a)のように中国語の場所目的語には、①背景場所と②結果位置から成り立ったものが多いが、これは中国語の場所標識"在"が二つの意味をもっているからである。通常、ＶＰの前に来る"在＋ＮＬ＋Ｖ"は背景場所を、ＶＰの後ろに

---

7 中国語の"游"には「泳ぐ」という意味の他に「遊ぶ・楽しむ」という意味もある。よって、"游琵琶湖"は「琵琶湖を泳ぐ」、「琵琶湖に遊ぶ」という二つの意味解釈が可能である。
8 「東京で住むことにした」の場合は「で」格の文も正しい文として成り立つ。

来る"V+在+NL"は結果位置を表す。なお、(22a)の"吃食堂"は「外食で暮らす」というイディオム的な意味を表している。中国語の場所成分の目的語化は、次の図2のように成り立つと言える。

図2　　　中国語背景場所成分の目的語化過程

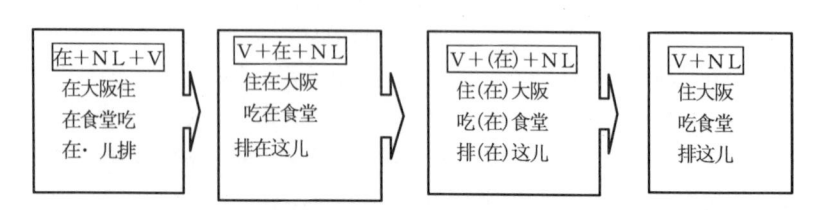

在+NL+V	V+在+NL	V+(在)+NL	V+NL
在大阪住	住在大阪	住(在)大阪	住大阪
在食堂吃	吃在食堂	吃(在)食堂	吃食堂
在·儿排	排在这儿	排(在)这儿	排这儿

上記のような目的語化過程（左から右への変化過程）は、「動態」から「静態」へ、「空間」から「モノ（対象）」への変化過程である。したがって、背景場所から結果位置へ、結果位置から目的語へと変化した場所成分には、背景場所の意味も結果位置の意味も包含されつつ「動作の対象」という新しい概念も包含される。注意すべきは、中国語の非移動動詞構文における目的語化は、一般に客観的空間を表すのではなく、主観的なイディオロギを表す場合が多い。次の例を見てみよう。

	A	B	C
(25)a.	在床上睡	→ 睡在床上	→ 睡床(上)
b.	ベッドで寝る	→ ベッドに寝る	→ *ベッドを寝る
c.	침대에서 자다	→침대에 자다	→ *침대를 자다
(26)a.	在街头卖(货)	→*(货)卖在街头	→ *(货)卖街头
b.	街頭で品物を売る	→街頭に品物を売る	→ *街頭を品物を売る
c.	거리에서 물건을 팔다	→*거리에 물건을 팔다	→ *거리를 물건을 팔다
(27)a.	在河里捕鱼	→*(鱼)捕在河里	→ *(鱼)捕河里
b.	川で魚を捕る	→*川に魚をとる	→ *川を魚を捕る
c.	강에서 고기를 잡다	→*강에 고기를 잡다	→ *강을 고기를 잡다
(28)a.	在国外死	→ 死在国外	→ *死国外[9]
b.	外国で死ぬ	→??外国に死ぬ	→ *外国を死ぬ

---

[9] 中国語の"死国外"は、現代中国語（口語文）では使われていないが、古代中国語（文語文）では正しい表現である。

c. 외국에서 죽다　　　→*외국에 죽다　　　→ *외국을 죽다
　(29) a. 在家里养(狗)　　　→(狗)养在家里　　　→ (狗)养家里
　　　b. 家で犬を飼う　　　→*家に犬を飼う　　　→ *家を犬を飼う
　　　c. 집에서 개를 기르다　→?집에 개를 기르다　→ *집을 개를 기르다

　上記のAグループは背景場所を、Bグループは結果位置を、Cグループは目的語化を表す。上記の例では(25a)と(31a)だけが目的語の表現が可能である。しかし、(25a)の"睡床（ベッドに寝る）"は、恒常的な事柄として「ベッドが寝所である」というイディオム的な意味を表し、(29a)の"养家里（家で飼う）"は"在"の省略である。一言で言えば、場所成分の目的語化は、統語的には自動性から他動性へ、意味的には空間からモノへの変化である。したがって、動作動詞をVPとする背景場所は目的語化しにくいのである。

8．4　着点・方向・結果位置の目的語化

8.4.1　問題の提起

　日朝中3言語には、それぞれ「NL+に」、「NL+에 e」、"到+NL"という着点表現の基本構造（第6章）と「NL+へ」、「NL+로 ro」、"往/向/朝+NL"という方向表現の基本構造（第4章）と「NL+に」、「NL+에 e」、"在+NL"という結果位置表現の基本構造（第2章）とがある。これらの3つの概念はいずれも、目標空間位置である点では共通しているので、目的語化表現においても共通点が多く、概念の間の境界もはっきりしていない。このような理由を踏まえて、本節では、「方向/着点/結果位置」の3つの概念の目的語化をまとめて考察する。

　着点を表す構文では、移動物が主体であるので、VPは移動自動詞である場合が多いが、結果位置を表す構文では、移動物が動作の働きかけを受ける客体の場合が多いので、VPは他動性動作・行為動詞の場合が多い。日本語と朝鮮語では、主体移動の到達点、方向であろうが、客体の処置点を表す結果位置であろうが、着点と結果位置は、動作の完結に必要な目標空間である点では一致しているとして、同じ

---

10 「外国に死す」のように、文語文では「に」格の文も成立可能である。

「ＮＬ＋に」、「ＮＬ＋에 e」という標識で両者を表している。ところが、中国語では、主体移動の着点は[＋移動性][＋方向性]を必要とし、客体の移動処置場所である結果位置は[＋所在性][－移動性][－方向性]を必要とするとして、両者をそれぞれ"到＋ＮＬ"、"在＋ＮＬ"構造で使い分けている。

なお、上記のような基本概念構造は、事実を客観的に記述する[客観性]をもっているのに対して、目的語化の表現構造は、客観事実を主観的に描写する[主観性]をもっている。それゆえ、目的語化表現において3言語は対応しない場合が多い。

日朝中における着点・結果位置・方向の目的語化は、次の表1のようにまとめることができる。

表1　日朝中3言語の着点・結果位置・方向の表現と目的語化

		表現構造A		表現構造B	
日	着点・位置	「ＮＬ＋に」	(JA)	＊「ＮＬ＋を」	(JB)
	方向	「ＮＬ＋へ」	(JA)		
朝	着点・位置	「ＮＬ＋에 e」	(KA)	「ＮＬ＋를 reul」	(KB)
	方向	「ＮＬ＋로 ro」	(KA)		
中	位置	"在＋ＮＬ"	(CA)	"把＋ＮＬ"	(CB$_1$)
	着点	"到＋ＮＬ"	(CA)	"Ｖ＋ＮＬ"	(CB$_2$)
	方向	"往/向/朝＋ＮＬ"	(CA)	"Ｖ＋ＮＬ"	(CB)

8.4.2　方向・着点の目的語化

着点成分の目的語化現象は、朝鮮語と中国語では可能であるが、日本語では不可能であることは上記の表1で明示した。なお、着点空間は、移動動詞文における主体の移動であるため、形式的には標識が変わっても意味的には場所性が強く、元の意味が保たれている。次のようなものを考えてみよう。

(1) a. 砂漠に行く　　b. 砂漠へ行く　　c. 砂漠を行く[11]
(2) a. 사막에 가다　　b. 사막으로 가다　　c. 사막을 가다．
(3) a. 到沙漠去　　b. 往/向/沙漠去　　c. 去沙漠

(1a)～(3a)は、「ＮＬ＋に」、「ＮＬ＋에 e」、"到＋ＮＬ"（以下A構造と呼ぶ）により部分的着点がプロファイルされ、(1b)～(3b)は「ＮＬ＋へ」、「ＮＬ＋로 ro」、"往/向/朝＋ＮＬ"（以下A構造と呼ぶ）により部分的方向・目標点がプロファイルされている。対して(1c)～(3c)は「ＮＬ＋を」、「ＮＬ＋를 reul」、"Ｖ＋ＮＬ"（以下B構

---

[11] 日本語の着点成分は目的語化しない。(1c)の表している意味は、着点ではなく、経路である。

第8章　場所成分の目的語化

造と呼ぶ)により全体的場所（対象性）がプロファイルされている。A構造とB構造は真理条件は同じであるが、話者の認知の捉え方によってあるいは場所化されたり、あるいは対象化されたりしたことにすぎない。そもそも、目的語化は主観的視点による言語表現である。日朝中3言語の認知主体の視点によって選択された表現構造は、共通点もあれば相違点もある。上記の例(1)～(3)をイメージ化すると、次の図1のようになる。

　図1aは、日本語の移動の標識「ヘ/に/を」の意味をイメージ化した図である。四角は「砂漠」を、砂漠の中の矢印は移動経路を、そしてその矢印の上の太線は移動プロセスを表している。なお、実線の矢印と虚線の矢印の繋がりは、移動開始と移動方向を表す。実線は「砂漠」を移動着点とするという意味を表す。注意すべきは、「NL+を」で示された「砂漠を行く」は、目的語化表現ではなく、「砂漠を歩く」という意味の経路の表現である。

　一方、図1bの「사막을 가다（砂漠を行く）」には、着点の意味も経路の意味も含まれている。経路の「NL+로 ro」は、方向標識にもなり得るので、文脈によっては、目標にも、経路にもなり得るのである。

　さらに、中国語では、図1cのように着点表現の基本構造と目的語化構造がきれいに分かれており、両構造の違いも「場所性」、「対象性」と、はっきり分かれている。"到沙漠去（砂漠に行く）"の場合は"沙漠"を目標着点として移動するプロセスが感じられるのに対して、"去沙漠（砂漠を行く）"の場合は、"沙漠"を"去（行く）"という動作の対象として捉えているので、移動のプロセスは感じられない。

　要するに、図1aのJB「NL+を」は、移動のプロセスを感じさせる経路を表し、図1bのKB「NL+를 reul」は、経路も着点も表し、図1cのCB"V+NL"は、着点だけを表している（図1は洪允杓1991を参考にして作成）。

図1　日朝中移動における着点空間範囲の対照

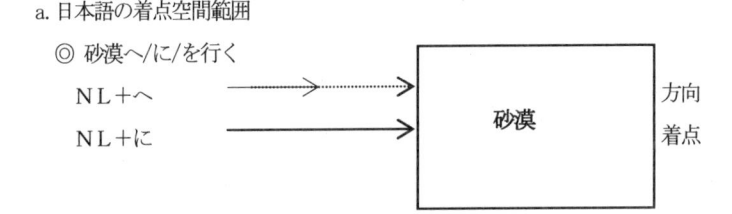

a. 日本語の着点空間範囲

◎ 砂漠ヘ/に/を行く

NL+ヘ
NL+に

砂漠

方向
着点

235

```
         NL＋を                        ――――――→       経路
```

b. 朝鮮語の着点空間範囲

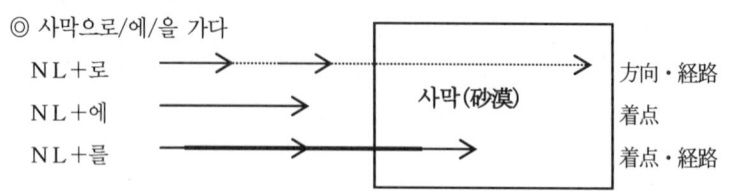

◎ 사막으로/에/을 가다

```
NL＋로    ――→……………………→  ┌─────────┐  →  方向・経路
NL＋에    ――→――→            │ 사막(砂漠) │     着点
NL＋를    ――→――――→          └─────────┘     着点・経路
```

c. 中国語の着点空間範囲

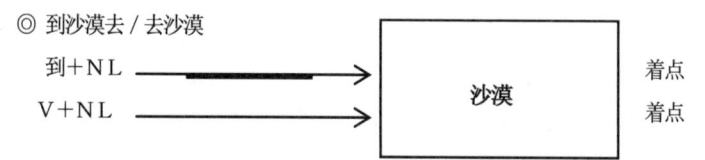

◎ 到沙漠去／去沙漠

```
到＋NL  ―――――→   ┌──────┐   着点
V ＋NL  ――→       │ 沙漠 │   着点
                  └──────┘
```

日朝中の目的語化はＶＰとの共起関係においても制限がある。

A構造	B構造
(4) a. 彼は学校に行った。(JA)	a`. *彼は学校を行った。(JB)
b. 그는 학교에 갔다. (KA)	b`. 그는 학교를 갔다. (KB)
c. 他到学校去。(CA)	c`. 他去学校。(CB)
(5) a. 彼は椅子に座った。(JA)	a`. *彼は椅子を座った。(JB)
b. 그는 의자에 앉았다. (KA)	b`. *그는 의자를 앉았다. (KB)
c. 他坐到椅子上。(CA)	c`. 他坐椅子上。(CB)

「行く」類の[＋移動]動詞文では、(4a, b, c)のように日朝中３言語のいずれもＡ構造の表現は可能である。しかし、(4a`, b`, c`)のように着点のＢ構造では、KBとCBは可能であるが、JBは不可能である。しかし、「坐る」類の[－移動]動詞文では、３言語はやや異なる。(5a, b, c)のように３言語ともＡ構造の使用は可能であるが、(5a`, b`, c`)のようにＢ構造の場合は、CBは可能であるが、JB/KBは不可能である。ただし、(5c`)に示すようにCBの"V＋NL"構造にはまだ"上"という方位詞が残っているので、場所性が保たれており、完全に目的語化されてはいない。

8.4.3 結果位置の目的語化

動作や移動の結果は必ず到達空間、つまり結果位置を必要とする。結果位置は間

接目的語として、ＶＰと内在的関係をもっている点では、着点と共通している。次の例を見てみよう。

(6) a. 그는 벽에 못을 가득 박았다. （KA）
　　b. 그는 벽을 못을 가득 박았다. （KB）
(7) a. 他在墙上钉了很多钉子。(CA)
　　b. 他把墙钉满了钉子。　　　(CB)
(8) a. 彼は壁に釘をたくさん打った。（JA）
　　b. *彼は壁を釘をたくさん打った。（JB）

朝鮮語と中国語では、(6a, b)、(7a, b)のように動作の結果、到達・附着する位置の表現にはKA/CAとKB/CBのいずれも使用できる。しかし、日本語では(8a, b)のように結果位置を目的語化することができない。(6a)～(8a)では、「釘を打った」結果は「壁」の一部とだけ関わっているが、(6b)～(8b)では「壁全体」に関わっている。両者の違いは図２のようである。

　　図２　結果位置表現におけるＡ、Ｂ構造のイメージ
　　　a．Ａ構造(部分)　　　　　b．Ｂ構造(全体)

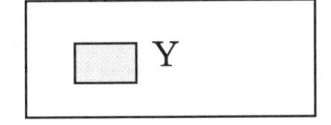

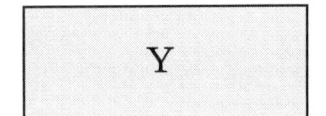

8.4.4　中国語の場合

調査によれば、中国語の場所目的語は中高等教育を受けた人々の話し言葉に普遍に用いられているそうである（朱德熙 1982:113～114；孟慶海 1986：262 を参照）。「北京人の中には、'Ｖ＋ＮＬ'の間に'在'や'到'などを挿入すると、返って不自然に思っている人が多い」(陳建民 1984)。場所成分の目的語化現象、特に着点/結果位置の目的語化現象は、今やもっと多くの人々に受け入れられ、もっと広範囲へと広がりつつあるが、これは北京語の発展の動きを見せている。

結果位置の"在"と到達点の"到"は、意味的に類似している機能語であり、日本語の「に」朝鮮語の「에 e」と対応する。"在"と"到"の違いをせめて言うならば、場所を静的に捉える場合は"在"、動的に捉える場合は"到"を用いる。一般

に［＋移動性］、［＋方向性］の動詞文では"到"が用いられ、［－移動性］、［－方向性］動詞文では"在"が用いられる。しかし、目的語化したNLは静的場所なので、その原型は"在"なのか"到"なのかは区別しにくい。

ⅰ．他動詞構文における結果位置の目的語化は二つの構造を取っている。

　A：(NL＋方位詞)

　　　他把外套挂在衣架上了。　→　他把外套挂衣架上了。
　　　（彼はコートをハンガーに掛けた。）
　　　他把水倒在缸里了。　→　他把水倒缸里了。
　　　（彼は水をかめに注いだ。）
　　　你把担子挑到屋里去。　→　你把担子挑屋里去。
　　　（荷物を部屋に担いでいきなさい。）

　B：(NL)

　　　在墙上刷油漆　→　油漆刷在墙上　①刷墙（壁に塗る/壁を塗る）
　　　　　　　　　　　　　　　　　　　②刷油漆（ペンキを塗る。）
　　　在脸上搽粉　→　粉搽在脸上　①搽脸（顔に塗る/顔を塗る）
　　　　　　　　　　　　　　　　　②搽粉（おしろいを塗る。）
　　　在地上挖坑　→　坑挖在地上　①挖地（地べたに掘る/地べたを掘る）
　　　　　　　　　　　　　　　　　②挖坑（穴を掘る）
　　　在屁股上打针　→　针打在屁股上　①打屁股[12]（お尻に打つ/お尻を殴る）
　　　　　　　　　　　　　　　　　　　②打针（注射を打つ）
　　　在黑板上写字　→　字写在黑板上　①写黑板（黒板に書く/＊黒板を書く）
　　　　　　　　　　　　　　　　　　　②写字（字を書く）

　A構造は完全に目的語化されている。しかし、B構造は完全に目的語化されているのといないのとがある。

A、B構造は、次のようなプロセスで成り立つ。

　　A：　把＋NP＋VP＋在/到＋NL＋方位詞
　　　　→把＋NP＋VP＋NL＋方位詞
　　B：　在＋NL＋方位詞＋VP＋(NP)

---

[12] "在屁股上打（お尻に打つ）"と"打屁股（お尻をうつ/殴る）"は、他の例文とは異なって、意味的に関連性がない特別な表現である。

第8章　場所成分の目的語化

　　→（NP）＋VP＋在＋NL＋方位詞
　　→①VP＋NL　②VP＋NP

　A構造は意味的には"在/到＋NL"と同じであるが、"V＋NL"構造を取っている。A、B構造はいずれも"V＋NL"構造を取っているが、A構造は「NL＋方位詞」の形式を取っているので、場所性をそのまま残している。これに対してB構造は"在/到"も方位詞もないので、完全に目的語化されいる。ただし、B構造の"打屁股（お尻を殴る）"は、習慣により概念化した特殊な表現であり、目的語化した表現ではない。また、"写黒板（*黒板を書く）"は、形式的には目的語化しているが、意味的には[＋場所性]がかなり強く、「書く」動詞の対象にはなりにくい。よって、これも習慣によって概念化した特殊表現である。同じB構造でも"在墙上刷"の場合は、"刷墙（壁に塗る/壁を塗る）"のように、場所成分の"墙（壁）"は"刷（塗る）"動作の結果位置にも動作対象にもなり得る。

　ⅱ．自動詞構文における結果位置・着点の目的語化は、VPの性質により次のような3つのプロセスを取っている。

A：（動作動詞＋結果位置と目的語化）

　　趴在桌子上　→　趴桌子上　　　　　（机にうつ伏せる）
　　坐在车上　　→　坐车上　　　　　　（車に乗る）
　　睡在里屋　　→　睡里屋　　　　　　（奥の部屋に寝る）
　　深入到基层。→　深入基层。　　　　（民衆の中に入り込む）

B：（方向動詞＋着点と場所目的語）

　　来到北京　←　来北京　　　　　　（北京に来る）
　　去到上海　←　去上海　　　　　　（上海に行く）
　　进到教室　←　进教室　　　　　　（教室に入る）
　　下到一楼　←　下一楼　　　　　　（1階に下りる）
　　爬到山顶　←　爬山顶　　　　　　（山の頂に登る）

C：（様態動詞＋着点と場所目的語）

　　这条公路通到天津。→ 这条公路通天津。（この道は天津まで繋がっている。）
　　这躺班机飞到延吉。→ 这躺班机飞延吉。（この飛行機は延吉まで行く。）

　Aは動作動詞文での目的語化であり、Bは移動方向動詞文での目的語化であり、

Cは移動様態動詞文での目的語化である。A、B、Cに示すように自動詞文での目的語化は、形式の上では"V+NL"構造を取っていても、意味の上では場所性が強く感じられる。

以上の事例分析を通して、中国語における場所成分の目的語化の特質を次の2つにまとめられる。

ア．中国語の口語が場所目的語化しつつある主な原因は、「言語の経済性」に求められる。中国語の目的語化は構造の上で先に変化が見られている。

イ．2音節の移動動詞（"进来、进去、下来、下去、回来、回去"など）は場所目的語とは共起できないのが普通である。場所目的語にするためには、2音節動詞をそれぞれNLの前後にばらして単音節動詞として用いるのが普通である（例えば"进屋里来"、"下楼去"、"回北京去"のように）。

8.4.5　朝鮮語の場合

朝鮮語では、結果位置と着点の標識は同じ「NL+에 e」である。その目的語化は「NL+를 reul」構造によって示される。場所格の機能として認定できる一般的な区分は、場所（location）と方向（direction）である（洪允杓、1991：89を参照）。結果位置と着点の標識は同じ「에 e」であっても、結果位置の意味役割は場所（location）であり、着点の意味役割は方向（direction）である。したがって、結果位置は[方向性]を問題にしないが、着点/方向は常に[方向性]を問題にする。つまり、結果位置は[+結果性]を求めているが、着点は[+移動性]を求めるいる。結果位置も着点も「NL+를 reul」という標識で目的語化は可能である。しかし、標識は変わっても結果位置の場所性と着点の方向性は変わらない。

「NL+를 reul」は、非移動動詞文では結果位置を表すが、移動動詞文では着点を表す。次の例を見てみよう。

　　　　　　　　　A構造　　　　　　　　B構造
(8) a. 벽에 못을 박다　　b. 벽을 못을 박다　（結果位置の目的語化）
　　　（壁に釘を打つ）　　＊壁を釘を打つ）
(9) a. 학교로/에 가다　　b. 학교를 가다　　（着点の目的語化）
　　　（学校へ/に行く）　　＊学校を行く）

(8a)は「釘を打つ部分的壁」だけで自足するが、(8b)は「釘を打つ壁全体」を必要とする。(9a)の「학교로 가다（学校へ行く）」は、身体的移動だけを表している

が、「학교에 가다（学校に行く）」は、身体的移動だけでなく、「勉強に行く」という目的をも含んでいる。(9b)の「학교를 가다(*学校を行く)」は、場所を対象化して「学校に行く動作をする」という意味を表している。

8.4.6　A構造とB構造の統語上の制約

上で述べたような日朝中A、B構造の意味上の違いは、統語上は、どうなっているだろうか。以下では、A、B両構造の統語上の機能について見てみる。

◆修飾語との共起制約

B構造は[＋全体性]空間を表すので、次の(12a, b)に示すように、「全面/全体」の意味の修飾語と共起して用いられるのが普通である（日本語の JB は目的語化が不可能である）。対して、A構造は[－全体性]空間を表すので、次の (10a, b) に示すように「全面/全体」の意味の修飾語と共起しないのが普通である。

(10) a. 철호는 벽에 종이를 발랐다.　　　(KA)
  b. 哲浩在墙上糊了张纸。　　　　　(CA)
  c. 哲浩は壁に紙を張った。　　　　(JA)

(11) a. 철호는 온 벽을 종이를 발랐다.　(KB)
  b. 哲浩把整个墙糊上了纸。　　　　(CB)
  c.*哲浩は全ての壁を紙を張った。　(JB)

日本語の「ＮＬ＋を」は朝鮮語の「ＮＬ＋를 reul」とは異なって、意味上は経路と解釈されがちなので、結果位置成分を目的語化することは不可能であり、統語上は「を」格連続使用の制約を受けている。よって「壁を紙を貼る」のような文は非文となる。

◆数量成分との共起制約

B(KB、CB)構造は、数量の限定を受けることができないが、A構造はそれが可能である。

(12) a. 철호는 벽에 종이를 한장 발랐다.　(KA)
  b. 哲浩在墙上糊了张纸。　　　　　　(CA)
  c. 哲浩は壁に紙を一枚張った。　　　(JA)

(13) a.*철호는 벽을 종이를 한장 발랐다.　(KB)
  b.*哲浩把墙糊上了张纸。　　　　　　(CB)

c.＊哲浩は壁を紙を一枚張った。　　　　(JB)

(14) a. 그는 얼굴에 약을 <u>가득</u> 발랐다.　　　(KA)

　　　b. 他在脸上涂了很多药。　　　　　　(CA)

　　　c. 彼は顔に薬をいっぱい塗った。　　　(JA)

(15) a.＊그는 얼굴을 약을 <u>가득</u> 발랐다.　　　(KB)

　　　b.＊他把脸涂了很多药。　　　　　　(CB)

　　　c.＊彼は顔を薬をいっぱい塗った。　　　(JB)

　A構造の（12a, b, c）、（14a, b, c）では、日朝中３言語ともＶＰは「一枚/たくさん」「한장 hanjang/가득 kadeuk」"一枚/很多"などの数量成分の修飾を受けているが、B構造の（13a. b, c）、（15a, b, c）では、日朝中３言語とも「一枚/たくさん」「한장 hanjang/가득 kadeuk」"一枚/很多"などの数量成分の修飾を受けることができない。このように、普通、A構造で示している場所空間は「部分的」であるのに対して、B構造で示している場所空間は「全体的」である。つまり、B構造での場所成分の目的語化は、数量成分の制約を受けるのである。

　ちなみに、朝鮮語の目的語標識「를 reul」は、日本語の「を」より意味機能が大きい。例えば、（13a）の「종이를 한장을 발랐다（＊紙を一枚を貼った）」のように数量詞の後に来て目的語になり得る。これに対して、日本語では数量詞をＶＰを修飾する修飾語として副詞的に用いてい、目的語として取ることはない。

◆場所目的語の格変化

　B構造(KB、CB)は、対象格を材料/手段格に置き換えることができるが、A(KA、CA)構造はそれができない。

```
KB：「S＋NL＋를 reul＋N＋를 reul＋V」
　→「S＋NL＋를 reul＋N＋로 ro（材料格）＋V」
CB："S＋把＋NL＋V＋N" → "S＋用(材料格)＋N＋把＋NL＋V"
```

(16) a.＊철호는 <u>벽에</u> 종이로 발랐다.　　　(KA)

　　　b.＊哲浩用纸<u>在墙上</u>糊了。　　　　(CA)

　　　c.＊哲浩は<u>壁に</u>紙で張った。　　　　(JA)

(17) a. 철호는 <u>벽을</u> 종이로 발랐다.　　　(KB)

　　　b. 哲浩用纸<u>把墙</u>糊上了。　　　　(CB)

c. 哲浩は壁を紙で張った。　　　　　(JB)
(18) a. *철호는 벽에 페인트로 칠했다.　　 (KA)
　　　b. *哲浩用油漆在墙上刷了。　　　　(CA)
　　　c. *哲浩は壁に紙で張った。　　　　 (JA)
(19) a. 철호는 벽을 페인트로 칠했다.　　　(KB)
　　　b. 哲浩用油漆把墙刷了。　　　　　　(CB)
　　　c. 哲浩は壁をペンキで塗った。　　　(JB)

　対象格を材料格に置き換えるには、ＶＰは［+覆う］意味特徴の動詞でなければならない。
　この種の動詞はその数は少ないが、次のようなものが挙げられる。
　　　日：埋める　　塗る　　　　貼る　　　覆う　　　かぶる
　　　朝：메우다　　칠하다/바르다　붙이다　　덮다　　　뒤집어쓰다
　　　中：填　　　　涂/刷　　　　贴/粘/糊　覆盖　　　落满

　CA 構造では場所成文は場所補語に、材料成分は直接目的語になる。しかし、CB では場所成文は"把+ＮＬ"構造による前置目的語に、材料成分は"Ｖ+ＮＰ"による後置目的語になる。ただし、"把+ＮＬ"構造はＮＬの制約を受ける。つまり、ＮＬは一般に"那（その）、这（この）、水（水）、大（大きな）、小（小さな）"などによって［特別化］［具体化］した名詞でなければならない。次のＣＡグループはCA 構造を、ＣＢグループはCB 構造を表す。

　　　　　ＣＡ
　他在坑里填满了沙子。　　（彼は穴に砂をいっぱい詰め込んだ。）
　他在墙上刷满了油漆。　　（彼は壁にペンキをいっぱい塗った。）
　他在缸里倒满了水。　　　（彼はかめに水をいっぱい入れた。）
　他在衣柜里挂满了衣服。　（彼は洋服箪笥いっぱいに服を掛けた。）
　他在这块儿地里种了棉花。（彼はこの土地に綿を植えた。）
　　　　　ＣＢ

---

13 中国語の"把+ＮＰ"構造は、共起する動詞と名詞の統語関係によって様々な構造に分けられる。範暁（2001）は、"把+ＮＬ+ＶＰ+ＮＰ"構造をつくる動詞は、一般に、二つや三つの項をもつことができる動詞からなっていると指摘している。（範暁2001：48-57 を参照）。

他把那坑填満了沙子。　　（*彼はその穴を砂をいっぱい入れた。）
　　　他把这堵墙刷満了油漆。　（*彼はこの壁をペンキを塗り潰した。）
　　　他把这水缸装満了水。　　（*彼はこの水かめを水をいっぱい入れた。）
　　　他把大衣柜挂満了衣服。　（*彼は大きな洋服箪笥を服をいっぱい掛けた。）
　　　他把这块儿地种了棉花。　（*彼はこの土地を綿を植えた。）

　朝鮮語の場合も中国語と同様である。例えば、KA の場合は次のKAグループに示すように、場所成分は場所補語、材料成分は直接目的語になる。そして、KB の場合は次のKBグループに示すように場所成分と材料成分の二つの目的語をもつのが普通である。

　　　　　　　KA
　　그는 구덩이에 모래를 가득 채웠다. （彼は穴に砂をいっぱい詰め込んだ。）
　　그는 벽에 페인트를 가득 칠했다. （彼は壁にペンキをたくさん塗った。）
　　그는 물독에 물을 가득 채웠다. （彼はかめに水をたくさん入れた。）
　　그는 옷장에 옷을 가득 걸었다. （彼は洋服箪笥いっぱいに服を掛けた。）
　　그는 이 땅에 면화를 가득 심었다. （彼はこの土地に綿をいっぱい植えた。）

　　　　　　　KB
　　그는 구덩이를 모래를 가득 채웠다. （*彼は穴を砂をいっぱい埋めた。）
　　그는 벽을 페인트를 가득 칠했다. （*彼は壁をペンキをいっぱい塗った。）
　　그는 물독을 물을 가득 채웠다. （*彼はかめを水をいっぱい入れた。）
　　그는 옷장을 옷을 가득 걸었다. （*彼は洋服箪笥を服をいっぱい掛けた。）
　　그는 이 땅을 면화를 가득 심었다. （*彼はこの土地を綿をいっぱい植えた。）

他動詞の目的語は典型的な目的語として、次のような特徴をもっている。
　　（ⅰ）受動性（affecteness）
　　（ⅱ）対象性（objectivity）
　　（ⅲ）限定性（definiteness）
　　（ⅳ）完結性（completeness）

　結果位置から目的語化した「ＮＬ＋를 reul」と"把＋ＮＬ"は、典型的目的語の４つの特徴をもっている。日朝中３言語の結果位置・着点の目的語化の表現は、次の表４のようである。

表4　　　　日朝中着点の目的語化表現例

朝鮮語	中国語	日本語
ＮＬ＋를 reul	ＶＰ＋ＮＬ	＊ＮＬ＋を
학교를 가다	上学校	＊学校を行く
집을 돌아가다	回家	＊家を帰る
방을 들어가다	进屋	＊部屋を入る
내 곁을 다가오다	来我这里	＊私のところを来る
동쪽을 날아가다	飞东边去	＊東を飛んでいく
역 쪽을 뛰어가다	跑车站方向去	＊駅の方を走っていく

8.5　起点の目的語化

起点の表現において、日本語では「ＮＬ＋から」と「ＮＬ＋を」、朝鮮語では「ＮＬ＋에서(부터)eseo(buteo)」と「ＮＬ＋를 reul」、そして、中国語では"从＋ＮＬ"と"Ｖ＋ＮＬ"が用いられる。説明の便宜のため、基本構造をＡ構造(JA、KA、CA)、目的語化構造をＢ構造(JB、KB、CB)と呼ぶことにする。

```
Ａ構造：「ＮＬ＋から」　　(JA)　　　　Ｂ構造：「ＮＬ＋を」　　　(JB)
　　　　「ＮＬ＋에서(부터)eseobuteo」(KA)　　　　「ＮＬ＋를 reul」(KB)
　　　　"在＋ＮＬ"　(CA)　　　　　　　　　　"Ｖ＋ＮＬ"　　　(CB)
```

8.5.1　ＡとＢ構造の意味合い

まず、日朝中3言語における起点の目的語化の類似点について考察する。次の例を考えてみよう。

(1) a. 彼はバスから降りた。(JA)　　a'. 彼はバスを降りた。(JB)
　　b. 그는 버스에서 내렸다. (KA)　　b'. 그는 버스를 내렸다. (KB)
　　c. 他从公共汽车下来了。(CA)　　c'. 他下了公共汽车。(CB)
(2) a. 彼は教室から出た。(JA)　　a'. 彼は教室を出た。(JB)
　　b. 그는 교실에서 나왔다. (KA)　　b'. 그는 교실을 나왔다. (KB)
　　c. 他从教室里出来了。(CA)　　c'. 他出了教室了。(CB)
(3) a. 彼は洞穴から這い出た。(JA)　　a'. 彼は洞穴を這い出た。(JB)

b. 그는 <u>동굴에서</u> 기어나왔다. (KA)　b`. 그는 <u>동굴을</u> 기어나왔다. (KB)
c. 他<u>从山洞里</u>爬出来了。(CA)　　c`. 他<u>爬出山洞了</u>。(CB)

　(1a, b, c)～(3a, b, c)はA構造の例であり、(1a`, b`, c`)～(3a`, b`, c`)はB構造の例である。日朝中3言語は(1)～(3)に示すようにA構造もB構造も対応している。AとB構造は真理条件が同じである類似性構造である。A、B両構造は「主体が元の場所を離れる」という意味では共通しているが、話者の視点によって強調する点は異なる。A構造は起点を移動の1部分として捉えているのに対して、B構造は起点を全体的対象として捉えている。要するに、A構造は客観的に空間起点を記述する場所補語であるのに対して、B構造は主観的に空間起点を対象化する場所目的語である。

図1　　A構造とB構造の意味合い

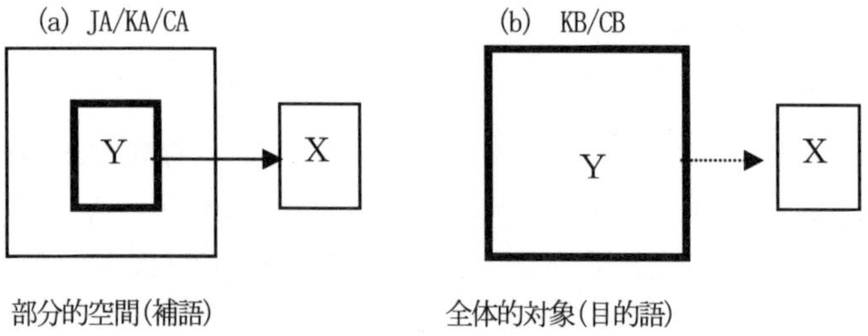

(a)　JA/KA/CA　　　　　　　(b)　KB/CB

部分的空間(補語)　　　　　　全体的対象(目的語)

8.5.2　日朝中3言語の類似点

　前節では、起点の基本構造と目的語化構造の意味について述べた。そして、日朝中3言語の両構造は意味的に共通していることを明らかにした。本節では3言語の異同について考察する。

　ⅰ．A構造では、方位詞の付加が可能であるのに対して、B構造ではそれが不可能である。

(4) a. 彼は倉庫から飛び出した。　a`. 彼は倉庫の**中**から飛び出した。(JA)
　　b. 彼は倉庫を飛び出した。　　b`.*彼は倉庫の**中**を飛び出した。(JB)
(5) a. 그는 창고에서 뛰어나왔다. 　a`. 그는 창고 **안**에서 뛰어나왔다. (KA)
　　b. 그는 창고를 뛰어나왔다.　　b`.?그는 창고 **안**을 뛰어나왔다. (KB)
(6) a. 他从仓库跑出来。　　　　　a`. 他从仓库**里**跑出来。(CA)
　　b. 他跑出仓库。　　　　　　　b`.*他跑出仓库**里**。(CB)

第8章　場所成分の目的語化

(7) a. 彼は屋根から飛び降りた。　　a`. 彼は屋根の上から飛び降りた。(JA)
　　 b. 彼は屋根を飛び降りた。　　　b`.*彼は屋根の上を飛び降りた。(JB)
(8) a. 그는 지붕에서 뛰어내렸다.　 a`. 그는 지붕 위에서 뛰어내렸다. (KA)
　　 b. 그는 지붕을 뛰어내렸다.　　b`.?그는 지붕 위를 뛰어내렸다. (KB)
(9) a. 他从屋顶跳下来。　　　　　　a`. 他从屋顶上跳下来。(CA)
　　 b. 他跳下屋顶。　　　　　　　 b`.*他跳下屋顶上。(CB)

　日本語では(4a, a`)、(7a, a`)に示すようにA構造(JA)の場合は「中/上」等の方位詞があっても無くても文が成立するが、B構造(JB)では、(4b`)、(7b`)のように「中/上」等を付加すると文が成立しにくい。朝鮮語は日本語と同じである。ただし、B構造（KB）では一般に「안 an/위 wi」等の方位詞を付加しないが、(5b`)、(8b`)に示すように方位詞を付加しても許容度はある。さらに、中国語の場合は日本語と全く同じで、(6b`)、(9b`)のようにB構造(CB)では方位詞の付加は不可能である。A構造では起点標識だけでも具体的場所を表すことができるが、方位詞を付加すると、場所位置をさらに具体化する。よって、3言語のいずれもA構造には方位詞の付加が可能である。しかし、B構造で表す起点は空間を対象化した［全体的］モノで、方位詞の示す［部分的］［具体的］場所位置とは矛盾する。よって、B構造には「方位詞」を付加しないのが普通である。

　ⅱ．A構造は具体的空間を表すが、B構造は空間を抽象化する。次の例をみてみよう。

(10) a. 彼は<u>学校から</u>出た。(JA)　　 a`. 彼は<u>学校を</u>出た。(JB)
　　　b. 그는 <u>학교에서</u> 나왔다. (KA)　b`. 그는 <u>학교를</u> 나왔다. (KB)
　　　c. 他<u>从学校</u>出来了。(CA)　　　c`. 他离开<u>学校</u>了。(CB)

　(10)に示すように、B構造はA構造の具体的起点場所を抽象的に対象化している。例えば、(10a`, b`, c`)の「学校」は、意味上は主体「彼/그 keu/他」の物理的移動の起点を表すが、統語上は主体の動作の対象として目的語の標識をとっている。なお、起点の目的語化はイディオム(idiom)的に用いられる場合が多く、(10a`, b`, c`)のように「彼は学校を出た」は物理的移動の起点を表す場合もあるが、多くは「彼は学校を卒業した」という意味に用いられる。これと同じ言語現象として次の例が挙げられる。

247

(11)a. 彼は私の傍から去っていった。(JA)　a`. 彼は私の傍を去っていった。(JB)

　　b. 그는 내 곁에서 떠나갔다. (KA)　b`. 그는 내 곁을 떠나갔다. (KB)

　　c. 他从我这儿离开了。(CA)　　　c`. 他离开我身边了。(CB)

(11a`, b`, c`)は、物理的移動を表しているだけではなく、「彼は私と離婚した」、「彼が私から遠ざかっていった」というイディオム(idiom)的意味も表している。

　ⅲ．A構造は、移動の始まる部分的空間を起点として捉えているが、B構造は、全体的空間を起点として捉えている。

(12)a. 乗客がバスから降りた。(JA)　　a`. 乗客がバスを降りた。(JB)

　　b. 승객이 버스에서 내렸다. (KA)　b`. 승객이 버스를 내렸다. (KB)

　　c. 乘客从公共汽车下来。(CA)　　c`. 乘客下了公共汽车。(CB)

(13)a. いかだが岸から離れた。(JA)　　a`. いかだが岸を離れた。(JB)

　　b. 뗏목이 강기슭에서 떠났다. (KA)　b`. 뗏목이 강기슭을 떠났다. (KB)

　　c. 木筏从江岸离开。(CA)　　　　c`. 木筏离开了江岸。(CB)

A構造では、(12a, b, c)のように「バス/버스 beosu/公共汽车」を移動主体の「乗客/승객 seunggaek/乘客」の移動開始場所として捉えている。対して、B構造では、(12a`, b`, c`)のように「バス/버스 beosu/公共汽车」を「降りる動作の対象」として捉えている。(13)も(12)と同じである。A構造とB構造の選択は話者の主観によるもので、「具体的」位置を強調したい場合はA構造の「ＮＬ＋から」「ＮＬ＋에서 eseo」"从＋ＮＬ"が用いられ、「全体的」空間を強調したい場合はB構造の「ＮＬ＋を」「ＮＬ＋를 reul」"Ｖ＋ＮＬ"が用いられる。次の場面を考えられる。

(14) 問い：你什么时候到的？　（いつ着きましたか。）

　　　答え１：刚从飞机下来的。　（今飛行機から降りたばかりです。）

　　　答え２：刚下飞机的。　　　（今飛行機を降りたばかりです。）

　答え１は「降りる」動作の移動の起点を強調しているのに対して、答え２は「飛行機を降りた」という全体的事柄を強調している。したがって、「問い」自体が望んでいる答えはCA（答え１）よりCB（答え２）の方が適切である。

　ⅳ．A、B両構造は焦点が同じではない。

　　日本語：JAの質問文構造：①「どこ＋から＋Ｖ＋か」

　　　　　　　　　　　　　　②「ＮＬ＋から＋Ｖ＋か」

　　　　　　JBの質問文構造：①「ＮＬ＋を＋Ｖ＋か」

第 8 章　場所成分の目的語化

朝鮮語：KA の質問文構造：①「어디 eodi＋에서 eseo＋V？」
　　　　　　　　　　　　②「ＮＬ＋에서 eseo＋V？」
　　　　KB の質問文構造：①「ＮＬ＋를 reol＋V＋까 kka」
中国語：CA の質問文構造：①"从＋哪里（儿）＋V＋的？"
　　　　　　　　　　　　②"从＋ＮＬ＋V＋吗／没有？"
　　　　CB の質問文構造：①"V＋ＮＬ＋吗／没有？"

起点の目的語化に伴う変化は次の 5 つにまとめることができる。

　ア．「具体性」から「抽象性」へ
　イ．「空間性」から「対象性」へ
　ウ．「動態性」から「静態性」へ
　エ．「外部構造」から「内部構造」へ
　オ．「個別性」から「全体性」へ

　表 1　　起点の目的語化とイディオム(idiom)

具体空間	→	抽象空間	→	概念化
家から出る	→	家を出る	→	家出
親元から離れる	→	親元を離れる	→	親離れ
この世から去る	→	この世を去る	→	逝去
職場から離れる	→	職場を離れる	→	離職

ⅴ．A 構造は方向・着点成分との共起が可能であるが、B 構造はそれが不可能である[14]。

(15) a.　彼は洞穴から外へ／に這い出た。　　　(JA)
　　　b.　그는 동굴에서 밖으로／에 기어나갔다. (KA)
　　　c.　他从山洞里往外爬出去／爬到外面。　(CA)
　　　a'.＊彼は洞穴を外へ／に這い出た。　　　(JB)
　　　b'.＊그는 동굴을 밖으로／에 기어나갔다. (KB)

---

[14] 日本語と朝鮮語では「ＮＬ＋を」「ＮＬ＋・reul」構造に起点も着点も含まれている場合は、起着点成分と共起できる。次の例を参照。
　　夜行列車は東海道を京都から静岡に進んだ。(影山、1997、133)
　　야행열차는 동해도를 교토에서 시즈오카로 달렸다.

　　　　ｃ`.*他爬出山洞到外面/往外　　　　　　(CB)

(15a, b, c)は、次の(16a, b, c)のように起点成分と方向成分を分けることもできる。

　　(16)a. 彼は洞穴から外へ/に這い出た。

　　　　［彼は洞穴から這い出た＋彼は外へ/に這い出た］

　　　ｂ. 그는 동굴에서 밖으로 기어나갔다.

　　　　［그는 동굴에서 기어나왔다＋그는 밖으로/에 기어나갔다］

　　　ｃ. 他从山洞里爬到外面。　　　　　　ｃ`. 他从山洞里往外爬出去。

　　　　［他从山洞里爬出去＋他爬到外面去］　［他从山洞里爬出去＋他往外爬出去］

　Ａ構造では(16a、ｂ、ｃ)のように起点成分の「ＮＬ＋から/에서」、"从＋ＮＬ"と方向着点成分の「ＮＬ＋へ(に)/로ro(에 e)」、"往(到)＋ＮＬ"が同資格・同じレベルでＶＰと関係をもっているが、Ｂ構造では(16a`、ｂ`、ｃ`)のように元の起点成分が目的語化している。「ＮＬ＋を」、「ＮＬ＋를 reul」、"Ｖ＋ＮＬ"は「洞穴」の全空間を対象として捉えているので、ＶＰとの関係は間接項から直接項に「格上げ」され、したがって、他の場所成分との共起も不可能になる。

　ちなみに、(15ｃ`)の"他爬出山洞到外面"が不自然なのは中国語の統語規則に反しているからである。中国語の「表面構造法則」[15]では、目的語の後ろには如何なる成分も付加できないとされている。他の場所成分の付加が必要な場合は、"Ｖ＋場所目的語＋Ｖ＋結果補語"の構造を用いなければならない(例えば、他爬山洞爬到出口)。

　ⅵ. Ａ、Ｂ両構造は複文に同時に用いられるが、語順の制約を受ける。Ａ構造は具体的であるのに対し、Ｂ構造は抽象的なので、Ａ構造が先に現れるのが普通である。

　　(17)a.　彼は正門から出ると、小道を抜けて……　　　　(JA) + (JB)

　　　　ｂ.　그는 정문에서 나오자 골목길을 빠져나와……(KA) + (KB)

　　　　ｃ.　他从正门出来、接着又跑出胡同……　　　　　(CA) + (CB)

　　　　ａ`.? 彼は正門を出ると、小道から抜けて……　　　(JB) + (JA)

　　　　ｂ`.??그는 정문을 나오자 골목길에서 빠져나와…(JB) + (JA)

---

[15] "表面構造法則"は、黄宣範(1979)によって提唱されて以来、現代中国語の最も重要な語順に関する法則となっている。法則によれば、中国語では原則として一つの動詞の後ろには一つの成分しか置かれない。他の言語に比べて、中国語に複文が多いのは、その法則が働いているからである。例えば、"吃・吃得快"、"洗衣服洗得干・"などのようになる(・槙 2002 : を参照)。

c`. ??他出正门、接着又从胡同跑出来……　　　(JB)＋(JA)

8.5.3　日朝中3言語の相違点

　以上では、A構造とB構造の違いについて日朝中3言語を統括的に考察し、3言語はほぼ対応していることを明らかにした。3言語はあくまでも異なる個別言語である以上、言語類型論的に共通しているところもあるが、具体的な言語表現においては、それぞれ異なる表現特徴が見られる。

　ⅰ．CBは二重目的語をもつことができるが、JBとKBはそれが不可能である。次の例を見てみよう。

(18) a.　我把他推下舞台。　(CB)

　　 b.　私は彼を舞台から押し出した。(JA)

　　 b`.＊私は彼を舞台を押し出した。(JB)

　　 c.　나는 그를 무대에서 밀어냈다.(KA)

　　 c`.＊나는 그를 무대를 밀어냈다.(KB)

(19) a.　我把孩子们赶出了院子。

　　 b.　私は子供を庭から追い出した。(JA)

　　 b`.＊私は子供を庭を追い出した。(JB)

　　 c.　나는 아이들을 뜰안에서 쫓아냈다.(KA)

　　 c`.＊나는 아이들을 뜰안을 쫓아냈다.(KB))

(20) a.　他们把货运出了城 。(CB)

　　 b.　彼らは品物を市内から運び出した。(JA)

　　 b`.＊彼らは品物を市内を運び出した。(JB)

　　 c.　그들은 물품을 시내에서 운송해 냈다.(KA)

　　 c`.＊그들은 물품을 시내를 운송해 냈다.(KB)

　(18a)～(20a)のようにCBは二重目的語をもつことが可能である。しかし、(18b`, c`)～(20b`, c`)のように日本語と朝鮮語ではそれが不可能である。CBと真理条件の同じ表現をするには(18b, c)～(20b, c)のように起点成分はJA、KAで表さなければならない。なぜなら、3言語におけるVPの構成成分のV_1とV_2の機能は同じではないからである。中国語ではVP［V_1＋V_2］を動作動詞として見なすので、対象目的語と場所目的語をもつことができる［例えば、"推＋下"、"赶＋出"、"运＋

出"は他動詞として"把他(彼を)"、"把孩子们(子供達を)"、"把货(品物を)"という対象目的語と"舞台"、"院子"、"城"という場所補語をもつことができる]。対して、日本語と朝鮮語ではＶＰ[V_1＋V_2]を移動動詞として見なす[例えば、日本語のＶＰ「押し出す/追い出す/運び出す」と朝鮮語のＶＰ「밀어내다 mireonaeda /쫓아내다 jjochanaeda/운송해내가다 unsonghaenaeda」は、V_1とV_2の結びが中国語より堅く、一つの形態として定着しているので、ＶＰの主要部は[＋移動]のV_2である)。つまり、日本語と朝鮮語にはJBの「NL＋を」やKBの「NL＋를」は[＋移動]のＶＰとは共起できないという制約が働いている。

    ＣＢ   ＪＢ   ＫＢ
    推下舞台。 *舞台を押し出す。 *무대를 밀어내다.
    赶出院子。 *庭を追い出す。 *뜰안을 쫓아내다.
    运出城。 *市内を運び出す。 *시내를 운송해 내가다.

また、上記例のようにV_1とV_2の結びが堅い複合動詞は形態化しているので、両者を切り離して用いることができない。次のＡグループを考えてみよう。

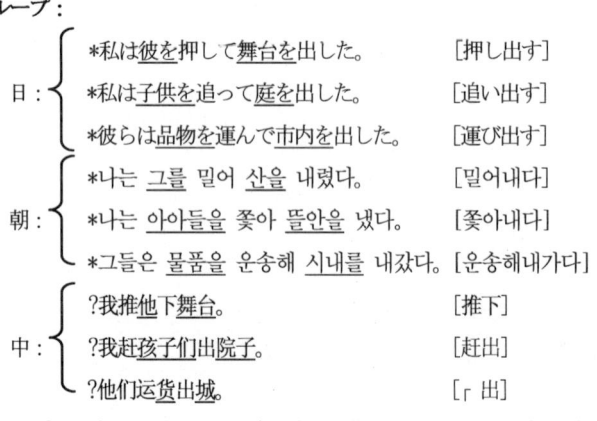

 Ａグループ：
     ⎰ *私は彼を押して舞台を出した。   [押し出す]
  日：⎨ *私は子供を追って庭を出した。   [追い出す]
     ⎱ *彼らは品物を運んで市内を出した。 [運び出す]

     ⎰ *나는 그를 밀어 산을 내렸다.   [밀어내다]
  朝：⎨ *나는 아이들을 쫓아 뜰안을 냈다. [쫓아내다]
     ⎱ *그들은 물품을 운송해 시내를 내갔다. [운송해내가다]

     ⎰ ?我推他下舞台。   [推下]
  中：⎨ ?我赶孩子们出院子。 [赶出]
     ⎱ ?他们运货出城。   [г出]

Ａグループで、中国語は文として成り立つ可能性があるが、切り離す前の動詞の意味とは異なる。しかし、次のＢグループに示すようにV_1とV_2の結びが緩い複合動詞は２つの動詞を切り離して、起点成分を目的語化することができる。

 Ｂグループ：
     ⎰ 彼は負傷者を負ぶって山を下りた。(JB)
  日：⎨ 看護師さんは赤ちゃんを抱いて産室を出た。(JB)

彼は老人を支えて車を降りた。(JB)

朝：
- 그는 부상자를 업고 산을 내렸다. (KB)
- 간호사는 갓난 애기를 안고 산실을 나갔다. (KB)
- 그는 노인을 부축하여 차를 내렸다. (KB)

中：
- 他背着伤员下山。(CB)
- 护士抱着婴儿出分娩室。(CB)
- 他扶着老人下车。(CB)

　Aグループ動詞もBグループ動詞も複合動詞であるが、Aグループの場合は、V_1が[＋移動性]動詞であるため、[＋方向性]のV_2との結びはかなり堅い。そのゆえ、両者を切り離すと、動詞の意味と機能が変わってしまい、文として成り立たない。これに対して、BグループはV$_1$が[－移動性]の動作動詞なので、[＋方向性]のV_2との結びはかなり緩い。したがって、V_1とV_2を切り離すことも可能であり、動詞の意味も変わらない。

8．6　移動経路の目的語化

8.6.1　問題の提起

　経路は起点から着点までの移動空間として、常に「動的」、「線的」、「連続的」、「＋方向」の空間として捉えられている特殊空間である。それゆえ、経路は独自の標識もなく、経路の領域も境界も３言語がそれぞれ異なっている。

　日本語では経路概念を移動動作の対象と関連づけて「ＮＬ＋を」を用いる。対して朝鮮語では経路概念を未来指向的な[目標／着点]と一体化して捉えているので、経路標識は方向標識と同じ「ＮＬ＋로 ro」を用いる。さらに、中国語では経路概念を起点概念のカテゴリーとして認知しているので、その標識も起点と同じ"从＋ＮＬ"を用いる。

　経路成分の目的語化は、他の空間場所とは異なる特徴をもっている。経路は常に起点と着点を背景にする空間であるが、起点でも着点でもない独自の空間である。

　日朝中３言語の経路の目的語化は次のような特徴をもっている。

ア．日本語の「NL＋を」は、「格上げ」した目的語ではなく、本来的経路標識であり、典型的目的語とは異なる。

イ．朝鮮語の「로ro」と「를reul」は移動動詞文では「類似性」経路を表す。「로ro」は[部分]的経路であり、「를reul」は[全体]的経路である。

ウ．中国語の"从＋NL"は、起点と経路の二つの概念を表す。経路は最も目的語化しやすい場所である。

表1　　　　日朝中3言語の経路の目的語化

	表現構造A	表現構造B
日本語	「NL＋を」　　　(JA)	
朝鮮語	「NL＋로ro」　　(KA)	「NL＋를reul」　　(KB)
中国語	"从2＋NL"　　(CA)	"V＋NL"　　(CB)

8.6.2　A，B構造の意味カテゴリー

説明の便宜のため、日本語の「NL＋を」をJAと呼び、朝鮮語の「NL＋로ro」をKA、「NL＋를reul」をKBと呼ぶ。また、中国語の"从＋NL"をCA、"V＋NL"をCBと呼ぶ。まず、次の例を考えてみよう。

(1)a.　彼らはレインボーブリッジを歩いて渡った。(JA)

(2)a.　그들은 무지개다리로 걸어지나갔다.　　(KA)

　b.　그들은 무지개다리를 걸어지나갔다.　　(KB)

(3)a.　他们从彩虹桥走过。　　　　　　　　(CA)

　b.　他们走过彩虹桥。　　　　　　　　　(CB)

(1)～(3)に示すように日本語の経路表現にはJA構造しかないので、形式上ではKA、CAと対応しているが、意味上はA構造の意味しか含まれていない。つまり、日本語の「NL＋を」には、移動プロセスを示す機能が含まれているので、「NL＋を」によって表現される空間は[動的]、[連続的]、[＋方向的]移動プロセスによる[線状的]経路あるいは[境界的]通過点を表す。経路表現におけるA、B両構造をイメージ化すると、次の図1のようになる。

図1　　　　経路を表すA、B構造のイメージスキーマ

(a)　JA/KA/CA　　　　　　　　　(b)　KB/CB

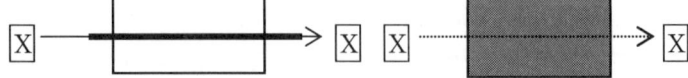

　　　　　　＜経路Y＞　　　　　　　　　＜経由点Y＞
　図1で、Xは移動物(主体)の「彼ら」、Yは経路の「レインボーブリッジ」、矢印は移動物(主体)の移動を表す。A構造では、Yの「レインボーブリッジ」をXの移動する軌道として捉え、移動のプロセスを前景化している。これに対して、B構造では、Yの「レインボーブリッジ」をXの移動動作に関わる対象としてプロファイルし、移動のプロセスは背景化している。

8.6.3　A、B構造の統語上の違い

　以上で見た経路表現におけるA、B両構造の意味上の違いは、統語上にも現れる。本節では、経路表現のA、B両構造の統語上の違いについて考察する。

　ⅰ．NLに対する制限

　A構造を取る名詞句は、一定の意味をもつ名詞に限られる。

　JA、KA、CAは、具体的場所をプロファイルしているので、名詞句に対して具体化処理をしなければならない。つまり、JA、KA、CA構造は、経路（軌道）の意味をもたない名詞が経路の意味を表すには、N、NLの後ろに方位詞あるいは具体的な位置関係を示す成分を付加しなければならないが、KB、CB構造にはこのような制約はない。A構造において経路成分になる名詞には次の4種類がある。

　　NL_1(線状名詞)：(日)　道　　通路　橋　　大通り　トンネル　川　　谷　…
　　　　　　　　　　(朝)　길　　통로　다리　큰길　　터널　　　강　　골짜기 …
　　　　　　　　　　(中)　道　　通道　桥　　大街　　隧道　　　河　　山谷 …
　　NL_2(面状名詞)：(日)　公園　庭　　海　　空 …
　　　　　　　　　　(朝)　공원　마당　바다　하늘 …
　　　　　　　　　　(中)　公园　院子　大海　天空 …
　　NL_3(点状名詞＋方位詞)：(日)　店のそば　　学校の前　屋根の上 …
　　　　　　　　　　　　　　(朝)　상점 옆　　　학교 앞　　지붕 위 …
　　　　　　　　　　　　　　(中)　商店旁边　　学校门前　屋顶上 …
　　NL_4(境界名詞)：(日)　入り口　出口　正門　裏口 …
　　　　　　　　　　(朝)　입구　　출구　정문　뒷문 …
　　　　　　　　　　(中)　入口　　出口　前门　后门 …

　まず、上記の4種類のNLの使用について考えてみよう。

　　　　　　　　A　　　　　　　　　　　　B
　(4)a. バスは<u>学校の前を</u>通りすぎた。　b. ＿＿＿＿＿＿＿＿＿＿＿＿＿

a´. バスは学校を通りすぎた。　　b´. _____
　　　a. 버스가 학교 앞으로 지나갔다.　b. 버스가 학교 앞을 지나갔다.
　　　a´. *버스가 학교로 지나갔다.　　b´. 버스가 학교를 지나갔다
　　　a. 公共汽车从学校门前驶过去.　　b. 公共汽车驶过学校门前.
　　　a´. *公共汽车从学校驶过去.　　　b´. 公共汽车驶过学校。
　(5)a. 彼は店の前を駆け抜けた。　　b. _____
　　　a´. 彼は店を駆け抜けた。　　　 b´. _____
　　　a. 그는 상점 앞으로 지나갔다.　b. 그는 상점 앞을 지나갔다.
　　　a´. *그는 상점 으로 지나갔다.　b´. 그는 상점을 지나갔다.
　　　a. 他从商店前面跑过去.　　　　 b. 他跑过商店前面。
　　　a´. *他从商店跑过去.　　　　　 b´. 他跑过商店.

　上記の (4a´) ～ (5a´) の「학교 hakkyo/상점 sangjeom」、"校门／商店"が示す空間は、経路空間としては不明確であるが、(4a)、(5a) のように「앞 ap（前）」、"前"という方位詞を付け加えると、経路の位置が明確になる。つまり、[場所性]を取り立てる KA、CA 構造では、[立体状空間]経路を表す場合、一般にNLに方位詞を付加して明確な経路を表している。しかし、[モノ性]を取り立てる KB、CB 構造（目的語化構造）では、方位詞と共起しなくても文が成り立つ。朝鮮語の KA や中国語の CA に対して、日本語の JA は意味範囲が広く、統語的には KB、CB とも対応関係にあるので、NLに方位詞を付加するなどの統語上の制約はない。よって、(4b)、(5b) や(4b´)、(5b´)のように経路化した「学校」や「店」には空間方位詞を付加しなくても文が成り立つのである。

ⅱ．方位詞との共起関係

　日本語では、NLが方位詞を必要とするかしないかは、共起する述語動詞による。
　朝鮮語と中国語では、A構造（KA「NL＋로 ro」、CA "从＋NL"）のNLが方位詞の付加を必要とするかしないかは、上述したようにNLの性質によるが、日本語では述語動詞による。つまり、A構造は、通過動詞構文では、NLに方位詞がなくても文が成り立つが、非通過動詞の場合は、必ず方位詞を付加しなければならない。しかし、B構造（目的語化）には方位詞の制約はない。次の例を考えてみよう。

　(6)(日)a.*飛行機が東京を飛んで行った。(JA)　　（経路）
　　　　　a´.飛行機が東京の上を飛んで行った。(JA)　（経路）

b. 飛行機が東京を飛び越えた。(JA)　　　(経路)
(朝)a. 비행기가 도쿄로 날아갔다. (KA)　　　(方向)
　　a'. 비행기가 도쿄 위로 날아갔다. (KA)　(経路/方向)
　　b.?비행기가 도쿄로 날아지나갔다. (KA)　(経路)
(中)a. 飞机从东京飞走了。(CA)　　　　　　(起点)
　　a'. 飞机从东京上空飞去。(CA)　　　　　(経路)
　　b. 飞机从东京飞过。(CA)　　　　　　　(経路)

　(6a、a')は非通過動詞構文であり、(6b)は通過動詞構文である。**日本語**では、非通過動詞構文では(6a')に示すように経路を表すためには、NLに方位詞を付加しなければならないが、通過動詞構文では(6b)に示すようにNLだけで経路を表す。**朝鮮語**では、述語動詞が通過動詞であろうが、非通過動詞であろうが、NLに方位詞を付加しなければならない。ただし、朝鮮語の(6a)に示すように方位詞のないNLは経路になりにくい。つまり、朝鮮語の「NL+로 ro」は方向/着点標識にもなり得るので、[날다（飛ぶ）]の類の移動様態動詞の場合は経路にも方向にもなり得る。一般に［＋空間的長さ］のNLは経路を表し、［－空間的長さ］のNLは方向/着点を表す。よって、朝鮮語の(6a)は経路を表すのではなく、方向/着点を表している。**中国語**の場合は、日本語とも朝鮮語とも異なる。経路表現に用いる"从＋NL"は、そもそも、起点標識である。したがって、"从＋NL"構造は起点の意味に偏っており、［＋空間的長さ］、［動的］、［連続的］、［境界的］NLでなければ、経路になりにくい。したがって、経路を表すためには、NLに［＋経路/経由点］のイメージを与える操作を行わなければならない。一般に経由点は「NL＋空間方位詞」により具体的に示されるが、(6b)のようにVPが"飞（飛ぶ）"の類の動詞の場合は、"从＋东京"が一つの点として捉えられるので、方位詞を付加しなくても文は成り立つ。よって、中国語の(6a)も(6b)も正しい文である。
　経路から目的語化したB構造は、［場所性］から［モノ性］に転化するので、次の(7)に示すように、方位詞やNL、VPなどに関する制約はない。次の例をみてみよう。
　(7)(日)a.*飛行機が東京を飛んで行った。(JB)
　　　　a'. 飛行機が東京の南を飛んで行った。(JB)　(経路)
　　　　b. 飛行機が東京を飛び越えた。(JB)　　　　(経路)

(朝)a. 비행기가 도쿄를 날아갔다. (KB)　　　　　(方向)
　　a´. 비행기가 도쿄 남쪽을 날아갔다. (KB)　　(経路/方向)
　　b. 비행기가 도쿄를 날아지나갔다. (KB)　　　(経路)
(中)a. 飞机飞东京（去）。(CB)　　　　　　　　(方向/着点)
　　a´. 飞机飞东京南边。(CB)　　　　　　　　　(経路/方向)
　　b. 飞机飞过东京。(CB)　　　　　　　　　　(経路)

　すでに述べたように、日本語には経路成分の目的語化現象が存在しない。「個体」的より「全体」的に、「モノ」的より「コト」的にものを考え[16]、外部世界を捉えている日本語では、空間概念の表現においても「モノ」を「トコロ」的に表現する傾向があるが、中国語や朝鮮語のように「トコロ」を「モノ」的に表現したりはしない。したがって、「トコロ」(「コト」も含めて) の「モノ」的表現である「場所成分の目的語化」も、「なる」的言語である日本語には存在しない。このような認知的、言語類型論的要素は日本語の構造に反映されている。つまり、日本語では経路標識と対象標識が同一標識の「を」格になっているが、「動詞の目的語が統語論的に決して義務的要素ではない」(池上嘉彦1981：270)。したがって、「を」格の意味は、動的プロセスをイメージする経路が優位的、一次的である。

　ⅲ. [+境界]のＮＬ、[+通過]のＶＰとの共起

　　[境界] の意味のＮＬが通過動詞と共起する場合はＫＡもＣＡもＪＡのように方位詞を付加しなくても文が成り立つ。

　　前節では、ＮＬが立体状の場合について見た。日本語の JA は、非通過動詞の場合は、ＮＬに方位詞を付加しなければならないが、通過動詞の場合は方位詞を付加する必要はない。これに対して朝鮮語の KA、中国語の CA は、通過動詞であろうと非通過動詞であろうと、ＮＬに方位詞を付加する必要があることが分かった。しかし、ＮＬの性質によっては、方位詞との結合、動詞との共起関係も異なる。[境界] の意味の名詞句は、朝鮮語の KA と日本語では、通過動詞と共起する場合、方位詞不要である。これに対して、中国語の CA が [境界] の意味の名詞句と共起する場合、方位詞を必要としているが、この場合の方位詞は、文法化して後置詞的に機能

---

[16] 池上(1981：249-283)では、英語と日本語をそれぞれ「する」的言語「なる」的言語と言語類型論的に特徴づけ、「個体」的に対して「全体」的に、「モノ」的に対して「コト」的という、両言語の対立論を提唱した。

第8章　場所成分の目的語化

している。次の例を参照。

(9) a. 彼は垣根を乗り越えてきた。(JA/JB)
　　 b. *彼は垣根の上を乗り越えてきた。(JA/JB)
　　 a. 그는 담장으로 뛰어 넘어왔다. (KA)
　　 b. 그는 담장 위로 뛰어 넘어왔다. (KA)
　　 a. ?他从围墙跳过来了。(CA)
　　 b. 他从围墙上跳过来了。(CA)

　(9)は、[＋境界]のNLが通過動詞「飛び越える/飛び抜ける/通り抜ける/駆け抜ける/乗り越える/跳び越える」などと共起する場合の日朝中3言語の例である。(9)の"围墙上(垣根の上)"の"上"は、空間移動における参照物の方位を表すのではなく、機能語としての役割を果たしている。したがって、中国語の空間表現形式は[前置詞＋NL＋後置詞]構造であり、経路を表す場合も"从＋NL＋方位詞"[17]の構造が用いられる。**日本語**の場合は、(9a)のようにNLに方位詞を付加しないのが普通で、NLに方位詞を付加すると、(9b)のように文は成り立ちにくい。**朝鮮語**や**中国語**の場合は(9a)、(9b)のように、方位詞を付加してもしなくても文は自然である。中国語の CA 構造では、場所性をプロファイルしているため、むしろ、NLに方位詞を付加した表現のほうがより自然であろう。

　出入り動詞述語構文では、「入り口」、「出口」、「正門」などは、主体がある空間から他の空間へ移動する際に通過する、明確な[境界]になるので、次に例示するように日朝中3言語とも方位詞の付加は不要である。

JA	KA	CA
正門を入る	정문으로 들어가다	从正门进去
裏口を出る	뒷문으로 나오다	从后门出来

　JA の「NL＋を」は、意味的にはKAと対応しているが、統語的にはKBと対応している。日本語の「NL＋を」構造は、唯一の経路表現である。経路を表す「を」格は、他動詞の目的語である「を」格とは異なって、移動および軌道の意味を含ん

---

[17] 中国語における方位詞の使用には、統語上の制約がいろいろあるが、本研究では詳論は避ける。方位詞の使用に関しては、荒川清秀(1982、1984)を参照。

でいる。したがって、形式上はKB、CBと対応しているが、意味上、語用論上はKA、CAと対応している。経路空間になり得る条件は[＋空間の長さ]である。つまり、「橋、道、トンネル、川」などは、それ自体に[＋空間の長さ]という意味が含まれているため、方位詞を付加しなくても経路になり得る。

(10) a. 그들은 <u>영화관을</u> 걸어지나갔다. 　　(KB)

　　b. 그들은 <u>영화관 앞을</u> 걸어지나갔다.　(KB)

(11) a. 彼らは<u>映画館を</u>通りすぎた。　　　(JA/JB)

　　b. 彼らは<u>映画館の前を</u>通りすぎた。　(JA/JB)

(12) a. 他们走过<u>电影院</u>。　　　　　　　(CB)

　　b.＊他们走过<u>电影院**前边**</u>。　　　　(CB)

　KBは方位詞の付加によって場所を具体化することがある。朝鮮語の場合は、日本語や中国語とはやや異なって方位詞との共起がかなり自由である。方位詞を付加すると領域が具体化される。次の例を参照。

(13) a. 자동차가 <u>다리를</u> 지나가고 있다.　　(KB)

　　b. 자동차가 <u>다리 위를</u> 지나가고 있다.　(KB)

(14) a. 汽车正在驶过<u>大桥</u>。　　　　　　(CB)

　　b.＊汽车正在驶过<u>大桥上</u>。　　　　　(CB)

(15) a. 自動車が<u>橋を</u>渡っている。　　　　(JA/JB)

　　b.？自動車が<u>橋の上を</u>渡っている。　(JA/JB)

　KBでは[＋空間の長さ]の「다리 tari（橋）」類名詞でも(16b)の「다리 위를 tari wireul（橋の上を）」のように「위 wi（上）」などの方位詞を自由に付加することが可能である。つまり、朝鮮語では、経験によって習慣化された特定の場所でも方位詞を用いて空間場所をさらに具体化して表現する。例えば、「다리 위 tari wi（橋の上）」は「다리 tari（橋）」より具体化した空間であり、自然な表現である。朝鮮語に対して日本語と中国語では「橋」類の経路専用名詞では、空間位置がはっきりしているので、(14b)、(15b)のように方位詞を付加すると不自然になる。

　しかし、KB構文における場所目的語が常に方位詞と共起するわけではない。

　　　　KB

(16) a. 그는 한강을 헤엄쳐 건넜다.　　　（彼は漢江を泳いで渡った。）

　　b.＊그는 한강 위를 헤엄쳐 건넜다.　（＊彼は漢江の上を泳いで渡った。）

(17) a. 갈매기가 한강을 날아 건너다.　　（鴎が漢江を飛び越える。）
　　 b. ?갈매기가 한강 위를 날아 건너다.（鴎が漢江の上を飛び越える。）
(18) a. 그는 담벽을 뛰어 넘었다.　　　　（彼は垣根を跳び越えた。）
　　 b. ?그는 담벽 위를 뛰어 넘었다.　　（?彼は垣根の上を跳び越えた。）

　KB 構文でＮＬが場所化する（ＮＬ＋方位詞）のは、ＮＬが「立体状」[18]空間の場合だけで、ＮＬが「点状」、「線状」、「面状」空間のように空間位置が明確な場合は、方位詞の付加は不要である。上記の(16)、(17)はいずれもＮＬが「面状」空間であり、(18)はＮＬが「点状」空間である。したがって、(16b)、(17b)、(18b)のように「ＮＬ＋方位詞」による表現は不自然である。KB と同じように JA も CB も ＮＬが「立体状」空間でない場合は「ＮＬ＋方位詞」による表現が不可能である。

　　　　　　　ＣＢ
(19) a. 他游过汉江。　　　　　　（彼は漢江を泳いで渡った。）
　　 b. *他游过汉江上边。　　　　（*彼は漢江の上を泳いで渡った。）
(20) a. 海鸥飞过汉江。　　　　　（鴎が漢江を飛び越える。）
　　 b. *海鸥飞过汉江上边。　　　（?鴎が漢江の上を飛び越える。）
(21) a. 他跨过围墙。　　　　　　（彼は垣根を乗り越えた。）
　　 b. *他跨过围墙上面。　　　　（?彼は垣根の上を乗り越えた。）

　中国語の CB も朝鮮語の KB と同じようにＮＬの空間形状により統語的制約を受け、その制約は KB よりも厳しい。"驶过桥下（車が）橋の下を通り過ぎる）"、"走过门前（人が）門の前を通り過ぎる）"、"飞翔空中（飛行機が空中を飛ぶ）"のように、CB にも「ＮＬ＋方位詞」が現れているが、これらの結合はもう既に語彙化しつつあるからである。

8.7　むすび

---

[18] 認知言語学では、認知主体の主観により、空間位置関係を表現できる「次元（demension）」を決めている。つまり、認知空間を系統化して言語に反映している。空間系統の下位レベルには、方向、位置、形状の子系統があり、また空間形状には「点状」「線状」「面状」「立体状」という4つの特徴をもつ空間形状がある。「点状」「線状」「面状」は、長さ、広さ、高さを考慮に入れない空間であるが、「立体状」はろれらを考慮に入れる空間である。（沈家煊 1985：35・・・1998：6）

場所成分の目的語化は、空間概念が言語主体により認知され、言語に反映される主観的表現である。言語話者の認知の仕方、経験による言語習慣、言語の背景にある文化、および、言語類型の違いによって、日朝中３言語における目的語化の度合いも異なる。

◆日本語の「目的語化」の特徴
ⅰ．背景場所の目的語化＝経路化

　背景場所から目的語化した「ＮＬ＋を」は、対象ではなく、移動の経路の意味も表す。「ＮＬ＋で」はその場所で「何をするか」を問題にするのに対して、「ＮＬ＋を」は「どこを＋経由（移動）するか」を問題にしている。実際に移動動詞文において「ＮＬ＋で」と「ＮＬ＋を」は、それぞれ背景場所と経路を表す。例えば、

　　　(1)a.市場で歩き回った。　　　　(2)a.市場を歩き回った。
　　　　 b.この市場で何回も歩き回った。 b.この市場を何回も歩き回った。
　　　　 c.ずっとこの市場で歩き回った。 c.ずっとこの市場を歩き回った。

　(1)のような背景場所と(2)のような経路の違いは図１のように図式化することができる。

　　　図１　　　「ＮＬ＋で」と「ＮＬ＋を」のイメージ
　(a)市場で歩き回る（背景場所）　　　(b)市場を歩き回る（経路）

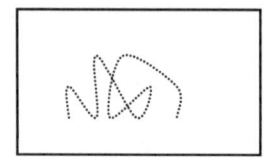

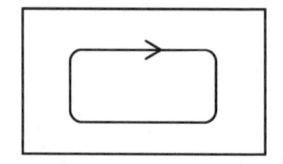

　ａでの「市場」は、ただの歩き回る空間場所として目標性がないのに対して、ｂでの「市場」は［＋目標性］、［＋方向］の空間として捉えられている。

　　表１　　　　　　背景場所と経路化の違い

背景場所の特徴	経路の特徴
ア．［＋境界］の空間	ア．［±境界］の空間
イ．一定空間内での動作	イ．無制限空間での動作
ウ．［－方向］動作の場所	ウ．［＋方向］移動の場所

ⅱ．起点の目的語化＝経路化

　起点の「ＮＬ＋から」は「ＮＬ＋を」に置き換えることができる。しかし、この

種の「NL+を」は目的語としてよりは移動経路として認知される。

(3) a. 彼は倉庫から飛び出した。　(4) a. 彼は倉庫を飛び出した。
　　 b. 彼は倉庫から外へ飛び出した。　　 b. *彼は倉庫を外へ飛び出した。

(3a)は静的所有領域からの位置変化であり、(4a)は動的空間領域からの連続移動である。このように連続的でない所有領域の「NL+から」は(3b)のように着点との共起が可能であり、起点は着点と一緒に[+有界]経路を形成する。しかし、連続移動空間である「NL+を」は起点も着点も含んでいるので、(4b)のように起点や着点成分とは共起できない。起点と経路化の違いを図式化すると、次の図2のようになる。

　　　　図2　　　起点と経路化の図式
　　a. 倉庫から外へ飛び出す　　　　b. 倉庫を飛び出す

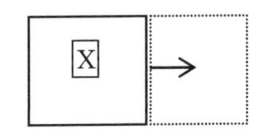

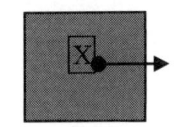

　　　　　　起点　　　　　　　　　　　　経路

上述したように、日本語では、形式上背景場所と起点が目的語化するが、「を」格の意味機能からして、移動動詞文では目的語ではなく、経路である。日本語では、空間を経路中心に捉えているため、起点を目的語化した「NL+を」は意味的には起点を含んだ経路である。

ⅲ. 日本語の経路化の特質

移動動詞構文における「NL+を」は[経由性]をもっている経路である。「NL+を」の意味特徴は「経由性」である(岡田幸彦、2001を参照)。したがって、移動動詞と共起する「NL+を」の深層格(意味格)は「経路格」、表層格(文法格)は場所目的語である。次の例は日本語の特質を明確にする。

日本語	朝鮮語	中国語
(5) 坂道を登る	비탈길로 오르다	从坡道上走上去
	비탈길을 오르다	走上坡道
(6) 階段を降りる	계단으로 내려가다	从台阶上走下

	계단을 내려가다	走下台階/楼梯
(7)砂漠を行く	사막으로 가다[19]	从沙漠上走过去
	사막을 가다	走过沙漠。
(8)横断歩道を渡る	인행도로 건너가다	从人行横道穿过去
	인행도를 건너가다	穿过人行横道
(9)窓の側を通る	창문 곁으로 지나가다	从窗户跟前走过去
	창문 곁을 지나가다	走过窗户跟前

日本語の場所目的語化には、次のような原理が働いている。

> ア．背景場所標識の「NL＋で」、起点標識の「NL＋から」は、目的語標識の「NL＋を」に置き換えることができる。
> イ．自動詞構文における「NL＋を」は、移動のプロセスをイメージする。したがって、背景場所の「NL＋で」や起点の「NL＋から」を「NL＋を」に置き換えた場所成分は、他の言語とは異なって経路の意味合いをもつ。
> ウ．経路概念を表す「NL＋を」は、「昇格」の表現ではない。
> エ．「格上げ」した「NL＋を」は、「どこ＋を」に答える空間表現である。

◆朝鮮語の「目的語化」の特徴

　朝鮮語の目的語化の標識は「를 reul」である。「를 reul」は他動詞の直接の働き掛けを受ける対象（object）を明示する表面構造の標識（marker）であるが、自動詞とも共起する場合がある（kim yongseok1979：44 を参照）。移動自動詞と共起する「를 reul」は、形式上は他動詞と共起する場合と同じであるが、意味上は場所性が強く、移動動詞の自動性も変わらない。この種の「를 reul」は場所成分を目的語化する役割をする。朝鮮語の場所目的語化はかなり自由で、ＶＰの内部項の起点、経路、着点/結果位置/方向 だけでなく、ＶＰの外部項の背景場所も目的語化が可能である。

　ⅰ．移動場所は、起点、着点、方向、経路の４種類に分けられるが、何れも目的語化が可能である。

---

[19] 朝鮮語の「사막으로/을 가다」は、経路をの意味も、方向/着点の意味ももっている。「NL＋로 ro」は、方向動詞「가다（行く）」と共起すると、方向の意味に捉えられる。経路を表すには、「사막으로/을 지나가다」のように「通る」の意味の「지나가다」で表現しなければならない。

第8章　場所成分の目的語化

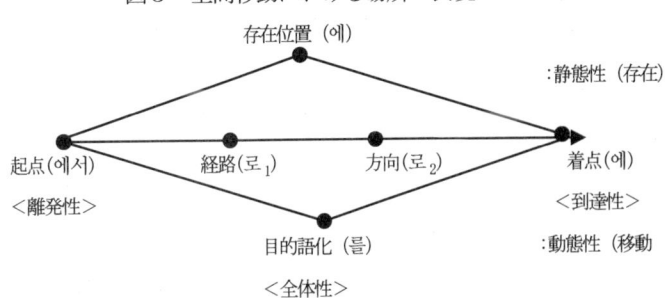

図3　空間移動における場所の表現

```
                  存在位置（에）
                        ●
                                        ：静態性（存在）
   起点(에서)   経路(로₁)   方向(로₂)   着点(에)
     ●─────────●─────────●─────────▶
   <離発性>            ●              <到達性>
                  目的語化（를）
                                        ：動態性（移動）
                     <全体性>
```

図3で「에서 eseo」、「에 e」、「로₁ro」、「로₂ro」は、それぞれ起点、着点/位置、経路、方向を表す。これらの [−全体性]場所成分は「를 reul」によって[+全体性]場所に変わって、表面構造では目的語になる。

場所成分とは、ある主体や客体の存在する静態位置（Location）、あるいは、移動動作の起こる動態空間である。

ⅱ．「NL＋로 ro」は [−全体性]経路を表し、「NL＋를 reul」は [+全体性]経路を表す。したがって、[−全体性]の「NL＋로 ro」は起点成分「NL＋에서 eseo」とは共起できないが、着点成分「NL＋에 e」とは共起が可能である。「NL＋를 reul」は、「NL＋로 ro」より空間範囲が広く、両者の関係は「NL＋로 ro」が「NL＋를 reul」に包含されている関係にある。よって「NL＋를 reul」は「NL＋로 ro」とも共起が可能である。例えば、

(10) a. 그는 골목길로 걸어갔다.　　（彼は山道を歩いていった。）
　　 b. 그는 골목길을 걸어갔다.　　（彼は山道を歩いていった。）
(11) a. 그는 오솔길로 산길을 걸어갔다.　（*彼は小道を山道を歩いていった。）
　　 b.*그는 오솔길을 산길을 걸어갔다.　（*彼は小道を山道を歩いていった。）

ⅲ．起点領域と着点領域は、排他的な領域である。経路は起点領域に、方向は着点領域に属するので、方向は起点を伴い、経路は着点を伴うことができる。

起点、経路、方向、着点の相互共起関係は次のようにまとめられる。
（ⅰ）起点標識の「NL＋에서 eseo」は方向標識の「NL＋로₂ro」と共起できる。
（ⅱ）起点標識の「NL＋에서 eseo」は着点標識の「NL＋에 e」と共起できる。
（ⅲ）経路標識の「NL＋로₁ro」は着点標識の「NL＋에 e」と共起できる。

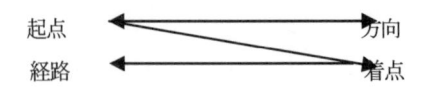

```
  起点 ←――――――――→ 方向
         ╲  ╱
          ╲╱
          ╱╲
         ╱  ╲
  経路 ←――――――――→ 着点
```

図4　移動における4つの空間概念の位置関係

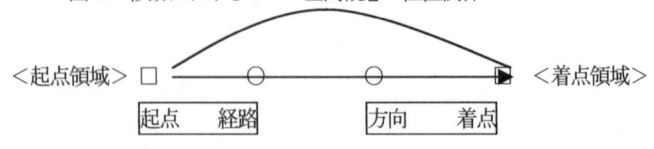

```
         ╭─────────────────╮
<起点領域> □────○────○────▶ <着点領域>
         起点  経路    方向  着点
```

ⅳ．結果位置成分の「NL＋에 e」の目的語化

結果位置成分が目的語になった場所目的語は、形式上は「를 reul」格を取っているが、述語動詞の直接対象にはなれない。結果構文における二重目的語は、「NL＋를 reul」は場所を、「NP＋를 reul」は対象を表す。

(12) a. 그는 벽에 종이를 발랐다. (KA)　（彼は壁に紙を貼った。）
　　　b. 그는 벽을 종이를 발랐다. (KB)　（*彼は壁を紙を貼った。）
(13) a. 그는 온 벽에 종이를 발랐다. (KA)　（彼は壁中に紙を貼った。）
　　　b. 그가 온 벽을 종이를 발랐다. (KB)　（*彼は壁中を紙を貼った。）

結果位置の目的語化は、次に示すように共起する動詞の性質に制限される（禹亨植1996：108を参照）。

ア．対象の位置を表す動詞　［에 e/に（位置→를 reul/を）
　　　벽에/을 칠하다（壁に/を塗る）
イ．対象の授受関係を表す動詞　［에게 ege/に（対象）→를 reul/を］
　　　동생에게/을 주다（弟に/*をあげる）
ウ．対象の変化を表す動詞　［로 ro/に（結果）→를 reul/を］
　　　인재로/를 키우다（人材に/を育てる）

結果位置の目的語化は、あくまでも結果性を優先するので、対象の位置を表す動詞に移動の過程が見られる場合は、目的語化が実現されにくい。

(14) a. 영희가 고향에 편지를 보냈다.　（英姫(ヨンヒ)が故郷に手紙を出した。）
　　　b. ??영희가 고향을 편지를 보냈다.　（*英姫が故郷を手紙を出した。）
　　　c. 영희가 고향으로 편지를 보냈다.　（英姫が故郷へ手紙を出した。）

(15) a. 오빠가 일본에 소포를 부쳤다.　（兄が日本に小包みを送った。）
　　 b. ??오빠가 일본을 소포를 부쳤다.　（*兄が日本を小包みを送った。）
　　 c. 오빠가 일본으로 소포를 부쳤다.　（兄が日本へ小包みを送った。）

このように結果位置成分の「NL＋에 e」は、移動結果の位置が固定されるという意味合いがある場合にのみ、「NL＋를 reul」に目的語化するのである。結果位置成分の目的語化を可能にする位置標識動詞の語彙項目としては次のようなものが挙げられる。

걸다(かける)	걸치다(かける)	꽂다(刺す)	꿰다(結ぶ)
끼우다(嵌める)	널다(干す)	넣다(入れる)	놓다(置く)
달다(つける)	담다(汲む)	덮다(閉じる)	묻다(埋める)
박다(打つ)	붙이다(貼る)	싣다(積む)	바르다(付ける)
심다(植える)	칠하다(塗る)	얹다(乗せる)	채우다(詰める)

朝鮮語における目的語化には次のような特徴がある。
ア．朝鮮語は全ての空間概念を目的語標識の「를 reul」で置き換えることができる。
イ．「格上げ」後の「NL＋를 reul」は依然として元の空間性を保っている。
ウ．「格上げ」後の「NL＋를 reul（対格）」は、「S＋가 ga＋NL＋를 reul ＋NL＋를 reul ＋V」の二重目的語構文を形成することが可能である。
エ．「昇格」後の「NL＋를 reul」は、「어디＋를 reul」に答える空間表現である。

◆中国語の「目的語化」の特徴
ⅰ．結果位置・着点・方向を表す場所目的語

他動詞構文における結果位置、着点、方向概念を表す場所目的語は、他の概念の場所目的語に比べて、目的語化の程度（対象性）が弱く、空間性の強い方位詞を残している。したがって、元の構造に還元する可能性も他の場所成分より高い。

(16) a. 他 [在/往] 墙上糊了张纸。(CA)　　a'. 他糊（在）墙上一张纸。(CB)
　　　（彼は壁に紙を一枚貼った。）　　　　（彼は壁に紙を1枚貼った。）
　　 b. 他把纸糊 [在/到] 墙上。(CA)　　　b'. 他把纸糊墙上。(CB)
　　　（彼は紙を壁に貼った。）　　　　　　（彼は紙を壁に貼った。）
　　 c. 他 [在/往] 墙上糊满了纸。(CA)　　c'. 他把墙糊满了纸。(CB)
　　　（彼は壁いっぱいに紙を貼った。）　　（彼は壁を紙でいっぱいにした。）

ⅱ．自動詞構文における結果位置・着点・方向成分は目的語化の度合いがかなり強く、目的語化した着点成分は、次の(17b)に示すようにイデイオム的に使われる場合もある。

    CA   CB
(17)　往海里跳（海に飛び込む。）　　跳海　（海に身を投げ込む。）
　　　往河里跳（川に跳び込む）　　　跳河　（川に身を投げる＝自殺する）
　　　往海里跳（CA）（海に飛び込む）　跳海　（海に身を投げる＝自殺する）

"跳河"、"跳海"などは、"往河里跳（川に跳び込む"、"往海里跳（海に飛び込む）"のように只の空間に対する記述ではない。"跳河"は「川に身を投げる＝自殺する」というイディオム的用法として、"跳海"は「海に身を投げる＝自殺する」というイディオム的用法として用いられる場合が多い。

(18) a. 列车往北京开。(CA)（列車は北京に向かって走る。）
　　 b. 列车开往北京。(CA)（列車は北京へ走っていく。）
　　 c. 列车直开北京。(CB)（*列車は北京を直行する。）

(a, b, c)は、目的語化のプロセスを示すものである。(18b)は、形式上"往＋ＮＬ"が目的語の位置におかれているので、目的語化の中間過程と言えよう。その中間過程を経てさらに目的語化に近い形に発展したのが(18c)である。

ⅲ．受動文においては、場所成分は完全に目的語化される。場所性をプロファイルするCA構造では"V＋到＋ＮＰ＋Ｎ方"のように方位詞の付加によって対象（ＮＰ）を場所化する。一方、対象性をプロファイルするCB構造では"V＋ＮＰ"のように方位詞を取ってしまうことによって対象性を強調する。

(19) a. 石头砸[在／到]脚上。(CA)　　（石が足に当たった。）
　　 b. 石头砸了脚。(CB)　　　　　　（石で足を怪我した。）

ⅱ．背景場所・起点・経路成分の目的語化

背景場所、起点、経路の目的語化は、結果位置、着点、方向の目的語化に比べて目的語化の度合い（対象性）が強い。場所成分は統語的に方位詞無しに用いられるので、意味的にも場所性が弱く、対象性が強い。つまり、背景場所の表現において場所性が焦点化される場合は、基本構造"在＋ＮＬ（Ｎ＋上/中/里）＋Ｖ"が用いられ、対象性が焦点化される場合は目的語化した"Ｖ＋ＮＬ"構造が用いられる。

Ａ：［動作］［－移動］のＶＰ

(20) a. 他在钢条上踢了一脚。(CA)　(*彼は車輪の上で一回蹴っ飛ばした。)
　　 b. 他踢了一脚钢条。(CB)　　(彼は車輪を一回蹴っ飛ばした。)
(21) a. 他在桌子上拍着。(CA)　　(*彼は机で叩いている。)
　　 b. 他拍着桌子。(CB)　　　　(彼は机を叩いている。)

B：[＋移動]のＶＰ
(22) a. 他从舞台上下来了。(CA)　(彼は舞台から下りてきた。)
　　 b. 他下舞台了。(CB)　　　　(彼は舞台をおりた/もう舞台に出ない。)

中国語の目的語化は次のような特徴がある。
ア．空間概念を表す"介詞＋NL"を"V＋NL"に置き換えることが可能である。
イ．「格上げ」後の"V＋NL"は依然として元の空間性を保っている。
ウ．「格上げ」後の"V＋NL"は、"S＋把＋N＋V＋NL"の二重目的語の構文を形成することが可能である。
エ．「格上げ」した後の"V＋NL"構文は、"V＋哪里(儿)"に答える空間表現である。

表2　場所成分の目的語化のプロセス

```
日本語：「で、から、」 ⇒「を」
朝鮮語：「에서eseo, 에e, 에서(부터)eseo(buteo),
로ro」⇒「NL＋를reul」
中国語："在、从、到、往/向/朝" ⇒ φ（ゼロ標識）
```

第9章 終 章

9．1　動態空間と表現の再考

　空間概念範疇には、空間存在における前景（figure）と背景（groud）との関係、空間位置関係における方位と参照物との関係、空間移動における〈存在〉と〈変化〉の関係などが含まれる。本研究では、主に空間と移動に着目し、背景場所、結果位置、移動起点、移動経路、移動方向、移動着点など6つの空間概念の表現における日朝中3言語の共通点と相違点について考察した。3言語の空間概念表現の対照を通じて言語の普遍性と個別性を明確にすることができた。

9.1.1　背景場所

　背景場所標識はＶＰに束縛されない外在格として、文における位置も自由である。要するに、文頭の「NL+で」、「NL+에서 eseo」、"在+ＮＬ"はトピックとして出来事の背景場所を表し、文中の「NL+で」、「NL+에서 eseo」、"在+ＮＬ"はＶＰの修飾語として動作の背景場所を表す（第2章、2.4.1節）。

　通時的に見ると、日本語の「で」、朝鮮語の「에서 eseo」、中国語の"在"は、いずれも「存在」の意味の動詞から文法化した機能語である。ただし、日本語の「で」、朝鮮語の「에서 eseo」とは異なって、中国語の"在"は完全に文法化されておらず、「存在」の意味が未だ残っている。

　「NL+で」、「NL+에서 eseo」、"在+ＮＬ"の空間指示範囲は同じわけではない。中国語の"在+ＮＬ"の範囲は、朝鮮語の「NL+에서 eseo」や日本語の「NL+で」より大きい。3者の関係は「NL+で」や「NL+에서 eseo」は"在+ＮＬ"に包含されている関係である（第2章、2.4.4節）。

　　　　　＜「NL+에서 eseo」＝「NL+で」≦ "在+ＮＬ" ＞

9.1.2　結果位置

　日朝中では「ＮＬ+に」、「ＮＬ+에 e」、"在+NL"を、それぞれを結果位置の標識とする。結果位置には①動的結果位置と②静的結果状態の二つが内包されている。［+結果］［+有界］ＶＰと共起した「NL+に」、「NL+에 e」"在+NL"は結果位置を表し、［+結果］［+有界］［+制御］ＶＰと共起した「NL+に」、「N

L＋에 e」"在＋NL"は結果状態を表す（第3章、3.3.4節）。

  a. 彼は入り口にチャイムを設置した。（動的結果位置）
  b. 彼は口に薬を含んだ（でいる）。（静的結果状態）

 一般に、動態副詞と共起した「NL＋に」、「NL＋에 e」"在＋NL"は動態の結果位置を表し、静態副詞と共起した「NL＋に」、「NL＋에 e」"在＋NL"は静態の結果状態を表す（第3章、3.3.4節）。

  a. 他一下子把药片含在嘴里. b. 他一直把药片含在嘴里.
  a. 그는 단번에 약을 입에 물었다. b. 그는 줄곧 약을 입에 물고 있다.
  a. 彼はすぐ薬を口に含んだ。 b. 彼はずっと薬を口に含んでいる。

 中国語では文頭の結果位置成分は、一般に"在"が省略され、"NL＋後置詞（方位詞）"の構造で用いられる。ただし、文頭の"NL＋後置詞（方位詞）"は、意味的には結果位置を表すものの、文法的には主語（主題）として機能するので、動詞の後ろにアスペクト標識"着（ている）"や"了（た）"をつけることも可能である。（例えば、"墙上挂着一幅画"、"墙上挂了一幅画"のように。第3章、3.4節）。

 結果位置構文の特徴は次の三つにまとめられる。

  a. 共起するVPは［＋動作］動詞である。
  b. 他動詞構文における結果位置は典型的な結果位置である。
  c. 他動詞構文での結果位置は目的語が到達する到達点である。

9.1.3　移動経路

 経路とは、次の二つの基準のいずれかを満たす空間であり（第4章、4.2.1－4.2.2節）。3言語では、それぞれ「NL＋を」、「NL＋로 ro」、"从＋NL"を経路標識とする。

 移動経路は、他の空間に比べて境界がぼやけている空間である。本研究では次の二つの条件を基準としている。

（ⅰ）［方向性］［連続性］［軌道］の意味の移動空間であること。〈経路〉
（ⅱ）［連続的］［境界］の意味の移動空間であること。〈経由点〉

 日本語の「NL＋を」は、あらゆる移動動詞と共起して移動経路を表す。様態移動動詞文では「線状」の経路を表し、通過移動動詞文では「点状」の通過点を表し、出入り移動動詞文では「点状」の境界を表す（第4章、4.4節）。朝鮮語の「NL＋

로 ro」は、任意の1方向に向かって移動する経路、到着点と関わっている経由点の意味を表す（第4章、4.5節）。中国語の"从＋ＮＬ"は、基本意味が起点である。よって、"从＋ＮＬ"が経路を表すためには、通過の意味の"-过"類動詞と共起しなければならない。移動様態動詞文では、3言語の認知の差異によって次のような異なる表現構造を取る。（第4章、4.4節、4.7節）。

　日本語では空間移動の全過程として経路を捉えるのに対して、朝鮮語では空間の移動において目標・着点中心に考え、経路は目標達成の手段として考えている。一方、中国語では空間を動作の全体的背景場所として捉えるので、移動のプロセスを表す空間も"在＋ＮＬ"で表す。

　（ⅰ）日本語では［＋方向］［＋連続］［＋軌跡］の移動経路として捉えられている。
　（ⅱ）朝鮮語ではＮＬの性質によって経路あるいは背景場所として捉える。
　（ⅲ）中国語では移動動作の背景場所として捉えられている。

9.1.4　移動方向

　移動方向とは、目標点に向かって移動する際の空間である。日本語と朝鮮語では方向概念を、着点の含まれている目標領域として捉えているが、中国語では着点を包含しない目標領域としている。3言語では、それぞれ「ＮＬ＋へ（ＮＬ＋に向かって）」、「ＮＬ＋로 ro（ＮＬ＋를 향해 reul hyanghae）」、"往（向/朝）＋ＮＬ"を方向標識とする。

　日本語の「ＮＬ＋へ」は、方向の意味も着点の意味ももっているので、ＶＰとの共起がかなり自由である（例えば、「東京へ着く/*도쿄로 도착하다/*往东京到」、「椅子へ腰掛ける/*걸상으로 앉다/*往椅子坐」、「東京へ行く/도쿄로 가다/往东京去」）。

　朝鮮語では概念間の境界がはっきりしているので、静的なものと動的なものは両立できない。例えば、動的な「로 ro」は［非場所性］名詞や［－移動性］動詞とは共起不可能である（第5章、5.3.2.節）。

　　　　a.＊그는 벽으로 그림을 붙이고 있다．（KA）
　　　　b. 彼は壁へ絵を張っている。（JA）
　　　　c. 他往墙上贴着画(呢)。（CA）

　中国語の"往"は、完全に文法化されておらず、もとの"去（行く）"という意味がまだ残っている。したがって、"到（着く）、回（帰る）、出（出る）"などの着点動詞とは共起不可能であるまた、"往/向/朝"には、対象を場所化する機能があ

第9章　終　章

る（例えば、王红眼扫了一眼院子"→"王红眼向院子里扫了一眼/赤目は庭の中を見回した→*赤目は庭の中へ見回した/눈빨갱이는 뜰안을 휘둘러 보았다→*눈빨갱이는 뜰안으로 휘둘러 보았다）。

9.1.5 移動起点

本研究の起点の概念には、移動の起点（starting point）・動作開始点（inception）などが含まれる。日朝中ではそれぞれ「ＮＬ＋から」、「ＮＬ＋에서(부터)eseo(buteo)」、"从＋ＮＬ"を起点の標識とした（第6章、6.2節）。

日本語の特徴：日本語では、全ての起点のカテゴリーを「ＮＬ＋から」構造で表し、ＶＰとの共起が自由である（第6章、6.3節）。

朝鮮語の特徴：朝鮮語では、起点表現において[空間の起点]、[動作の開始点]を、それぞれ異なる標識で使い分けている（第6章、6.4節）。

ア．「ＮＬ＋에서 eseo」（移動起点）

    a. 서울에서 왔다.（ソウルから来た。）

    b.?서울에서부터 왔다.（ソウルから来た。）

イ．「ＮＬ＋에서부터 eseobuteo」（動作の開始点）

    a. 마을입구에서부터 걸었다.（村の入り口から歩いた。）

    b.*마을입구에서 걸었다[1].（村の入り口から歩いた。）

朝鮮語の「ＮＬ＋에서 eseo」は、起点も背景場所も表すので、ＶＰの制約を受ける。一般に[＋移動][＋方向]のＶＰは起点を表し、[＋動作][－方向]のＶＰは背景場所を表す。

    a. 등뒤에서 자전거벨 소리가 들리었다.（背景場所）

    b. 등뒤에서 자전거벨 소리가 들려왔다.（起点）

中国語の特徴：1）中国語の移動起点の表現は、ＶＰが[＋移動][＋方向]であることを要求する（例えば、"*从背后传了自行车铃声。/从背后传来了自行车铃声)。2）"从＋ＮＬ"構造は、ＶＰとの共起において音節の制約もある。つまり、単音節動詞がＶＰになるには[＋方向]の"来/去"を付加するとか、目標成分を追加するなどの処理を行わなければならない(例えば、"*从屋顶上跳/从屋顶上跳下来/从屋

---

[1]「마을입구에서 걸었다（村の入り口で歩いた）」は、背景場所としては成り立つ。

頂上往下跳)。3)"从+NL"構造は動作の開始点を表す場合は、"从+NL"に"开始/起"を付加する[例えば、"从公园门口开始跑来的(公園の入り口から走ってきたのだ)"]。

起点と開始点の表現構造

	空間の起点	動作の開始点
日本語	NL+から	NT+から
朝鮮語	NL+에서 eseo	NL+에서부터 eseobuteo
中国語	从+NL	从+NL+开始/起

9.1.6 移動着点

着点とは、移動物の到達場所である。日朝中3言語は相互に対立する二つの着点表現構造をもっている。

	A構造（全体・静態）	B構造（部分・動態）
日	「(NL+から) NL+まで」	「NL+に」
朝	「(NL+에서(부터)eseo(buteo) NL+까지 ggaji)」	「NL+에 e」
中	"从+NL+到+NL+V"	"V+到+NL"

A構造は主語・限定語・補語になり得る。日本語と朝鮮語のA構造(JA、KA)は、目的語や述語にもなり得る。B構造はVPを修飾する補語[2]にしかなり得ない。

着点表現において、3言語は共通に次のような統語制約を受ける。

　ア．NPは[＋場所性]名詞でなければならない。

　イ．VPは[＋移動][＋動作][＋様態]＋ [＋方向] でなければならない。

日朝中3言語のA、B両構造は完全に対応するわけではない。1)CBは名詞との共起制約によってJA、KAと対応関係になることも、JB、KBと対応関係になることもある(例えば、"坐到北京/北京まで坐った/북경까지 앉다")。2)JA、KAは、CAともCBとも対応する(例えば、「彼は図書館から教室まで走ってきた(JA)/그는 도서관에서 교실까지 뛰어왔다(KA)」は、CAの"他从图书馆到教室是跑(着)来的"ともCBの"他从图书馆跑到教室"とも対応する)。3)CBとKA、KBは目的語化が可能であるが、JA、JBはそれが不可能である。着点成分が目的語化するには、VPは①[＋着点]の動詞であるか、②方向動詞"来/去"、「오다 oda/가다 kada」を伴うかのいずれかでなければならない。

　　CB：跑到学校来/去　　　　　→　跑学校来/去

---

[2] 中国語には、VPの前に置かれる前置補語（"状語"）とVPの後ろに置かれる後置補語（"補語"）がある。一般的にCA構造は前置補語になり、CB構造は後置補語になる。

KA： 학교까지 뛰어가다　　→　학교를 뛰어가다
KB： 학교에 뛰어가다　　　→　학교를 뛰어가다
JA： 学校まで走って来た/行った　→　*学校を走って来た/行った
JB： 学校に走って来た/行った　→　*学校を走って来た/行った

9．2　理論上の貢献

　[類似性]判断は、単にあるものと別のものがどれだけ似ているかを判断するために用いられているわけではない。範疇化など様々な認知活動の中で重要な役割を果たしている。こうした意味ある活動の中での類似性は必ず「対象xとyが似ている(または似ていない)」という形式をとる。このような観点の違いによる類似性の変動を説明しない限り、類似性をベースにした知的活動の理論を構築することは不可能である。以上では日朝中3言語の動的空間領域知識を導入することにより、類似性観点による判断の変動性を説明した。これによって、範疇化などに見られる知的活動の柔軟性をかなりの程度取り込むだけでなく、従来個別に研究されてきた認知諸活動を統一的に扱うための基礎となるフレームワークを提供することができた。動態空間場所の表現において、標識によるフレームワークのXと目的語化のYは[類似性]表現である。日朝中3言語の[類似性]空間表現の対照を通じて、3言語の特徴を言語類型的に明らかにすることもできた。

　空間概念は、言語使用者の言語能力および視点によってダイナミックな拡張や転用が起こり、異なる言語形式で表現される。「形が違えば意味も違い」、「形に共通性があれば意味にも共通性がある」という言語構造と意味構造(認知内容)との並行性は、類似性(similarity)という認知言語学の言語観に基づいたものである。形式上の違いは、概念上の距離(conceptual distance)の「類似性」(similarity)の反映である。機能語による空間表現と「格上げ(目的語化)」による空間表現は、二つの構造の意味的「類似性」の反映である。視点が客観的空間場所にある場合は、基本構造によって表され、視点が主観的対象や出来事にある場合は、目的語標識によって表される。

　日朝中3言語の特質は、場所成分の目的語化を通じて浮き彫りになっている。

つまり、「なる的」言語の日本語では「場所成分の目的語化」表現があまりされてないが、「する的」言語である中国語では場所目的語の表現が優位である。そして、「する的」と「なる的」の二重性質をもつ朝鮮語では空間概念の基本構造による表現も、目的語化構造による表現も可能である。

◆ ［トコロ性］と［モノ性］

「場所成分の目的語化」は、［トコロ性］から［モノ性］への転化を意味する。ただし、その「目的語化」の度合いに関しては、各言語の間に個別性が見られ、特に日本語の場合は、次の(42)に示すように「目的語化」ではなく、「経路化」である。

  a. 彼は壁にペンキを塗った。(JA) b.*彼は壁をペンキを塗った。(JB)
  a. 그는 벽에 뻥끼를 칠했다. (KA) b. 그는 벽를 뻥끼를 칠했다. (KB)
  a. 他在墙上刷了层油漆. (CA) b. 他把油漆刷墙上. (CB1)
            b´. 他把墙刷满了油漆. (CB2)
  a. 小道を歩く. b. 오솔길로 걷다. c. 在小路上走.
        b. 오솔길을 걷다. c. 走小路.

日本語では移動動詞に伴う「を」格名詞は、目的語としての名詞とは根本的に機能が異なる（池上嘉彦、2000：219を参照）。つまり、<u>日本語の移動動詞文における「を」格名詞は目的語格ではなく、経路格である</u>。

◆ 「コト的」と「モノ的」

「場所成分の目的語化」は、空間を「モノ的」に捉えた表現であり、場所標識による表現は、空間を「コト的」に捉えた表現である。日本語で「場所成分の目的語化」が実現しにくい原因は、日本語の「なる的[3]」言語の特質に求められる。日本語では、自動詞的な運動動詞はもちろん、他者へ向けられた行為を表す他動詞まで自動詞化する傾向がある。池上嘉彦(1981)によれば、日本語では「全体的状況への注目」から外部世界に対する「コト的」な捉え方が優位になる。要するに、空間概念の表現においても空間標識による「こと的」表現が優位的に用いられ、目的語化という「モノ的」表現は不可能である。日本語に対して中国語は「個体への注目」から「モノ的」捉え方への指向性が強く、「する的」言語に近い。それゆえ、空間

---

[3] 池上 (1981：249) は、英語を〈する〉的言語、日本語を〈なる〉的言語と言語類型論的に特徴付けている。

概念の表現においても「場所成分の目的語化」という「モノ的」表現が優位になる。さらに、朝鮮語の場合は話者の視点により「コト的」捉え方と「モノ的」捉え方の両方がほどよく用いられている。「場所成分の目的語化」という言語現象から我々は、日本語は「なる的」言語、中国語は「する的」言語、朝鮮語は「する的」と「なる的」の二重性質をもつ言語であると、類型化することができる。

  (中) 坐在车上。 → 坐车上。
     进到教室。 → 进教室。
  (日) 車に乗る。 → *車を乗る。
     教室に入る。 → *教室を入る。
  (朝) 차에 타다. → 차를 타다.
     교실에 들어가다. → 교실을 들어가다.

A構造とB構造の意味機能の相違

A (KA、CA)	B (KB、CB)
場所の部分性	場所の全体性
輪郭の不明瞭性	空間の明瞭性
場所非動態性	モノの動態性
動作の未完了性	動作の完了性

◆場所成分の「目的語化」における3言語の特徴

日本語の特徴：日本語の「NL+を」は、経路の標識であるため、背景場所の「NL+で」や起点の「NL+から」を「NL+を」に置き換えた場合、「移動のプロセスと経路」の意味合いをもつ。

朝鮮語の特徴：朝鮮語の「를 reul」格は、他動性によって変化・産出・処分・授与・使用され、他動詞の直接働き掛けを受ける対象（object）を明示する。それが移動自動詞と共起すると、形式上は他動詞の目的語と同じであるが、意味上は依然として場所性が強く、移動動詞の自動性は変わらない。つまり、この種の「를reul」は、場所性名詞NLと結合して、場所成分を目的語化する。朝鮮語は「する的」言語の特質も「なる的」言語の特質ももっているので、空間概念の［トコロ性］表現（場所標識による表現）にも［モノ性］表現（目的語標識による表現）にもほどよく用いられる。

中国語の特徴：中国語は「する的」言語の特質を有している。したがって、中国

語では「コト的」場所補語より「モノ的」場所目的語のほうがより一般に用いられる。要するに、中国語では、［コト］を［モノ］的に捉える傾向がある。語順に文法的機能を担わせているため、他動詞の働き掛けを受ける目的語は何より重要である。従っては、「目的語化」によって本来自動詞的であるはずの移動動詞までも他動詞的な性質をもつようにする。

　他動詞文における結果位置、着点概念を表すの場所目的語は、他の概念の場所目的語に比べて、目的語化の度合い（対象性）が弱く、統語上方位詞は残っているので、場所性が強い（例えば、"挂墙上/放桌子上"）。しかし、自動詞文における結果位置・着点成分は目的語化の度合いがかなり強い［例えば、"去北京(北京へ行く)"］。完全に目的語化した着点成分は、イデイオム的に用いられる場合が多い[例えば、"跳海（海に身を投げ込む)"］。受動文における場所目的語は、完全に目的語化されるのが普通である［例えば、"石头砸在/到脚上(石が足に落ちた)/石头砸了脚(石が足を突いた)"］。

◆日朝中３言語の目的語化の度合い

　１）移動動詞文における朝鮮語の「를 reul」格名詞句は、自動詞から他動詞への「格上げ」、場所成分の目的語化の現象である。朝鮮語の「ＮＬ＋를 reul」には、場所成分を［主題化］、［焦点化］、［対象化］、［全体化］する機能があり、移動動詞文ではすべての空間成分の目的語化が可能である。2)　中国語では、"Ｓ＋Ｖ＋Ｏ"という語順により目的語化を実現する。本研究では、中国語の目的語化を、"去上海"、"进教室"、"上楼"等のように、後置詞（方位詞）のない場所目的語と、"放桌子上"、"住城里"、"搁篮子里"のように、後置詞(方位詞)のある場所目的語の二種類に分け、前者は完全な目的語化と見なし、後者は不完全な目的語化と見なした。

9.3　新たな言語事実に対する知見

　日朝中空間表現の比較対照を通じて、３言語の言語類型的特徴を明らかにした。語順は言語の統語類型において最も重要な基準の一つはであり、機能語の位置関係は形態類型において最も重要な基準である。つまり、前置詞言語か後置詞言語かは、言語類型の最も重要な基準の一つであると言える。日本語と朝鮮語は後置詞(助詞)言語に属し、中国語は前置詞(介詞)言語に属すると言われている。しかし、実際には中国語は純粋な前置詞言語とは言い切れない。むしろ前置詞後置詞並立言語と言

ったほうがより正確かも知れない。周知のごとく、中国語における空間概念の表現構造は、"介詞＋NP＋方位詞"という介詞構造である。言語類型論的に介詞は前置詞に相当し、方位詞は後置詞に相当する。介詞(前置詞)は動詞から文法化した機能語であり、方位詞(後置詞)は名詞から文法化して機能語として振舞う。このように"前置詞（介詞）＋NP＋後置詞（方位詞）"の3要素からなっている介詞構造は、常に3要素が揃った姿で文に現れるわけではなく、"前置詞（介詞）＋NP"、あるいは、"NP＋後置詞（方位詞）"の姿で文に現れる。文面に表れている要素が2要素であろうと、3要素であろうと、構造の表している意味は等価である。

  A：a. 坐在床上。 ［前置詞＋NP＋後置詞］―3要素
    b. 坐床上。 ［φ＋NP＋後置詞］―2要素
  B：a. 住在东京。 ［前置詞＋NL］―2要素
    b. 住东京。 ［φ＋NL］―1要素

 Aのように［モノ場所］の場合は3要素がそろっているが、Bのように［場所名詞］の場合は"住在东京"のように後置詞（方位詞）が文面に現れないのが普通である。なお、Aの"坐床上"は"坐在床上"と意味上は同じであるが、形式上は前置詞(介詞)が文面に現れていない。このように空間関係を表す前置詞が省略された場合は、後置の方位詞により空間位置関係が表される。したがって、前置詞(介詞)は省略も修復も可能である。

 1）日本語の「を」格は、専用の目的語標識ではなく、空間移動における経路の標識である。空間概念表現における日本語の「を」格は、場所補語を場所目的語に「格上げ」した現象ではなく、静的場所空間を話者の主観的意志によって動的表現に切り替えた言語操作にすぎない。

 2）朝鮮語と日本語は、言語類型論的にはいずれも同じSOV言語、後置詞言語に属する言語である。しかしながら、日朝は統語構造や機能語の意味機能や客観事象の捉え方などにおいては異なる一面もあることが言語事実によって証明された。その1に、日本語は「を」格二重制約により「を」の連続使用が不可能であるが、朝鮮語にはそのような制約はない（例えば、*壁を釘をいっぱい打った/벽을 못을 박았다）。その2に、日本語では場所成分に関する「格上げ」に制限があるが、朝鮮語では自由である（例えば、「路地を歩いた」は「골목길로 걸었다」(経路)にも、「골목길을

걸었다」(目的語)にもなり得る)。

3）場所成分の目的語化は、中国語の語順に影響を与える。次の(49)に示すように場所成分の目的語化によって、ＳＶＯの語順はＳＯＶＯに変わることもある。

  a. <u>哲浩</u> <u>在墙上</u> <u>糊了</u> <u>张纸</u>。 (哲浩は壁に紙を張った。)
    s p v o   (※Ｐは介詞構造を表す)
  b. <u>哲浩</u> <u>把整个墙</u> <u>糊了</u> <u>纸</u>。 (壁中を紙で貼った。)
    s o   v o

空間と移動の表現において、日本語は「ＮＬ＋を」中心の経路指向であり、朝鮮語では表現構造を各概念に合わせ細分化しており、使用割合は均等である。反面、中国語では"在＋ＮＬ"中心の場所位置指向である。

日朝中空間認知の視点と表現

日本語	中国語	朝鮮語
[経路指向]	[背景場所指向]	[表現の細分化]
繁華街を歩く	＊从繁华街上走 在繁华街上走	변화가로 걷다 변화가를 걷다
海を航行する	＊从大海航行 在大海航行	바다로 항행하다 바다를 항행하다
繁華街で歩く	在繁华街上走	변화가에서 걷다
海で航行する	在大海航行	바다에서 항행하다

付録1：参考文献

Ⅰ．日本語文献

荒川清秀(1982):「日本語名詞のトコロ性——中国語との関連」『中国語と日本語の対照研究』
　　　　　　　第6号　日中対照研究会
荒川清秀(1994):「中国語の場所語・場所表現」『愛知大学外国語研究室報』第8号
Adele Goldberg 著、河上誓作他訳(2001):『構文文法論』研究社出版
池上嘉彦(1981):『「する」と「なる」の言語学』大修館書店
池上嘉彦(2000):『日本語への招待』講談社
石綿敏雄・高田誠(1990):『対照言語学』桜楓社
石綿敏雄(1999):『現代言語理論と格』ひつじ書房
伊坂淳一(2001):『ここから始まる日本語学』ひつじ書房
奥田靖男他(1982):『日本語文法・連語論』(資料編)
奥津敬一郎他(1986):『いわゆる日本語助詞の研究』凡人社
奥津敬一郎(1996):『拾遺　日本文法論』ひつじ書房
生越直樹(1997):「朝鮮語と日本語の過去形の使い方」『日本語と外国語との対照研究
　　　　　　　（下巻）日本語と朝鮮語』国立国語研究所出版
大堀寿夫(2002):『認知言語学』東京大學出版会
大堀壽夫・西村義樹(2000):「認知言語学の視点」『日本語学』4
影山太郎(1996):『動詞意味論—言語と認知の接点』くろしお出版
影山太郎(1997):『語形成と概念構造』研究者出版
影山太郎(1982):『言語の構造』くろしお出版
影山太郎(1999):『形態論と意味』　くろしお出版
神尾照雄・高見健一(1998):『談話と情報構造』—日英語比較選書2　研究社出版
河上誓作(2002):『認知言語学の基礎』研究社出版
河上誓作・谷口一美 (2003):『認知意味論の新展開——メタファーとメトニミー』

英語学モノグラフシリーズ20　研究社出版

久島茂(2002)：『《物》と《場所》の意味論』くろしお出版

久野すすむ(1973)：『日本語文法研究』大修館

言語研究所(1981)：『日本国語大辞典』小学館

Geor Lakoff 著、池上嘉彦他訳（1995)：『認知意味論―Women Fire and Dangerous Things』紀伊国屋書店

鈴木宏昭(1999)：「人間の認知におけるカテゴリーと類似」『日本語学』8

John Lyons 著、近藤達夫訳(1987)：『言語と言語学』岩波書店

児玉徳美(1998)：『言語理論と言語論』くろしお出版

児玉徳美(1991)：『言語のしくみ』大修館書店

国立国語研究所(1997)：『日本語と外国語との対照研究Ⅳ―日本語と朝鮮語』

此島正年(1988)：『国語助詞の研究』桜楓社　増訂版三刷

斉藤倫明(1992)：『現代日本語の語構成論的研究　ひつじ書房

杉本孝司(1998)：『意味論2―認知意味論―』くろしお出版

杉本武(1986)：「格助詞'が''を''に'と文法関係」『いわゆる日本語助詞の研究』凡人社

鈴木重幸他編(1983)：『日本語文法・連語論』(資料編) むぎ書房

高橋弥守彦(1989)：「方位詞の用法について」『中国語学』236

高橋弥守彦他(1995)：『中国語介詞類義語辞典』白帝社

田窪行則(1997)：『視点と言語行動』くろしお出版

竹沢幸一等(1998)：『格と語順と統合構造』―日英語比較選書9　研究社出版

田中茂範・松本曜(1997)：『空間と移動の表現』―日英語比較選書6　研究社出版

張麟声(2001)：『日本語教育のための誤用分析』スリーエーネットワーク

辻幸夫　編(2002)：『認知言語学キーワード事典』研究社

辻幸夫　編(2003)：『認知言語学への招待』シリーズ認知言語学入門第1巻　大修館書店

寺村秀夫(1993)：『寺村秀夫論文集』Ⅰ日本語文法編　くろしお出版

寺村秀夫(1984)：『日本語のシンタクスと意味』くろしお出版

寺村秀夫(1992)：『日本語のシンタクスと意味Ⅲ』くろしお出版

中右実・西村義樹　(1998)：『構文と事象構造』―日英語比較選書5　研究社出版

中右実(1994)：『認知意味論の原理』大修館書店

中村ちどり(2001):『日本語の時間表現』 くろしお出版

西村義樹・大堀壽夫 (2000):「認知言語学の視点」『日本語学』4

西山佑司(2003):『日本語名詞句の意味論と語用論』ひつじ書房

仁田義雄(1980):『語彙論的統合論』明治書院

仁田義雄編(1998):『日本語の格をめぐって』くろしお出版

P．J．ホッパー/E．C．トラウゴット著　日野資成訳(2003):『文法化』九州大学出版会

バーナード・コムリー著　松本克己・山本秀樹訳(2001初版3刷):『言語普遍性と言語類型論』
　　　　　　ひつじ書房

朴在権(1997):『日韓格助詞の比較研究』勉誠社

朴貞姫(2002):「空間背景場所表現における日朝中3言語の対照1」
　　　　　『応用言語学研究』No. 4　明海大学大学院応用言語学研究科 紀要

朴貞姫(2002):「空間背景場所表現における日中対照研究」『日中言語対照研究論集』第4期

朴貞姫(2004):『日朝中空間概念の研究』明海大学大学院応用言語学博士学位論文

橋田浩一他(1999):『言語の獲得と喪失』―言語の科学10 岩波書店

早瀬尚子・堀田優子(2003):『認知文法の新展開――カテゴリー化と使用基盤モデル』英語学
　　　　　　モノグラフシリーズ19 研究社出版

原口庄輔他 (2000):『言葉の仕組みを探る』―英語学モノグラフシリーズ―1　研究社出版

林四郎編(1986):『応用言語学講座―2　外国語と日本語』 明治書院

藤本和貴夫・木村健治 編(1997):『言語文化学概論』 大阪大学出版会

巻下吉夫他(1998):『文化と発想とレットリック』日英語比較選書1　研究社出版

益岡隆志(2000):『日本語文法の諸相』 くろしお出版

松村明(1969):『助詞助動詞詳説』学燈社

松村明(1971):『日本文法大辞典』明治書院

松本曜 編(2003):『認知意味論』シリーズ認知言語学入門第3巻　大修館書店

水野義道(1987):「場所を示す中国語の介詞〈在〉と日本語の格助詞〈二〉と〈デ〉」
　　　　　『日本語学』62

三原健一(1994):『日本語の統語構造』松柏社

森田良行(1994):『動詞の意味論的文法研究』明治書院

森田良行(2002):『日本語文法の発想』 ひつじ書房

森宏子(1998):「"从"の空間認識」『中国語学』245

森山卓郎(2000):『ここからはじまる日本語文法』ひつじ書房

矢野光治・藍清漢(1979):「漢語の存在文について」『中国語学』226

山口明穂 鈴木秀夫(2002):『日本語の歴史』 東京大学出版会

山田孝雄著(1936):『日本文法 学概論』宝文館

山中桂一(1998):『日本語のかたち』 東京大学出版会

山梨正明 (1988):『比喩と理解』 東京大学出版

山梨正明(1995):『認知文法論』 ひつじ書店

山梨正明(1999):「外界認知と言葉の世界―空間認知と身体性の問題を中心に」『日本語学』8

山梨正明(2000):『認知言語学原理』くろしお出版

山梨正明 編(2001):『認知言語学論考No 1』ひつじ書房

山梨正明他編(2002):『認知言語学論考No 2』ひつじ書房

山梨正明・有山道子(2003):『現代言語学の潮流』 勁草書房

米山三明・加賀信広(2001):『語の意味と意味役割』―英語学モノグラフシリーズ17
　　　研究社出版

盧涛(2000):『中国語における「空間動詞」の文法化研究』白帝社

Robert J.Di Pietro 著、小池生夫 訳(1974):『言語の対照研究』大修館書店

鷲尾龍一等(1997):『ヴォイスとアスペクト』―日英語比較選書7 研究社出版

渡辺義夫(1983):「カラ格の名詞と動詞との組み合わせ」『日本語文法・連語論』(資料編))
　　　むぎ書房

II. 朝鮮語で書かれた文献

김 귀화(金貴花)(1994):《국어의 격 연구》한국문화사

김 여수(金興洙)(1981):"기점과 지향점의 한 해석"《관악어문연구》제6집

김 용석(金勇錫)(1979):"목적어조사 '---을/를'에 관하여"《말》제4집

남 기심(南基心)(1969):" 문형 N_1-이 N_2-이다의변형분석적 연구"《계명대논총 5》

남 기심(南基心)(1986):"'이다' 구문의 통사적 분석"《한불연구》

남 기심(南基心)(1993) : 《국어조사의 용법》서광학술자료사
Langacker, R. W (1991a) : 김 종도 역《이지문법의 토대 2》도서출판 박 이정
박 경현(朴景賢)(1987) : 《현대국어의 공간개념의 연구》도서출판 한샘
박 승윤(朴勝允)(1990) : 《기능문법론》 대정문화사
박 양규(朴良圭)(1971) : '국어의 처격에 관한연구'《국어연구》제 27 집 서울대학교대학원
박 재권(朴在「)(1991) : "장서명사에 붙은 に,へ,を—한국어 격조사와의 대조분석"
　　　　《일어일문학연구》제 20 집 한국일어일문학회
서 정수(徐正洙)(1996) : 《현대국어문법론》한양대학교출판
송 종석(宋錫鐘)(1993) : " 조사' 과','를','에' 의 의미분석"《한국어 문법의 새조명》
　　　　지식산업사
안 명철(安明哲)(1981) : "「格 '에'의 의미분석"《관악어문연구》제 7 집
안 명철(安明哲)(1982) : "보조조사 '-서' 의 의미《관악어문연구)제 7 집
오 영식(「永植)(1994) : "先秦漢語에서의 起点의 연구"한국《중국어 문학》제 23 집
우 순조 (禹順造) (1994) : 《한국어의 형상성과 관계표지의 실현양상》서울대학교
　　　　대학원 언어학 박사 학위논문
우 형식(禹亨植) (1996) : 《국어타동사구문연구》도서출판 박 이정
이 광호(李光鎬) (1988) : "국어 격조사 '을/를'의 연구"《국어학총》12 국어학회
이 기동(李基東) (1978) : 《조동사'놓다'의 의미연구》《한글》제 163 집 한글학회
이 기동(李基東) (1981) : 《조사「에」와「에서」의기본의미》《한글》제 173 호
　　　　제 174 호, 한글학교
이 기동(李基東) (1986) : 《언어와 인지(言語と 認知)》한신문화사
이 남순(李南順) (1983) : "양식의 '에'와 소재의 '에서'"《관악어문연구》제 8 집
이 희승(李熙承) (1978) : "존재사 '있다'에 대하여 "《허웅박사회갑기념논문집》
전 수태(田秀泰)(1987) : 《国語移動動詞의 意味研究》한신문화사
정 희정(鄭熙正)(1988) : " '에'를 중심으로 본 토씨의 의미-'에'와 '고,를'의 비교-"
　　　　《국어학》제 17 호
최　건(崔健) (1997) : 《「P_1 부터 P_2 까지」「P_1 부터 P_2 에」와 「从 P_1 到 P_2」
　　　　《중국조선어문》제 1 호

최 윤갑(崔允甲)(1987)：《중세조선어문법(中世朝鮮語文法)》연변대학출판사

허 성도(許成道) (1992) ：《현대중국어 어법연구 (現代中「語文法「究)》도서출판서울

홍 재성(洪在星)(1992)：《현대한국어 동사구문의 연구》 탑출판사

홍 윤표(洪允杓)(1991)："방향성표시의 격 (方向性標示の格)"《문법1》태학사

III.　中国語で書かれた文献

陈立民（1999)："论汉语格分类的标准"《语言文字学》第四期

崔　健（1997)："句法的象似性：;处所状语和处所宾语"　《语言研究》第33卷　第3号
　　　　　　SEOUL NATIONAL UNIVERSITY SEOUL KOREA

崔　健（2002)："韩汉范畴表达对比"中国大百科全书出版社

崔希亮(1996)："'在'字结构解释－从动词的语义配价及论元关系考察"《世界汉语教学》
　　　　第三期

储泽祥(1994)：《现代汉语方所系统研究》华东师范大学中文系博士学位论文

戴浩一等(1994)：《功能主义与汉语语法》背景语言学院出版社

戴浩一等(1990)："以认知为基础的汉语功能语法刍议"《国外语言学》第四期

邓守信(1983)：《汉语及物性关系的语意研究》学生书局

范继淹(1986)："论介词短语'在＋处所'"　《范继淹语言学论文集》　语言出版社

高一虹(2002)：《语言文化差异的认识与超越》外语教学与研究出版社

范晓(2001)：《动词的配价与汉语的把字句》　《语言文字学》第十一期

方经民(1999)："论汉语空间方位参照认知过程中的基本策略"《语言文字学》第四期

顾　阳(1997)："关于存现结构的理论探讨"《现代外语》第三期

桂诗春・宁春岩(1997)：《语言学方法论》　外语教学与研究出版社

古川裕(1996)："事物的'显眼性'与名词的'有标性'－［出现、存在、消失］和[有界]"
　　　　《第6界外语言学研讨会论文》1996/11/15－11/17

郭熙(1985)："放到桌子上、放在桌子上、放桌子上"《中国语文》　第一期

James　H-Y　Tai 著・宋玉柱 译（1984)："现代汉语处所状语的两种功能"《语言研究译丛》
　　　　第1辑　 南开大学出版社

金积令(1996)："英汉语存在句对比研究"　《外国语》　1996年第6期

金犹廷(2000)："现代汉语介词结构和否定词之间的语序关系"《语文研究》第3期

李崇兴(1992)："处所词发展历史的初步考察"《近代汉语研究》 商务印书馆

李临定(1986)：《现代汉语句型》商务印书馆

李临定(1988)：《汉语比较变换语法》中国社会科学出版社

李临定(1990)：《现代汉语动词》中国社会科学出版社

廖秋忠(1989)："空间方位词和方位参照点"《中国语文》第一期

刘丹青・徐烈炯(1998)："焦点与背景，话题及汉语'连'" 《语言文字学》第九期

刘丹青(1998)："汉藏语言的若干语序类型学课题" 《民族语文》2002年第5期

柳宁生(1984)："句首介词结构'在…'的语义指向"《汉语学习》第二期

柳英绿(1990)："汉语'在＋NP'和朝鲜语'ＮＰ＋에''ＮＰ＋에서'的对比
　　　　　　 《双语双文化论丛》［1］ 延边大学出版社

柳英绿(1999)：《朝汉语语法对比》延边大学出版社

陆俭明(2001)：《普遍语法原则与汉语语法现象》序" 《汉语学报》 第三期

陆俭明(2003)：《汉语和汉语研究十五讲》北京大学出版社

吕叔湘(1983)：《现代汉语八百词》商务印书馆

孟庆海(1986)："动词＋处所宾语"《中国语文》第四期

朴贞姬・崔健(2002)："汉日空间移动终点的表达方式对比"第五届国际汉日对比语言学研讨会

朴正九(1995)："现代汉语'Ｖ-(NP)-P-NP'结构的分析 《中国文学》第23集

朴正九(1995)："现代汉语介词组与否定词'不'的分布关系 《中国文学》第24集

齐沪扬（1998)：《现代汉语空间问题研究》学林出版社

沈家煊(1995)："'有界'与'无界'" 《中国语文》1995年第5期

沈家煊(1985)："英汉空间概念的表达形式" 《外国语文教学》1985第4期

沈家煊(1999)："'在'字句和'给'字句"《语言文字学》第六期

沈　阳(1998)："带方位处所宾语的动词及相关句式"《语言学论丛》第２０辑 商务印书馆

史有为(1997)："处所宾语初步考查"《中国语学论文集》东方书店

史有为(1999)："成句问题与表述视点"《明海大学外国语学部论集》 第十一集

史有为(2001)："概括范畴：'类'和'例'及其相关问题"《汉语学报》第三期

太田辰夫(蒋绍愚、徐昌华　訳)（1987)：《中国語歴史文法》北京大学出版社

鵜殿倫次（1993）:"汉语趋向性复合动词与处所宾语"《日本近、现代汉语研究论文选》
　　　　　北京语言学院出版社
谢信一(1991):"汉语中的时间和意象"《国外语言学》第四期
徐　丹(1995a):"现代汉语里'动词＋X＋地点词'的句型"《语言研究》第3期
徐　丹(1995b):"关于汉语里'动＋X＋地点词'的句型"《中国语文》第三期
俞咏梅(1999):"论'在＋处所'的语义功能和语序制约原则"《语言文字学》第五期
张斌等编(2000):《现代汉语句子》华东师范大学出版
张斌等编(2000):《现代汉语虚词》华东师范大学出版
张斌等编(2000):《现代汉语短语》华东师范大学出版
张斌等编(2000):《现代汉语语法分析》华东师范大学出版
张汉民・徐起赳（1992）:"篇章中的'在＋处所'结构"《浙江师大学报》第2期
张　黎(1997):"'处所'范畴"『中国語学論文集』東方書店
张　赪（2002）:《汉语介词词组词序的历史演变》北京语言文化大学出版社
赵金铭(1995):"现代汉语补语位置上的'在'和'到'及其弱化形式'de《中国语文学报》
　　　　　第七期
朱德熙(1985):《现代汉语语法研究》商务印书馆
朱德熙(1990):《语法丛稿》上海教育出版社
中西正树(1989):"处所宾语与方位词"《中国语学》236

付録2：用例出典一覧

蟹：『蟹工船1928・3・15』小林多喜二　岩波文庫
斜：『斜陽』太宰治　新潮文庫
春：『春』島崎藤村　新潮文庫
坊：『坊ちゃん』夏目漱石　青空文庫公開作品
雪：『雪国』川端康成　岩波文庫
浮：『浮雲』二葉亭四迷　岩波文庫
雲：『浮き雲』林芙美子　新潮文庫
心：『心』夏目漱石　岩波文庫

そ:『それから』夏目漱石　岩波文庫

盧:『中国語空間動詞の文法化』盧涛　白帝社

侯:《現代漢語虚詞詞典》侯学超　北京大学出版社

矢:「方向のヘト格」『空間表現と文法』矢沢　くろしお

連:『日本語文法連語論』(資料編)　言語学研究会　むぎ書房刊

崔:《韩汉范畴表达对比》　崔健　中国大百科全书出版社

認文:『認知文法論』山梨正明　ひつじ書店

中虚:『中国語虚詞類義語用例辞典』高橋守彦他　白帝社

八:《現代漢語八百詞》呂叔湘　商務印書館

寺:『寺村秀夫論文集Ⅰ－日本語文法編』寺村秀夫くろしお出版

助:『助詞助動詞詳説』松村明　学燈社

虚:《现代汉语虚词》张斌　编　華東師範大学出版

森:　　森宏子「"从"の空間認識」『中国語学』245

李:　　李临定《汉语比较变换语法》

付録3：ハングルのローマ字綴り表

子音

ㄱ	ㄴ	ㄷ	ㄹ	ㅁ	ㅂ	ㅅ	ㅇ	ㅈ	ㅊ
g/k	n	d/t	r/l	m	b/p	s	/ng	j	ch
ㅋ	ㅌ	ㅍ	ㅎ	ㄲ	ㄸ	ㅃ	ㅆ	ㅉ	
k	t	p	h	kk	tt	pp	ss	jj	

母音

ㅏ	ㅑ	ㅓ	ㅕ	ㅗ	ㅛ	ㅜ	ㅠ	ㅡ	ㅣ
a	ya	eo	yeo	o	yo	u	yu	eu	i
ㅐ	ㅒ	ㅔ	ㅖ	ㅘ	ㅙ	ㅝ	ㅞ	ㅟ	ㅚ	ㅢ
ae	yae	e	ye	wa	wae	wo	we	wi	oe	ui

付録4：言語学用語索引

あ
移動動詞 35,36,37
意味格(深層格) 1
意味拡張 29,
意味役割 35,53
意味範疇／文法範疇 3,5,7,8,114
イメージ・スキーマ 19
隠喩／メタファー

か
外在格 14,269
解釈／捉え方 8
概念構造 88
概念範疇 5,7,8,9
格上げ 218,219,253,266,268,274,277, 278
家族的類似性 46
カテゴリー 19,20,21,26,27,32
起点領域 189, 265
機能語 12,14,22,37
機能主義（言語学）2,3,7
基本カテゴリー 114
境界 20
共時態 12
近接性 19,20,21,23,44,80
空間概念 1,2,3,4,5,7,8,10
空間認知 42,279
結果目的語 25,26,27
言語獲得／言語習得 10

言語事象 8
言語類型論 1,4,9,10
項の役割 45
構造主義 8,9
後置補語 42
膠着語 112
構文 25,26,36
構文的拡張 40
孤立語 112

さ
参照物／参照点 269
参与者 38
視点 23,24,47,78,80,274,276,279
恣意性／自律性 8
主観的 24,25,37,39
受動詞 80,81,
受動態 71,72,77
受動的 219
主動的 219
象徴構造 8
象徴的文法観 50
焦点 14,15,16,17,18
深層格(意味格) 1
生成文法 4,8
線状 84,85,86,88,108,110
前景 23
前置補語 42

た
対格　64,65,66,67,68,69,71,79,80
通時態　12
典型性　45,46,55,
典型的　218,243,253
点状　84,85,86,88,110
動態空間　1

な
内在格　14
認知過程　8
認知言語学　2,3,7,8,9
認知パターン　32,34
認知文法　50
能格　65,68,69,70,72,73,79,80

は
背景　4,10
背景場所　1,7
場所性　225,234,236,238,239,255,257,258,264,267,268,
場所理論　5,6,7
場所補語　79,101,219,220,221,243,245,251
場所目的語　39,219,220,221,230,231,236,238,239,241,242,243,245,249,251,260,263,264,265,266

範囲／スコープ　5
範疇　3,5,6,7,8,9
非対格　64,65,66,67,68,69,71,79,80
非能格　65,68,69,70,72,73,79,80
非有界　20,47,50,51,54,55
文法化　3,269,271,278
文法格(表層格)　1

ま
面状　84,86,109,
目的語化　218
目標領域　189,265

や
有界　20,47,50,51,54,55

ら
立体状　84,86,87,93,94,95
類似性　218,245,253
累積走査／静的走査　190,191
"類"のカテゴリー　25,75
"例"のカテゴリー　25,75
連続走査／動的走査　190

著者略歴

朴貞姫（パク　チョンヒ）

北京語言大学外語学院日本語科　副教授
早稲田大学日本語研究教育センター　外国人研究員
財団法人日本教科書研究センター　特別研究員

　1957年、中国吉林省生まれ。1980年、中国延辺師範大学日本語学科卒業。1987年、延辺大学中国語学科を卒業し、文学学士号を取得。その後、中国延辺教育出版社外国語編集室の室長、日本語教材編纂委員会主任編集員等を経て、1998年、日本留学。2001年と2004年には明海大学大学院で修士・博士課程を修了し、応用言語学修士・博士号を取得。

　代表的な編著書としては、『最新日朝辞典』(1991、延辺教育出版社)、『義務教育中学校日本語』(1993－1998、延辺教育出版社)、『日朝中空間概念の研究』(2004、博士学位請求論文、明海大学)など20数冊。その他、言語学論文は多数。1991年と1997年、前後2回に互って日本語教育フェローとして来日、(日本国際交流基金の招聘)。日本留学期間中は明海大学、明治大学、誠心女子大学などで非常勤講師を歴任(「日本語教育」、「対照言語学」、「中国語」、「韓国語」などの科目を担当)。

日朝中3言語の仕組み ―空間表現の対照研究―
　　　　2005年8月27日　　第一刷発行
著　者　　朴　貞姫
発行者　　荒木　幹光
発行所　　株式会社　振学出版
　　　　　東京都千代田区四番町6番地　パレプランビル7F
　　　　　〈事業部〉さいたま市中央区下落合1089　コーワ下落合ビル3F
　　　　　電話　048－822－8870
販売元　　株式会社　星雲社
　　　　　東京都文京区大塚3-21-10
　　　　　電話　03－3947－1021
印刷製本　株式会社　洋光企画印刷